近世中期
大番筋旗本覚書

横山則孝

八千代出版

はしがき

たいへん永らくお世話になった大学を去る時が近づいてきた。この時にあたり、学内誌に発表して人知れず放置された論稿に、少しは人目に触れた学外誌に発表した論稿を加え、さらに後述するような理由による書名を付すには必要不可欠と思われる未発表の論稿を加えて一つにまとめておくことを思いたった。今回まとめるにあたって細かいところまでの調整が必要とされるが、時間的制約もあって、必要最小限にとどめた。内容に重複があってまどろっこしいところがあるが、御寛容の程お願いする次第である。

内閣文庫蔵の『御家人分限帳』（昭和五九年、鈴木壽氏の校訂によって刊行されている）は特定年代における一部大名と一部御家人とともにすべての旗本数千名の名前を役職別に記載している稀有の史料である。従って旗本でのレベルであるが、役職ごとに構成員の全ての名前がわかるわけである。将軍直属常備軍団といわれる番方でいえば、番頭—組頭—番衆（士）という三つの職階からなる内の番衆のレベルでの構成員の全員の氏名が判明することは類書にはなく貴重である。たとえば『柳営補任』では幕初から幕末まで各番組ごとに番頭と組頭の名前はわかるが、番衆についてはまったく触れるところがない。毎年刊行（もちろん、幕初にはない）されている『武鑑』でも番衆は掲載していないのである。そこで『御家人分限帳』が示す特定年代において、幕府職制の面における旗本の実態をみてみたらどういうことになろうかと考えてみたわけである。

第一章の論稿は、発表当時は当該分限帳の特定年代を宝永二年であるとする説がとかれていたが、これに疑問を抱いたことからまとめてみたものである。

第二章は旗本の多くが入番する番方について、研究者の間で説かれる役職の範囲が微妙に異なることから、その範囲を明確にしようと試みたものである。

第三章以下は、分限帳が示す特定年代、すなわち正徳元年時に、大番・新番・小十人に組織されていた構成員全体を考察することによって、既存の職制史料だけではうかがいしれない実態を多方面から考察したものである。新番については、大番と小十人からの昇途者によって占められているので、その成立について考察（第六章）したものもあわせ掲載することにした。また大番については、幕府最大の組織であることから、大番組頭（第四章）、さらに大番頭（付論）についても考察の対象を広げてみた。

この研究はもともと新番・大番・小十人の三つの番方（大番筋）に加えて小姓組と書院番のいわゆる両番組（両番筋）と、そして無役の旗本を組織した小普請組もあわせて考察することによって、江戸幕府職制上における旗本の全貌（実態）について明らかにすることを目的としている。私の怠慢によって、今回のまとめは、いわゆる大番筋（小十人筋も大きくはこの中に含まれると考えている）の旗本の範囲内にとどめてしまった。いわば中間報告といった位置付けとなるかもしれない。書名を『近世中期大番筋旗本覚書』としたゆえんである。この方面の問題に関心をお持ちの方々に少しでも参考になればこれ以上の喜びはない。

最後に、突然の申し出にもかかわらず、こころよく引き受けて刊行にまでこぎつけていただいた八千代出版社の大野俊郎氏に記して感謝を申し上げたい。

平成二三年三月

横山則孝

目次

第一章　『御家人分限帳』の記載内容の時期について

はじめに

内閣文庫に『御家人分限帳』（以下『分限帳』と略称す）一七冊が所蔵されている。[1]『内閣文庫国書分類目録』には、同書の情報として、「宝永二年、写」[2]とある。これは『分限帳』一七冊の内、その四冊、すなわち二、三、九、十一の諸冊のそれぞれの初頭に、所載役職名を列挙（目次）した後で、「宝永二乙酉年改之」[3]とあることに拠ったものであると思われ、その意味するところは、おそらく『分限帳』に記載されている内容が、宝永二年の実態を示しているものと考えているということであろう。『国書総目録』でも同書の成立を正徳二年[4]としつつも、備考欄に「宝永二年」[5]とあって、同じような理解を示していることがうかがえる。このような理解をいま仮に宝永二年実態説とよぶことにする。この『分限帳』に言及している研究者もまた後述するように、同じ宝永二年実態説をとっているものとすることができよう。

しかしながら同書が宝永二年とかかわりがあるとしても、その年の実態を示しているものと考えてよいのかどうかは、いままでのところ厳密な考証が加えられているとはいえない。私は前稿[6]において、宝永二年実態説に疑問を提起しておいた。そこで本稿ではこの点について少し検討を加えてみることにする。

註

（1）『国書総目録』によれば東京大学にも所蔵されている由である（第三巻、三九〇頁）が、これについては筆者は閲覧の機会をえていない。従っていうまでもなく、本稿での検討は全て内閣文庫本によるものである。

（2）『内閣文庫国書分類目録』下巻、九五四頁。ただし昭和三六年一二月発行（初版）のものには「正徳二年、写」とあるが、昭和三七年九月二〇日現在とする「正誤表」がつけられていて、これによれば、「正徳二年」は誤記とされ、「宝永二年」に改めるよう指示がある。昭和五〇年一一月発行の改定本では「宝永二年、写」となっている（改定本、下巻、九五四頁）。

（3）この冊数番号は『分限帳』の表紙にあるものを用いた。ただし一七冊の内、この「二」だけは冊数番号が記載されていないが、さいわい一冊のみなので確定することができる。なおどういうわけか、内閣文庫貼付のラベルによる冊数番号は、「五」を「2」、「二」を「3」、「三」を「4」、「四」を「5」としている。「一」と「六」以下は両者共通している。なお本稿ではこれから、冊数番号に冊をつけて表示することにする。

（4）『分限帳』一冊の巻末にある記事「正徳二年壬辰下書写是（もしくは置）」によったのではないかと思われる。

（5）『国書総目録』第三巻（昭和四〇年八月刊）、三九〇頁。

（6）拙稿①「正徳元年末の新番衆について」（『史叢』第三十号）、②「『御家人分限帳』所載の小十人組衆について」（日本大学商学部『商学集志』人文科学編、第十四巻第三号）。本書、第五章、第七章所収。

一　宝永二年実態説

管見では、この『分限帳』を最初に本格的に取り上げて研究に用いられたのは、鈴木壽氏である。鈴木氏はこれを用いて旗本・御家人の総人数を算出し、幕臣の知行形態や階層構成などについて明らかにされた(1)。

その利用にあたって「宝永二年の内閣文庫本「御家人分限帳」〔一七冊、写本〕」とのべられ、再三にわたって「宝永二年」を書名に付して用いられており、またそこからえられた事実を宝永二年のものとされている。(2)さらにこの『分限帳』について「註」(3)でつぎのようにも言及されている〔なお引用文中の〔　〕内は、後に鈴木氏が『近世知行制の研究』に所収された際に書き改められたもので、訂正された部分を傍線で示した。傍線のないところ〔一か所〕は書き加えのみである〕。

本書の内容が宝永二年〔年間（二年か）〕のものであることは、同書第二・三・九・十一などの諸冊の初頭に「宝永二乙酉年改之」とあること、および各人ごとに記載された出生年の照合〔若干の個別抽出調査〕などによって立証される。なお本書第一巻の奥書〔の文言〕「正徳二壬辰下書写置〔是〕、享保拾乙巳歳書立之、但四月廿七日筆起、七月廿九日終之」により、本書が正徳二年下書写、享保十〔一〇〕年清書されたものであることが分る〔知られる〕。

このように鈴木氏は『分限帳』の内容について、はじめ宝永二年のものを示すとされ、しかもそれは「各人ごとに記載された出生年の照合などによって立証される」とのべられている。しかしその後この内容を収められた『近世知行制の研究』(4)になると、「宝永年間（二年か）」の内容を示すものと書き改められ、またその立証方法についても抽象的な表現に改められ、「若干の個別抽出調査などによって立証される」としている。この表現の変化が何によってもたらされたものか、同書には説明がなく、その理由をうかがうことはできないが、一番の相違は「宝永二年」から「宝永年間」へと年次確定については明確な年次を避けたものになったということである。しかし「宝永年間」とされながらも、括弧で「（二年か）」とつけ加えられているのをみると、この考え方が捨てきれていないようにも思われる。氏の研究が旗本の研究にとって画期的なものであるだけに、これ以降他の研究著書・論文などにしきりに引用されていくが、この『分限帳』の内容時期については、氏の考え方が追認されていったものと考えられる。

たとえば川村優氏は、「幕府軍事力と旗本」[5]において、「徳川幕臣団の数は宝永二年の「御家人分限帳」(内閣文庫蔵) によれば、二二、五四四人で」とされ、田沼睦氏も、「宝永二(一七〇五)年の「御家人分限帳」によれば、旗本・御家人合わせて二万二千五百余名であり」[6]とのべられている。『近世知行制の研究』刊行後においては、川村優氏は、「徳川直臣団の数は宝永年間(一七〇四―一七一〇)の「御家人分限帳」(内閣文庫蔵)によれば二万二、五四四人で」[7]と鈴木氏の叙述の変化に応じた記述の変化(「宝永二年」から「宝永年間」へ)[8]がみられる。藪田貫氏は当該『分限帳』の前に「宝永二年」を必ずといってもよいほど付記され[9]、藤野保氏も「宝永二年の調査では二万二五六九名」とのべられて、註に『分限帳』と鈴木氏の著作をその拠りどころとされてあげている。[10]また県内の旗本領の存在に注目して、膨大な関連史料を収めた『神奈川県史』においても、「鈴木寿氏の一連の研究を集成した『近世知行制の研究』によると宝永二年(一七〇五)頃の旗本・御家人の総数は、二万二千五百六十九人で」[11]とある。このような諸書にみられる記述は、必ずしも全てが明確に宝永二年実態説を主張しているものではない。「宝永二年の『分限帳』(もしくは宝永年間の『分限帳』)」という記述の仕方には、他の分限帳と区別する上での、単なる「宝永二年(もしくは宝永年間)」にかかわりのあるといった程度の意味につかわれているのかもしれない。しかしながら一歩譲ってそうであるとしても、いつの実態をあらわしているのか明示されていない以上、消極的ではあっても宝永二年実態説を追認しているとみるのが自然であろう。さてそれでは実際はどうなのであろうか。『分限帳』の全内容にわたって調査することにこしたことはないのであるが、それではかなりの作業を必要とするので、見当をつけることのできる程度のいくつかのポイントをおさえて、以下検討を加えてみることにしよう。

註

(1) 鈴木壽「徳川幕臣団の知行形態」(『史学雑誌』第七十一編第二号、昭和三七年二月)。のち『近世知行制の研究』(昭和四六年三月)に所収。ただし後述するようなものに加えて、一部書き直しがある。たとえば旗本・御家人の総数は、論文では二万二五四四人(八頁)であったものが、著書では二万二五六九人(一九八頁)に増加しているなどである。この数字については「むすび」のところで再度言及する。

(2) 『分限帳』の分析の結果を示す第一表と第二表の「近世中期における徳川幕臣団の知行形態・階層(Ⅰ)・(Ⅱ)」の後に「(宝永2年)」と書き加えられている(論文、一〇・一二頁)。なお著書では後述する変化にともなって、同表も「(宝永年間)」と書き改められた。

(3) 註(1)に同じ。論文、一四頁。著書、二〇二頁。

(4) 『分限帳』に掲載されている「えと」は、出生年を示すものではない。これは氏の誤解であろう。もっとも後述するように、著書に収められる際この部分を書き改められているのは、この点について気がつかれたからかもしれないが、しかしその理由は明示されていない。なお論文本文において氏はこの『分限帳』の記載形式に触れる中で、「なお、氏名の左脇に、例えば「丑十七」とあるのは、当該人物が「丑年生れの当年(宝永二年)十七才」の意味である」(四頁)とのべられているが、これも著書では削除されている。他にもう一か所削除されたところがある(論文、三頁四行目、著書では一八七頁一六行目)。この年齢については本稿の「六　『分限帳』掲載の年齢」で詳しくのべるつもりである。

(5) 荒居英次編『近世の古文書』(昭和四四年四月)第九章幕政、第二節、三六〇頁。

(6) 伊地知鉄男編『日本古文書学提要』下巻(昭和四四年六月)、六八〇頁。

(7) 荒居英次編『日本近世史研究入門』(昭和四九年四月)第四章幕府直臣団と旗本の知行所支配、四三頁。

(8) 川村氏は、鈴木氏の年次についての叙述の変化に気がつかれたが、旗本・御家人の総人数の変化には気がつかれなかったようで、もとのままの数字をあげている。

（9）藪田貫「畿内の旗本領について」（『日本史論集』昭和五〇年五月）。
（10）藤野保『新訂幕藩体制史の研究』（昭和五〇年一二月）三三四・三四一・三四二頁。
（11）『神奈川県史』資料編8、近世（5上）（昭和五一年九月）解説、五・六頁。

二　所載幕府重職の就任者と在任期間

ここでは『分限帳』所載の幕府の重職といわれる大老・老中・側用人・若年寄について、その就任者の全員がいつ出揃ったのか、また構成員に変更が生じたのはいつなのか、これを検討することによっていかなる時期の実態を示しているのかみてみよう。

『分限帳』一冊には他の諸冊と同じように、目次として初頭に所載役職名が列挙されているが、それには「御大老、御老中、若年寄衆、寺社奉行 奏者番衆、詰衆、詰衆並、御側衆、（以下略）」とある。しかし本文（二丁からはじまる）には詰衆以下は職名があげられた後に在任者名があげられているのに対して、詰衆の前までの二五名については何の役職にあるのか明示されていない。すなわち本文に入るといきなり石高、所領地名、系譜、年齢などを付された人名がつづくのである。その内最初から一二番目までの人物が、大老（一人）・老中（五人）・側用人[1]（二人）・若年寄（四人）に就任していたものと思われる。いまその名前と職名・在任期間等をあわせ記すと、つぎの表のようになる[2]。

〔職名〕	〔名　前〕	〔年令〕	〔就　任　辞　任〕
大　老	井伊掃部頭（直該）	刁55	正徳元・二・一三（再任）—正徳四・二・二三

老中	土屋相摸守（政直）	酉65	貞享四・一〇・一三—享保三・三・三
老中	秋元但馬守（喬朝）	酉57	元禄一二・一〇・六—正徳四・八・一四
老中	大久保加賀守（忠増）	酉50	宝永二・九・二一—正徳三・七・二五
老中	井上河内守（正岑）	酉53	宝永二・九・二一—享保七・五・一七
老中	阿部豊後守（正喬）	記載なし	正徳元・四・一一—享保二・九・一九
側用人	間部越前守（詮房）	丑63	宝永三・一二・一五—正徳六・五・一六
側用人	本多中務少輔[3]（忠良）	丑20	宝永七・九・二一—正徳六・五・一六
若年寄	久世大和守（重之）	酉46	宝永二・九・二一—正徳三・八・三
若年寄	水野監物（忠之）	酉37	正徳元・一二・二三—正徳四・九・六
若年寄	鳥居伊賀守（忠救）	酉41	正徳元・六・二七—正徳六・三・二二
若年寄	大久保長門守（教寛）	戌50	宝永三・一〇・一五—享保八・三・六

この一二人がそれぞれの役職に名を列ねていたのはいつからいつまでのことなのであろうか。正徳になってから一番遅く就任しているのが若年寄の水野監物で、正徳元年一二月二三日である。この時にこの一二人の顔ぶれが出揃ったことになろう。ついで退任の方であるが、一番早いのは老中の大久保加賀守で、正徳三年七月二五日である。従ってこの一二人が同じ顔ぶれで在任していたのは、正徳元年一二月二三日から正徳三年七月二五日の間ということになり、正徳（改元、四月二五日）に入ってからの実態が示されていることになる。ちなみにこの前後に就任している者をみてみると、あたり前のことながらこの期間に入るものは一人として存在しない。たとえば老中では、小笠原長重と本多正永が宝永七年五月一八日と正徳元（宝永八）年

四月二日に辞任しているが、老中のところには記載されていない。側用人では柳沢吉保が宝永六年六月三日に辞しているが、これも出てこない。若年寄では永井直敬と加藤明英が正徳元（宝永八）年六月三日と同年一二月二二日にそれぞれ辞任しているが、これも記載がない。また、この一二人について就任してくるのは若年寄の大久保常春で、正徳三年八月三日のことであるが、これも出てこない。若年寄の久世重之は正徳三年八月三日に老中へ昇進しているが、もちろんこれも示されていない。すなわち『分限帳』所載のこれら重職についての記事は、現在判明する事実と矛盾するところがなく、前述のような特定の時期（正徳元・一二・二三―同三・七・二五）の実態を反映しているものとすることができよう。

註

（1）『分限帳』一冊の目次にはこの職名がみあたらないが、こう考えておいてよいであろう。

（2）姓名・官名と年齢は『分限帳』所載のものである。大老と若年寄の就任期間については『徳川実紀』（第七・八篇）によった（『新訂増補國史大系』第四十四巻・第四十五巻）。老中は美和信夫「江戸幕府老中就任者の数量分析」（『麗沢大学紀要』第12巻）、側用人については荻原勝「側用人の補任一覧表をめぐって」（『中央史学』2号）掲載の表によった。以下この項で触れている重職の補任は註記しないがいずれも同じ。

（3）諸書においては「中務大輔」とあり、「中務少輔」はみあたらない。

三　所載新番衆の在任期間

つぎに『分限帳』八冊に一二丁にわたって掲載されている新番衆についてみてみよう。詳細については前稿[1]で言及しているので、ここでは本稿の展開上必要な範囲でのべることにしてみたい。

新番衆として掲載されているのは一〇六人であるが、その内一人は重複しているので一〇五人ということになる。その履歴を調べてみて一番就任が遅いのは正徳元年一〇月一六日に入番してきた者達で、一四名いる。ようするにこの新番衆についていえば、全記載者の顔ぶれが出揃ったのは改元された後の正徳元年一〇月一六日であり、ここでも前述した「重職」と同様、正徳期に入ってからの実態が示されていることになろう。

ついでいつまでの実態を示しているのかということであるが、そこで一番早く辞任した者はいつなのかみてみよう。二番組(1)の小笠原久左衛門の記事に「夘二月七日道奉行ニ成」と書き込みがある。この「夘」とは正徳元年にあたり、とすると正徳元年二月七日に道奉行に就任したことになる。前述した「重職」の例からいえば『分限帳』では「道奉行」（同書、四冊）のところに出てきてもよいことになる。そこでみてみると、ここには四名の者が掲載されているが、その三番目に出てくるのである。すなわち彼は二か所に重複して出てきていることになる。このような者がもう一人おり、五番組(16)の太田伊兵衛であるが、彼も「夘五月廿三日小普請方ニ成」と書き込みがあり、正徳元年五月二三日に小普請方に就任したことがわかる。彼もまた「小普請方」（同書、四冊）にも掲載されている。新番衆のところでは正徳元年一〇月一六日以降の実態を示しているとすれば、それ以前に他へ転進していった者がいては矛盾をきたすことになり[3]、本来ならばこの二名は削除されていなければならないはずである。ところで『寛政重修諸家譜』によれば、両者の転進は「正徳二年」となっている[4]。偶然の一致とも思えないのであるが、こちらをとるべきなのであろうか。これが正しいとすれば新番衆内部の実態における先述の矛盾はなくなる。そして彼らの転出についての情報が書き込みという形で行なわれていることを考えれば、その後の実態が示されていて、整理しそこなった結果ここにも入り込み、止むをえず書き込みという方法で処理したのではなかろうか。

さてそれではこの両者を除くとどうなるのであろうか。正徳二年二月二三日に辞任した二番組(5)の依田甚兵衛、同年四月九日に辞任した一番組(2)の平岡伝右衛門などがつづいている。こうしてみてくると新番衆に関する記事のところでは、整理のまずさからの処置を除くと、正徳元年一〇月一六日から同二年二月二二日までの実態が示されていることになるであろう。

註

（1）拙稿、前掲論文①参照（本書、第五章）。この項で言及している基礎的事実については全てこれによる。

（2）この数字は番組での掲載順を示す。

（3）前稿ではこの矛盾を説明するに、道奉行と小普請方の両職が新番（と大番）からの出役であることに注目し、そのため両方の職に掲載されているものと考えた。しかしその後道奉行在任者の全員四名の内、彼を除く三名について調べてみると、大番から出役してきたものの、大番のところ（同書、九冊）には掲載されていないことがわかった。そこでこの考え方はとれなくなったのでここで訂正しておきたい。

（4）『寛政重修諸家譜』新訂本、第四―一一五頁、第一四―六〇頁。

四　所載小十人組衆の在任期間

『分限帳』八冊には新番衆につづいて一三丁から三四丁にわたって小十人組衆が掲載されており、その組数は一〇組あって全部で一七七人いる。(1) この一七七人の顔ぶれが出揃ったのは、最も遅く入番してきた五五人の就任日である宝永六年四月六日である。そうするとこの小十人組衆にあっては宝永二年ではないが、宝永六年（ようするに宝永年間）の実態を示しているようにもみえる。しかしながらそうではない。というのは、『御番士代々記』（内閣文庫蔵）でこの前後に小十人組衆の一員であった者を調べてみると、宝永六年の実態を示すとすれば当然掲載されていなければならない者達がいたことがわかる。すなわち宝永七年に辞任（または死亡）した者が一〇名ほどいて、彼らは『分限帳』の「小十人組」のところに当然掲載されていてよいはずである。しかし『分限帳』ではこの者達をすでに削除していたわけで、実態を示す年次は一年ずれることになる。さらに『御番士代々記』をよく調べてみると、宝永八年（＝正徳元年）に辞任したり、他へ転進していった者に出くわす。正徳元年一〇月一六日に二人の者が新番へ転進していっており、彼らは『分限帳』の「小十人組」の中にはみえず、「新番」の中に見出すことができる。また、同年に辞任している二人（二月二五日と七月五日）も出てこない。こうしてみてくると、小十人組衆のところでも正徳元年一〇月一六日以降の実態を示しているということになろうか。

しかし事はそれほど簡単ではなく、今度は一七七人の辞任した方の月日をみてみると、削除されていてよいはずの正徳元年二月一五日に死亡した者（二番組⑵）とか、同月一九日に辞任した者（五番組⑷）が入っていて矛盾をきたしている。三番目に早い辞任は同年一一月二五日(2)（七番組⑾）で、これ以降の者は矛盾しない月日ということになるが、前二者の存在がなんともすっきりしないのである。このあたりは新番衆のところでもみられたように、『分限帳』編纂者の整理のまずさからきているものではないかと思われる。こう考えればほぼ新番衆と同じ結果がえられ、正徳元年末の実態が示されているとすることができるが、いつまでの実態を示しているのかは確定することはむずかしい。

ただ各組の番衆の初頭に出てくる小十人頭にも注意をむけてみると、七番組の小川康庸が正徳二年四月朔日に就任したのにもかかわらず登場してきており、平番士のところでは厳密に整理されていないものの、小十人組全体からみると、正徳二年四月朔日の情報も盛り込まれていることを知るのである。

註

（1）拙稿、前掲論文②で、この項の基礎的事実を扱っているので参照されたい（本書、第七章）。

（2）前稿では本文で「一五日」としているが、これは誤植で、前稿の後掲「一覧」にある二五日が正しい。

五　正徳二年の人事と『分限帳』

これまで、重職といわれる大老・老中・側用人・若年寄と新番衆・小十人組衆の構成員についてみてきた。どの期間の実態を示しているのか断定するには、『分限帳』の全内容について調査してみなければならなくなってくるが、その作業をいまする余裕がないし、またするにこしたことはないけれど、それほどの必要もなかろう。そこで少し視点を変えてのべてみることにする。

いままでの検討の結果、正徳元年末から正徳二年にかけての実態が示されているのではないかとの見通しをえることができた。そこで今度は『徳川実紀』（以下『実紀』と略称す）によってこの時期に行なわれた人事等を取り上げ、それを『分限帳』の実態と照合し、そこに反映されているものかどうか調べてみることにしよう。

『実紀』において正徳二年に入ってからの最初の人事は、正月一一日[1]のつぎの六名に対するものである。

浅野左兵衛長武　先　手　頭[2]（三冊）→持[3]　弓　頭（三冊）

大岡忠右衛門忠相　目　付(四冊)→山田奉行(三冊)
羽太清左衛門正次　桐の間(番)組頭(一冊)→先手頭(三冊)
三島清左衛門政興　使　番(三冊)→目　付(四冊)
小宮山庄九郎昌方　道　奉　行(四冊)→目　付(四冊)
金森六左衛門可郷　桐の間番(一冊)→桐の間番組頭(一冊)

この六人の場合は、『分限帳』においてはいずれも転進先の職名のところに掲載されており、転進前の職名のところにはみえない。

三月一五日(4)には、

三淵縫殿助永正　目　付(四冊)→船　手　頭(三冊)

の人事があり、これも「船手」のところにあって、「目付」からは削除されている。また同日には山田奉行の大岡忠右衛門忠相が叙爵されて能登守となるが、『分限帳』ではこの能登守が用いられている。

三月三〇日(5)には、

折井淡路守正辰　大　目　付(四冊)→寄　合(十二冊)
溝口源兵衛勝興　先　手　頭(三冊)→寄　合(十二冊)

の人事があり、『分限帳』では折井の方は転進前の「大目付」にあって、「寄合」にはない。溝口の方は「寄合」の方にあって、転進前の「先手頭」(弓頭と鉄炮頭)のところにはなく、逆の形になっているわけである。

四月朔日(6)には、

永井刑部尚附　小姓組与頭(六冊)→先　手　頭(三冊)

松平孫左衛門忠郷　小十人頭（三冊）→小姓組与頭（六冊）
小河左兵衛康庸　書院番（七冊）→小十人頭（三・八冊）

の人事があるが、この場合いずれも転進先の方に入っている。ただし小河左兵衛のみ転進前の「書院番」の方にも入っている。

五月一五日には土岐伊予守頼殷にかわって内藤紀伊守弌信が大坂城代に就任している（この時豊前守に改める）[7]が、『分限帳』二冊の「大坂城代」のところでは新任の内藤豊前守を採用している。

六月朔日[8]になると、

桑山甲斐守玄道　大坂町奉行（二冊）→寄合（十二冊）
杉浦武兵衛政令　先手頭（三冊）→寄合（十二冊）
中川淡路守成慶　寄合（十二冊）→大目付（四冊）
鈴木飛驒守利雄　目付（四冊）→大坂町奉行（二冊）
神尾左衛門元陳　小姓組与頭（六冊）→先手頭（三冊）

の人事があるが、桑山は転進後の「寄合」にあり、杉浦は両方の職に登場し、中川は転進後の「大目付」の方に、鈴木は両方に、神尾は転進前の「小姓組与頭」の方に出てくる。ここでおもしろいことは、中川の「大目付」掲載の仕方であるが、『分限帳』四冊の初頭に、例によって所載役職名があげられて、つぎに目次の所載最初にある「大目付衆」から本文がはじまるわけであるが、その本文の前、すなわち彼の名前は目次の所載役職名と本文の「大目付衆」の間に掲載されている。こうした掲載方法は他にみられない。下書の際の整理の慌しさがうかがえるようで、本来入るべきところに空白がないため、止むをえずここに書きこんだものであ

あろう。

さて六月朔日の人事については、ようするに相当混乱がみられ、転進前と転進後の両職に掲載されている者が多い。これは一度整理がなされたものの、より新しい情報を盛り込もうとした編纂者達の態度がそうさせたもので、その際旧職の方からは削除しそこなった者もいたということであろう。

ついで六月七日[9]に、

金田能登守正明　寄　合(十二冊)→小姓組与頭(三冊)

同じく六月一一日[10]に、

土屋市之丞正敬　鑓　奉　行(三冊)→寄　合(十二冊)

同じく六月一二日[11]に、

小倉半左衛門正仲　先　手　頭(三冊)→鎗　奉　行(三冊)

御手洗五郎兵衛正近　西城裏門番頭(三冊)→先　手　頭(三冊)

という人事があったが、これらはいずれも転進前の方に掲載されているが、転進後の方には一人として掲載されることはなかった。

ようするに、正徳二年に入ってからの人事の反映が『分限帳』ではどこまでみられるかというと、六月朔日までは整理上の混乱がいよいよ増しつつも情報として盛り込まれることがあったということになる。

註

(1)『実紀』第七篇、二〇七頁(新訂増補國史大系本、以下同)。

(2)『分限帳』では「先手頭」はなく「御弓頭」と「御鉄炮頭」とにわけて掲載している。以下同。

（3）役職名の下の数字は、その職名の『分限帳』所収冊数番号を示す。以下同。
（4）『実紀』第七篇、二一八頁。
（5）同右、二一九頁。
（6）同右、二三一頁。
（7）同右、二二八頁。
（8）同右、二三〇頁。
（9）註（8）に同じ。
（10）同右。
（11）同右。

六　『分限帳』掲載の年令

『分限帳』には、掲載されている各人の名前の左脇に年令を示す数字が付記されている。その数字の上に年令の調査を行なったと思われる年の「えと」が記入されている。[1] 以下は推測であるがおそらく『分限帳』作成の手順として、まずはじめに一人一人に対して禄高・知行地名・系譜、そして調査時点（「えと」で示されている年）での年令を付した名札（短冊）が作成されたことであろう。ついで職名のもとに名札があつめられ、二枚以上あれば禄高順にならべられる。その後移動が生じれば、その名札を転進先の職名のもとに入れるといった方法がとられたことであろう。従って実際に多いのであるが、調査年次に当該役職に就任した年より以前のものがあっても不思議はないことになる。名札は各人一枚しかなく、転進によって移動させられるわけであるから、二か所に同一人物が出てくるのはおかしいということになるが、これは下書をはじめて一度掲載してしまったものを途中でまだ下書のすんでいないところに移動させた結果であると考えれば、納得できるのではなかろうか。とにかく調査年次を示す「えと」は、『分限帳』作成の作業が行なわれたことと関連をもつものである。新番衆の場合一〇五名の内、七五名の者が酉、すなわち宝永二年の調査で年令が示されており、ついで戌（宝永三）が四名、子（宝永五）が四名、丑（宝永六）が二名、刁（宝永七）が五名、卯（正徳元）が一名となっている[2]ということは、宝永二年から作業が開始されていることを示し、年々作業が積み重ねられていることが知られよう。小十人組衆の場合も一七七名の内、酉（宝永二）九二名、戌（宝永三）一名、亥（宝永四）一九名、子（宝永五）一名、丑（宝永六）五八名、刁（宝永七）一名、卯（正徳元）五名となっていて[3]、同じように作業開始と積み重ねが行なわれていることがわかる。「重職」のところでも酉が七名で一番多く、ついで丑の二名、戌、刁の各一名がいる。なお『分限帳』全体をみわたしてみると、それほど多くはないが一部に未[4]（元禄一六）の者もみられるので、『分限帳』そのものの作業開始はここまでさかのぼりえるものと思われる。ただなんといっても圧倒的に多いのが酉（宝永二年）であり、この年に本格的な作業がはじめられたことを意味している。従って宝永二年の『分限帳』とするのもあながち理由のないこともないのである。

正徳元年一二月朔日に、相原可碩常郷（松平隠岐守定直臣）、坪田翫碩重勝（松平大炊頭吉邦臣）、有浦印理政春（処士）、宮本印佐俊当（処士）が召出されて土圭間番を命ぜられている[5]が、彼らはこの時幕臣に加えられ、これ以前調べようがなかったことになり、彼らの年令調査が召出の年である卯（正徳元年）となっているのは当然のことであろう（『分限帳』一冊[6]）。

註

（1）拙稿、前掲論文①②（本書、第五章、第七章）で触れたところであるが、新番衆・小十人組衆において、『分限帳』所載の「えと」と番士のその時点での年令とがかなり一致することから、こう考えて間違いはないであろう。
（2）拙稿、前掲論文①参照（本書、第五章）。
（3）拙稿、前掲論文②参照（本書、第七章）。
（4）「未」年は元禄一六年と正徳五年の二つが考えられる。しかし掲載者の年令を計算したところ、元禄一六年での調査年齢であることが判明した。
（5）『実紀』第七篇、二〇二頁。
（6）これによって「土圭間番」のところでも、正徳元年末の状態が反映されていることがわかる。

むすび

これまでのべてきたところを要約すれば、つぎのようになろう。

『分限帳』編纂の作業は元禄一六年にはじめられたきざしがみられるが、本格的になったのは宝永二年からである。その後毎年のように作業が積み重ねられ、改元された正徳元年末になって整理の段階をむかえたものと思われる。数十名というかなり多人数を擁する番方の役職にあっては、組毎に禄高順にならべることもあって他職よりも早く、正徳元年末から同二年のはじめに情報が整理され、他の役職にあっては最終段階の「正徳二年下書」とあるこの種の作業の行なわれる寸前、おそらく二年六月朔日まで書き加えや書き直しがなされ、新しい情報を盛り込むべく努力が行なわれたものであろう。その際整理にあたって同一人物が二か所に出てくるなどの混乱が生じているのは、前述したごとくである。いずれにしても、正徳元年末から同二年にかけての実態がよく示されているものとすることができる。従ってこの『分限帳』からえられる事実とは、宝永二年とか宝永年間ではなく、この『分限帳』の記載内容の時期が概ね正徳元年末から二年の前半までの実態を示していることから、正徳年間、それも元年末から二年にかけてのものとしなければならない。

なお最後にこの『分限帳』について付け加えておきたいことがある。これによって旗本・御家人の総人数を知ることができるのかどうか[1]はいま問わないことにして、これに掲載されている旗本・御家人は、その記載方法に二類型、すなわち個人名のある場合と、それを欠き集団の記載様式（人数は判明する）をとっている場合とがあるのであるが、これらをただ単に加算することによって、その総数がえられるものであろうかということである。前稿でも触れたように親子で同職にある者がかなりあって[2]、部屋住の者が多数掲載されているのを知るのである。新見吉治氏は、「すべて分限帳の名列の中には、一家の父子兄弟二―三人が名を列ねていることがあるから、統計を作る上に家数と人数とを弁別すべきことの注意を要する[3]」とのべられている。旗本・御家人の総人数とは、他の時代のそれとの対比からいっても、まず第一に家数で出されたものであることが望まれるし、わざわざ家数と表示していなくとも、ふつうそう受け取っているのではなかろうか。またわずかであるが同一人物が重複して掲載されていることもあった。鈴木壽氏はこれらの点について留意された上で、前述したような総数二万二千五六九人を算出されたのであろうか。いまのところ全体について検討を加えたわけでないので断定することは差し控えたいが、私にはこのような配慮がなされた上での算出ではなかったように思われる。もしそうであるとするならば、鈴木氏の研究成果の大勢には変りはないとしても、少しでも実数にせまるため、これらを考慮に入れてもう一度算出し直す必要があろう。これについては別の機会にゆずることにしたい。

註

（1）掲載漏れの旗本の存在が予想される節がある。

（2）小十人組衆の場合、三五組の親子の存在が確認できた（拙稿、前掲論文②参照）。この場合三五人の子は全て一〇〇俵一〇人扶持が与えられており、後述するような配慮がない場合、旗本・御家人の階層を分つ時、これらの層（鈴木氏の表〔本稿「一　宝永二年実態説」の註（2）〕でいえば一〇〇俵）が家数において実数以上に多く計算されることになるであろう。

（3）新見吉治『旗本』二九九頁。

第二章　江戸幕府番方の範囲をめぐって

はじめに

江戸幕府の軍制ないしは軍事力については、次の二点から説明されることが多い(1)。

その一つは、徳川氏一門、譜代大名および旗本の軍事力を総合したもので、その方法は、幕府が各家に石高に応じて、軍役を課すというものである。寛永一〇年二月一六日の軍役規定において、一、〇〇〇石から一〇万石にいたる石高所持のものの軍役量が定められ、三日後の一九日には、二〇〇石から九〇〇石にいたるものの同じく軍役が定められた。そして一〇万石以下のものの軍役は、慶安二年一〇月にいたって改正され(2)、それが以後引き続いて行なわれた。寛永期における軍役制定によれば、旗本の軍役だけで、一〇万石の大名が四〇も連合しなければ対抗できないほどの強力なものであったという(3)。

そして他の一つは、将軍の直属常備軍ともいうべきもので、それには後述するような番方をはじめとして、歩卒常備軍、特科部隊（先手弓組・先手鉄炮組等）をあげることができる。

本稿は、この将軍直属常備軍であるといわれる番方について、若干の考察を加えようとするものである。従来の研究において、番方そのものを研究の対象としたものは、まったくないといってもよいほどであり、実証的な研究としては、煎本増夫氏が番方の内の一つ、大番について考察したものがあるくらいで、[4]他は幕府職制機構全般の説明の中で、その軍制の一部として取り上げられているにすぎない。なお南和男氏が広義の番方として、[5]御徒組についての研究を発表されていることを付け加えておきたい。[6]

註

(1) 三上参次『江戸時代史』上巻、二八五頁以下の軍役の制の項。栗田元次『江戸時代』上(綜合日本史大系⑼)二一四頁以下の軍制の項。その他多くの書が同様であるといってよい。

(2) 『徳川実紀』第二篇、五八五—五八七頁。『徳川禁令考』前集一、九〇—九二頁。

(3) 北島正元『江戸幕府の権力構造』四〇九頁。

(4) 煎本増夫「初期江戸幕府の大番衆について」(『日本歴史』一五五号)。この研究では、寛永十年に大番となっているもの四七五人について、その諸様相を考察している。

(5) 広義の番方といういい方は、南氏の表するところでもあるが、これをそのまま踏襲した理由については後述する。

(6) 南和男「江戸幕府御徒組について」(『日本歴史』二一四号)。

一　従来の番方研究

さて従来の研究における番方の取り上げ方は、あまりにも静態的な面を重視したもので、その流動的な実態については触れられることが少なかった。たとえば普通、各番方の職名をあげたあと、その創置された時期、および組数の歴史的変遷、番頭・組頭・番衆(番士)の定員と享保期に制定されたそれぞれの役高、さらに在番の有無をはじめとする主な勤務内容について触れられるというのが、おおかたの説明であった。これでは一応の説明としかならず、あまりにも事務的にのべられているとしか思えない。そうした指摘だけでは、旗本と職制との兼ね合いが浮かび出てこないのではなかろうか。すなわち、そうした静態的な制度史の扱い方では、血のかよったものとならず、具体的なものとして我々は理解することができない。ひいては幕政の展開との関連についても追求することができないであろう。しかのみならず、その制度史的考察もまだ事実が確定されていないことが多いと思われる。このような説明に終始しているのは、利用に供されている史料が、主として『吏徴』『職掌録』『明良帯録』によっており、またこれで事足れりとする姿勢があるからではなかろうか。これからもこのような通り一ぺんの制度史的考察をくり返していく限りにおいては、番方という職制のもっている幕府内における特有の意味などを明らかにしていくことはできないし、また個々の事実を確定し、誤謬を明らかにしていくこともできないであろう。これからはより多くの具体的な事例から総合していくという方法をとることがのぞまれる。先述したような後世の職制の記述を目的として編纂された史料からのみの研究では、従来と同じ言及の仕方しかできないのである。それではどうすればよいのであろうか。答は至極簡単である。職制の整備した姿を写し出している後世の職制編纂史料の偏見から抜け出ることが必要である。そしてなるべく考察しようとする時代のことをそのまま伝えてくれる形で残存していると思われる史料によることである(1)。そうした当時のことを示してくれる個々の具体的な例から、その時期の時期の実態をさぐり出し、新しい事実を組み立てていかねばならない。そうすれば幕政の動向とも関連させて理解することも可能となる。その際後世の職制編纂史料も貴重な参考意見となることはいうまでもないであろう。具体的な多くの事例だけでは、全体像がつかみにくいこともあるからである。

さて私は、以上のような観点をとることによって、従来明らかにされてきた事実を再確認し、誤謬があれば正し、正しく考察された制度、組織の中で、旗本がどのような行動様式をもっていたかを明らかにしていきたいと思っている。(2) ここではそれらの考察の前提として、とりあえずいまさら突飛で触れられることもないであろう番方という名称のもっている内容にまつわる事柄にまず触れ、つぎに番方の研究が旗本の研究にとって重要な意味をもつ理由について言及しておきたい。

註

（1）ここでいう後世の編纂史料とは、職制を記述の目的としたもので、直接そのものを目的としていないものはまったく別の範疇に属する。従って後世の編纂史料であっても、別な目的で作られたものは、たとえば『徳川実紀』や、『寛政重修諸家譜』などであるが、これらは職制の記述を目的として編纂されたものではないので、偏見からのがれることができよう。

（2）このような観点から、新番について考察をこころみたのが、拙稿「江戸幕府新番成立考」（『日本歴史』三〇二号）である（本書、第六章）。

二　番方の範囲

（1）

番方と称される役職には、一体どのようなものがあるのであろうか。この点を正面から取り上げて考察をこころみているものはない。ここで歴史辞（事）典類や研究書において、番方という名称を用いて言及している内容（主として役職の範囲）を拾ってみよう。記述されているものを検討してみると、内容に精粗のあることはさておいて、気にかかるのはばらつきがあることである。そこで番方研究の手始めとして、これに含まれる役職の範囲を明らかにしておく必要がある。記述のばらつきを理解していただくために、繁を厭わずにあげてみる。まず手っとり早いところで歴史辞（事）典類からみてみよう。

『国史大辞典』[1]には「番方」という項目はないので、そこで類義語をさぐってみると、「バンシュウ　番衆」のところで、「武家の職名、殿中の宿衛其他の警守等を勤番するものをいう、番方とも称す、其頭を番頭と云ふ、後にはまた番士とも称せり」とあり、江戸幕府のそれに触れたところでは、「大番頭、書院番頭、小姓組、徒組、小十人組、門番、并に二条、大阪、駿府、甲府等の城番及び勤番等あり」とのべている。

『日本史小辞典』[2]（坂本太郎監修）には「ばんかた　番方」の項目があり、「武家の職名で、殿中の宿衛その他の警護にあたるもので、番衆ともいい、（中略）江戸幕府には大番組・書院番組・小姓組・徒組・小十人組等のほか、二条・大坂・駿府・甲府等の城番・勤番がある」とのべており、『国史大辞典』のあげている番方の役職とほとんどかわらない。

『角川日本史辞典』[3]も「ばんかた　番方」の項目があって「番衆ともいう、幕府の職制、将軍が家人に交替で幕営の警衛、身辺の警衛、殿中要所の警衛など種々の番役を課したが、この役を勤める者を番方または番衆という。（中略）江戸幕府には大番組・小姓番組・書院番組などがある。城番・勤番も番方、その頭を番頭（ばんがしら）といい、下に番士がいる。行政組織にあたる者は番方に対し役方という」とあり、さきの二つとほとんど同じで、いくぶん相違するところは、ただ「など」ということで省略がなされているものといってよい。このような説明をしているものを、いま便宜上（A）系統としておく。

さて『世界歴史事典』ではどうであろうか。残念なことに「番方」という項目はない。しかし「旗本・御家人」[4]と「兵制」[5]の項目でこの点に言及されている。前項は伊東多三郎氏の執筆になるもので、そこでは「平時常備兵編成表」が作成されていて、番方として大番、書院番、小姓組、新番の四職があげられており、番方とならべて歩卒常備兵として、小十人組、百人組、徒士組をあげている。ただし「本文」では「役職を大別して、役方（役人として行政、司法、財務などに従事する）、番方（将軍奉仕、城中警備、軍事などに従う、大番、書院番、小姓組、新番、小十人組に分かれる）となり」とあり、「表」のところでは歩卒常備兵の中であげられていた小十人組が、「本文」では番方の中に含まれているといった違いがある。この点後述するが、どういうわけであろうか。後項は進士慶幹氏の執筆で、「有職の旗本は番方と役方とに分かれるが、番方というのは鎌倉、室町両時代の番衆の後身ともいうべき武事系統の職務を帯びるもので、江戸城を警衛するとともに将軍に扈従してこれを警衛する。番方は大番、書院番、小姓組番、新番、小十人組の五つがあり、いずれも番頭があって、組頭、組衆を率いてその任にあたった。このほか徒組、百人組、持組、先手のごときものも、元来が軍事的意味をもつものであった[6]」といわれている。このような説明の仕方を（B）系統としておく。

いままでのべてきたところから窺えるように、番方の説明の仕方に二系統あるようである。その是非についてはもうしばらくおいて、今度は研究書の中で番方に言及されているものを取り上げてみよう。これが案外すくないのである。三上参次氏は、番方について五番方として、大番、書院番・小姓組番、新番、小十人番をあげている[7]。松平太郎氏も番方には同じくこの「五階級」があるとされている[8]。栗田元次氏は、平常の常備兵を番方であると説明し、その主なるものとして、大番、書院番、小姓組番、新番をあげており、小十人組をあげておらず、それを決して番方ではないといっているわけでもないが、歩卒の常備兵として、徒士組、鉄炮、百人組等とともに一括してあげている[9]。新しいところでは北島正元氏は、大番、書院番、小姓組番、新番の四番組を合わせて番方とよぶといっており、小十人組を説明するに、歩卒常備兵の中に入れ、百人組、徒士組とともに同じグループに入れている[10]。これらも（B）系統に属する内容である。ところで後の二者、栗田、北島両氏の説明の仕方においては、明らかに小十人組は他の役職（番方）、すなわち大番、書院番、小姓組番、新番と区別しているものと理解されるのである。このように小十人組の扱い方に相違があるので、これを大番、書院番、小姓組番、新番と同列に考える系統をさらに（B・I）とし、歩卒兵として徒組等と同様に扱って説明するのを（B・Ⅱ）としておく。それではなぜ（B・Ⅱ）の系統は小十人組を他の番方と同列に扱うことをしないのであろうか。その理由として次の二点を考えることができるだろう。一つは歩卒常備兵は番方の範囲外であるという解釈であり、もう一つは全てこれらの役職は当然番方に含まれるものであるが、ただ歩卒兵であるということによって、そうでないものと二つに分類することができるということで、このように考えている節もある。しかし書きっぷりからみると前者のようにとることが素直な受け取り方であるかもしれない。

このように諸書をみてわかるように、番方の範囲は明確ではなく、説明にばらつきがあるのであって、どれをとるかいまだ検討されたことはないのである。この点を明確にするためには番方とは一体いかなる内容をもった名称として用いられてきたのであろうか、といった点について言及しておかなければならないが、幕府の発布になる法令や『徳川実紀』などに、番方という語は管見のかぎりではみられないようである。とすれば幕府内で公式に番方とはどんな役職を指しているのか、規定しているものを明らかにすることは無理で、またこの穿鑿は無用だということになりそうである。しかし幕府の規定を示す史料はなくても、年代不明ではあるが、『旗本武鑑』[11]に「御役人一二一九三人」につづいて、「御番方一五六六人」とあり、また『番衆狂歌（12）』にも出てくる語でもあり、広く幕府職制を説明する中で使用されていることでもあるので、それなりにここでは整理して、こういう意味をこめて使うことにしたらどうであろうかと今後使用する際の目安を提唱しておきたい。

註

（1）『大増訂国史大辞典』第四、昭和五年刊（七版、吉川弘文館）、二〇三一頁。
（2）『日本史小辞典』（山川出版社）五六七頁。
（3）『角川日本史辞典』（角川書店）七八六頁。
（4）『世界歴史事典』（縮刷版）七巻、三四四頁。
（5）同右、八巻、二一〇頁。
（6）これ以外にあげると水江蓮子氏は「職制の中では、将軍麾下の番方（大番・書院番・小姓《ママ》番・新番）と、行政上の役職に就く役方とがあり」とのべている（『新版郷土史辞典』四六七頁、「旗本」の項）。
（7）三上参次、前掲書、二八八頁。
（8）松平太郎『江戸時代制度の研究』上、三七六頁。
（9）栗田元次、前掲書、二一六・八頁。
（10）北島正元、前掲書、三九七・八頁。
（11）『古事類苑』官位部三、六五頁。
（12）『改定史籍集覧』第十七冊、七九五頁。「御小姓組御書院新御番大番小十人これ五番方」とある。

（2）

新見吉治氏は「徳川幕府や諸藩の職制について、番方と役方に分けることが定説であるが、番方は軍人を意味し、役方は事務、学芸関係を意味する。方（ガタ・カタ）は何々衆と同様、敬意を込めた称呼である（1）」といわれ、進士慶幹氏は「番方というのは平時の常備軍である」(2)といわれている。このように考えてみると、小十人組が番方に入ることは当然のことであろう。しかも歩卒の常備兵もこの中に含めて考えることもまた当然だということになろう。なるほど番方とは役方に対する語であるとみられる。とすれば幕府職制であって役方でないものは、特殊なものを除けば全てこれに含まれてしまうことになるのである。そうであるとするならば、(A)系統の説明の仕方が、一部に落ちこぼれの役職があるものの、最もふさわしいということになるかもしれない。ただ私は新見吉治氏が番方の「方」について説明をこころみているところに注目したいのである。この「方」は「敬意を込めた称呼」であるとすれば、敬意にあたいする役職が番方であり、それに含むことにおいて、格のうえで躊躇されるような役職は範囲外という解釈ができないものであろうか。こう考えると番方の範囲をきめることは封建社会における身分・格式とかかわってくることなので重要な意味をもつことになる。小十人組を番方に直接含めないいい方は、この点にこだわるところがあるのではなかろうか。たとえば小十人は歩卒であるということで、騎馬をゆるされている他の役職より一段と低いものとし、そのため小十人組を徒組や百人組と同列に扱っているのではないかと考えるのである。そこで小十人と、番方であると紛れもなく思われているほかの四職との間に区別があるのかどうかについてみてみる必要がある。

ふつう諸書に小十人組とあり、他の四職がいずれも名称に番がつくのに対し、小十人組だけはついていないと考えるかもしれないが、しかしそうではなく、延宝三年の『江戸鑑』に「御小従人御番頭」とあり、また宝永五年『武鑑』にも「小十人御番頭」とみえるそうであり(3)、また『徳川実紀』にも「小十人組番士」とみえるところから(4)、そう考えることはできない。これはかなり意味のあることで、ここで番方は一つに番衆とも番士ともいうというい方が想起されるのである。それでは一体、この小十人組を他の四職と同様に扱ってよいのであろうか。

小十人頭は他の四番頭と比較した場合、確かにその職格において劣り、江戸時代初期以来の積み重ねによって職格において一応の定着をみたことを示す享保八年の役高規定によれば、一、〇〇〇石高であり、大番頭の五、〇〇〇石高、書院番頭、小姓組番頭の四、〇〇〇石高、新番頭の二、〇〇〇石高からみたら、半分ないしそれ以下である。(5) そして御徒頭と同様の一、〇〇〇石高ということは、御徒組と同様の扱いをすべきではないかとも思える。

しかしながら小十人組と御徒組とを比べた場合、その組頭以下において大分異なった性格をもつようで、たとえば小十人組頭、小十人はいずれも御目見以上であり、これに反し御徒組頭、御徒は御目見以下であって、格式において相当の相違を示している(6)と考えることができる。すなわち旗本役と御家人役との相違が明確にみてとれる。

さらに、先述したこととも関連するのであるが、小十人は大番、新番へと転出することができたのに対し、御徒組頭、御徒の両者ともそうした例が一つもみられなかった。(7) このことは、小十人が他の四職と比べた場合、確かに職格において低いことは否めないが、それ以上に御徒組以下の歩卒常備軍と比較した場合高いといえる。しかも小十人は他の四職との間に、その昇進において交渉をもっていた。そんなところから小十人組は、どちらかといえば、他の四職に近いといえるだろう。松平太郎氏は文化一四年八月の幕府による旗本の範囲決定には、旗本は番方までの家系に限るとなし、その番方には書院番、小姓組、新番、大番、小十人の五つがあるということから、小十人までを旗本と決定するにいたったとのべている。(8) ところがこの幕府の決定「旗本は番方迄の家系」とあるところは、実は典処としている『徳川禁令考』には番方となく、番衆とあり、[9]番方としているのは誤植でなければ松平太郎氏の番衆＝番方と考えた解釈なのである。もし後者であるとするならば私もこの解釈に賛成で、番衆＝番方と考えておきたい。そしてこの時の幕府の処置をみると、旗本は小十人組番以上のものとしていることは、これを他の四職と同じグループ、番方に加えてもよいとする一つの目安を与えてくれるものとしてよいであろう。

註

（1）新見吉治「番方と役方」（『徳川林政史研究所研究紀要』昭和四九年度）。

（2）進士慶幹『江戸時代の武家の生活』一九一頁。

（3）『古事類苑』官位部三、一一一七頁。

（4）たとえば『徳川実紀』には、小十人組の加増の記事において、「小十人組番士今まで百俵づゝ賜はりしが、加増して皆二百俵になされ」（第三篇、五六一頁）とある。

（5）『御触書寛保集成』八六二頁。

（6）『吏徴』上巻、下巻（『続々群書類従』第七、法制部、一四―三九頁）。

（7）南和男、前掲論文、四二・四四頁の表参照。

（8）松平太郎、前掲書、三七六頁。

（9）『徳川禁令考』には「御旗本八万石以下御番衆迄ノ通称」（前集第四、二一二二頁）とある。なお『制度の研究』はこの史料の日付を文化十四年としているがこれはおそらく誤植であり、『禁令考』は十年となっている。

（3）

次に番士（衆）の実際に史料にあらわれてくるあらわれ方について考察してみよう。小十人組が他の四番方と同様に扱われていた例を少しあげてみる。

寛永一五年一一月一〇日に

三番頭并三組頭。小十人頭も召て。各隊の番士采邑并宅地の境界。あるは家士等以下の訴論あらば。頭組頭会集し査撿して裁断すべし。もし違背するものあらば曲事たるべし。そのうへにも裁断なし得がたきことある時は。老臣へうたへ指揮をうくべしとなり。

ということが令せられている。(1)これは各番頭が番士の訴を組頭と会集して裁断すべきことを令したのであるが、これに小十人頭が、他の三番頭とともにあげられていることを知る。ここに三番頭とあるのは、いうまでもなく大番、書院番、小姓組番のそれぞれ頭のことであり、まだこの時は新番は設置されていなかった。

また三番頭と小十人頭といった表記の仕方の裏には、何か区別の意味があるのではないかという考え方も行なわれるかもしれないが、しかしこの三番頭というのは、その組織された時期が、番方の中で最も古く、しかも番衆の数において圧倒的に他を離しているところから、いわゆる番方の中心となるものであることからきているものと思われる。たとえば新番が設置された以後も、この呼称に変化がみられなく、三番頭、(2)新番頭と並記されるのが常であった。ここで重要なことは、この三番頭とともに小十人頭が同じような仕事をするよう並記されているという事実である。従ってその呼称の区別には、職の性格の相違を示す意味と考えることができない。

さらにもう一例、時代が少し下るがあげてみよう。元禄三年二月十九日に

覚

御番衆三分一之休向後相止、此以前之通常勤可仕之旨上意之趣、於　殿中老中列座、大御番頭、御書院

番頭、御小姓組番頭、新番頭、小十人番頭え演達之

という令[3]が出されている。これはいままで番衆の三分の一が交代で、一年間ずつ休んでいたのであるが、この制度を廃することになった旨を表わしているものであり、ここにも他の四番頭とともに小十人頭が並記されていることから、他の四番と近いということを示し、さらにこの五番において、同じ三分の一の休暇があったということは、明らかに番方という一つの範疇に小十人を加えることができるものと思う。この結果前述した『番衆狂歌』にもみえるごとく、小十人組を番方に加えておくのが適切であると思う次第である。そこで番方には、書院番、小姓組番、新番、大番、小十人があるということになる。ところで小十人以外の歩卒の常備兵であるが、これも役方に対する意味で考えた場合は、番方とせざるをえないであろう。そこでいまこのような意味で使う場合、広い意味の番方とし、区別して用いたらどうであろうか。すなわち、旗本の就任する番を、敬意を表したいい方である番方とよび、御家人の場合はこれから省くも、幕府職制全体からみて、役方と対置して考える時、すなわち広い意味での番方としておきたい。先述したように南氏が御徒組を広い意味の番方といわれているのも、その理由はのべられていないが、このようなことに起因するものではなかろうか。

註

（1）『徳川実紀』第三篇、一一七頁。

（2）『古事類苑』によれば、大番、書院番、小姓組番を三番といい、それぞれの頭を三番頭と総称していたことが理解される（官位部三、一〇一三頁）。

（3）『御当家令條』巻二五（『近世法制史料叢書』第二、一八〇頁）。

三　番方研究の意義

番方の職制の範囲が、旗本の就任する番であるときまれば、次に問題となるのが、旗本と番方とがどのように関連しているかであり、旗本の性格を論じる場合、この番方が旗本の全性格の中でどのような位置を占めているかということである。

ふつう旗本とは江戸幕府直属の家臣で、万石以下、御目見以上のものをいうが、この旗本をさらに分って、三、〇〇〇石以上の非役のものを寄合といい、三、〇〇〇石以下のそれを小普請といっている。そして旗本の人数は、文化一四年に四、八〇〇名ほどで、その内寄合である三、〇〇〇石以上のものは、二四〇家であったというから、旗本の中で実に九五%のものが小普請であったわけである。(1)

この小普請から主として番を勤めるものが出てくるのであり、この番がいわゆる番方で、書院番、小姓組番、新番、大番、小十人組がそれである。番方を勤めるようになることを、御番入というが、その家は大体特定の家に代々固定され、俗に御番筋とよばれた。(2)しかもこの御番筋にも二つの系統がある。一つは両番筋で、もう一つは大番筋である。両番筋は両番（小姓組番と書院番）を足がかりとして職歴をかさね、重役に昇進していく。一方の大番筋はあまり昇進に著しい特徴はみられず、その場でとどまることが多いようである。また小十人筋というものもあるが、これは大きくみて大番筋の枠組の中にふくまれている。(3)

武士は本来そもそも武官であり、また幕府の他者に優越する強大な権力の発現する裏付けとなる軍事力の主要なものは、将軍直属軍団であり、その重大な任務を果たすのが、旗本本来の存在理由であったとするならば、将軍直属常備軍である番方は、旗本という存在の性格に欠くことのできない大きな要素を占めているものということができる。また旗本が番入を出発点としてやがて多様な役職に就任していく（主として両番出身者）ことは、封建官僚制という観点からも注意しなければならない。

そこで番方の研究は、幕臣団（旗本）の性格を知るうえで重要な一大研究分野となりえるだろう。

註

（1）松平太郎、前掲書、三七八―九、三八一、一〇八三頁。

（2）『御番士代々記』（内閣文庫蔵）。

（3）拙稿、前掲論文において、これらの見通しについてのべておいた。

第三章　近世中期の大番衆

一

近世中期といっても、具体的にいうと正徳元年（一七一一）ということになる。第一章の「『御家人分限帳』の記載内容の時期について」でのべているように、当該分限帳は正徳元年末から同二年前半の時期についての江戸幕府役職の有様を示しているものと考えるからである。そこでは、『徳川実紀』[1]にみられる幕府重職の人事の動向などと兼ね合わせてみており、そこからえられた結論であった。

この結論に対し、その後深井雅海氏から、勘定方役人二六四（除一部一六名）名に限っていえば、正徳元年五月から七月に在職していた者であることが判明すると指摘を受けた[2]。私も同氏からの指摘を受ける前から、当該分限帳掲載の新番衆や小十人組衆の履歴をあらってみたところ[3]、正徳元年の末ではなく、それより数か月前の時点で構成員を把握してまとめられているように感じていた。ただその後の新しい人事の動向（新任者の掲載）も一部反映されていることから、それは整理のまずさからきているのではないかと考えてみた。しかしこれは必ずしも整理のまずさからきているものではなく、多数の構成員を擁するたとえば番方の各役職など（勘定方もそうなのであろう）では、幕府重職とは違って早くから分限帳作成者が整理を終えていたことから生じているのではないかと考えるにいたった。現在の我々であれば、何年の何月何日現在という基準をもうけて各役職の整理を行なうこととなるのであろうが、ダブルスタンダードともいうべき考え方があったのではないか。早く整理を終了しているところでは、新しい人事も反映させようとするものの、辞職していったものはそのまま残してしまうような不徹底さがあったのではなかろうか。今はこのように考えている。そこで大番衆でいえば早めに整理を終えた正徳元年といういい方がふさわしいように思われる。

さてそれでは次になぜ正徳元年の幕府役職を取り上げるのかということについて少し触れておこう。『寛政重修諸家譜』（以下『寛政譜』と称す）を徹底的に調査し、寛政十年（一七九八）の旗本の総数は五一五八家[4]（無高の米良氏を加えて五一五九家とすべきであるという）であることを明らかにした小川恭一氏は旗本に関する貴重な研究成果を何点かあらわしているが、その中では当該分限帳にあまり触れるところがない。氏の当該分限帳についての評価は次のようである。[5]

『御家人分限帳』（近藤出版社、一九八四年）という宝永度の史料が刊行されている。しかし若干の欠役職、旗本御家人の区分の不明、與力、同心のような組屋敷には氏名がなく人数のみであり、役職中には当主以外の部屋住も入るなどの問題がある。貴重な史料ではあるものの、裏付けのある総数は掴めない。

確かにこの史料によって旗本の総数を導き出すのは困難であろう。鈴木壽氏もこの史料によって旗本の総数を出そうと努力されているが、結局概算でえられた御家人の数を差し引いてえた旗本の総数[6]（約五三九八人といった具合に約がつく）では成功しているとはいい難いのではなかろうか。ところで当該分限帳は鈴木氏によってはじめて広くその存在が知られるようになったことは周知の事実である。この史料を分析することによって正徳二年（当初は宝永二年とされていたが）における幕臣団の知行形態が明らかにされたのである[7]。私もこの研究から当該分限帳の存在を知り、内閣文庫で閲覧の機会をもった。ながめている内に、鈴木氏の宝永二年の実態を示す見解と異なる考えをもつにいたったことから先の内容の論稿（本書、第一章）ができあがったものである。少し後になってから鈴木氏によって、当該分限帳が近藤出版社から翻刻されることになった。同書によって刊行は昭和五九年七月であり、同書の「あとがき」[8]によると昭和五八年五月の執筆となっている。同書によってはじめて、従来の宝永二年を変更して正徳二年の内容を示すとする見解がのべられており、私が先に示した結論は、氏の見解の変化を知る以前のことであったことを明確にしておきたい。鈴木氏も早くから気がつかれていたことであろう。翻刻の出版をまって意見の変更をのべようとされたもので、そのためもあって遅れたものであろう。

少し話が脇道にそれたので元へ戻そう。私は当該分限帳をながめながら、類書にみられない情報をもつこの貴重な史料を利用して何かできないかと考えてみた。そこでえられたのは、番衆のレベルまでの人名が掲載されている史料は他にはないのではないかということであった。たとえば『武鑑』は、毎年刊行されているものの番方の役職をみてみると、番頭と組頭の両者の名前はあげられているものの、番衆（平番士）についてはまったく記載がない。これは想像するに幕府が軍事力の規模の判明してしまうことをおそれて掲載させなかったものと思われる。また『柳営補任』（大日本近世史料）にも掲載されていない。そこでこの分限帳掲載の役職とその構成員すべての履歴などを調べることで、より深く旗本の実態についての情報がえられるのではないかと考えてみたわけである。そこでまず拙稿「江戸幕府新番成立考」（本書、第六章）で取り上げたことのある新番衆、ついで新番を昇途先としている小十人衆について検討を加えてみたのである。後になって気がついたのであるが、鈴木壽氏も、ご自身が研究された当該分限帳を翻刻されるにあたって、徳川家宣が綱吉の養子となって江戸城西丸に入ってから吉宗の将軍期は、「徳川幕制の最整期ともいうべき時代に当る」とされ、この時期の研究（「幕府の役職・役人とその知行形態などの詳細な「全容」を解明した研究成果は乏しい」とのべられている）に翻刻の出版が若干の寄与を希うとされている。私の先の論稿は幕府の役職について不十分ながらこれに応えようとするものでもあったことになる。すなわち他にみられない特定年代（私見によれば正徳元年ということになる）における役職とのかかわりで旗本の実態を知ることができる唯一の史料ということになろう。これと同じ効果をえるとしたら『寛政譜』で全旗本のデータを拾いあげ、一年一年輪切りにして各年次の実態を示すしかないと思う。かつてこの作業を進めてみようかと思ったこともあったが手作業ではむずかしいと断念したことであった。しかし当該分限帳は特定年代の一年ではあるが実態をほぼ示してくれているのである。これを利用しない手はないと思うことしきりで、いくつかの作業を進めた次第である。このようなことからここでは大番衆について言及してみることにしたい。

さて当該分限帳であるがどの程度内容が正確であるかどうかはわからない。たとえば『御番士代々記』によれば、この特定年代の時期に大番である者が判明するが、その中で八名の者が、当該分限帳の大番の中にその名前を見出すことができない。その名前を列挙してみよう（〔　〕内の数字は新訂本『寛政譜』の巻数と頁を示す）。

山瀬善右衛門（正房）　二番組〔一八―二四九〕
沢次郎右衛門（幸故）　二番組〔一七―六三〕
戸田半蔵（逸時）　二番組〔二一―三五二〕

酒井伝五郎（定昌）　五番組〔二―七五〕
江原孫之丞（全貞）　八番組〔一五―二九九〕
尾崎伝五郎（某）　九番組〔六―三八八〕
加藤喜兵衛（国年）　十二番組〔一三―五五〕
内藤助之丞（種房）　八番組〔一三―二六一〕

この八名の者は、当該分限帳ではすべて小普請組の中に掲載されている。しかも『寛政譜』によっても大番に在職していたようである。どちらが事実なのかわからないが、一抹の不安を抱かせるものではある。

註

（1）『徳川実紀』第七篇（『新訂増補國史大系』第四十四巻）。
（2）深井雅海『徳川将軍権力の研究』二四九頁。
（3）本書、第五章と第七章参照。
（4）小川恭一『徳川幕府の昇進制度』二八頁。
（5）同右、六三頁。
（6）鈴木壽校訂『御家人分限帳』解題一九頁。
（7）鈴木壽『近世知行制の研究』。
（8）註（6）に同じ、五一七頁。

二

『分限帳』によれば大番各組の人員は次のようになる。

一番組　六一人
二番組　五八人
三番組　五四人
四番組　六一人
五番組　六三人
六番組　五六人
七番組　五六人
八番組　六三人
九番組　六三人
十番組　五九人
十一番組　六一人
十二番組　五六人
（合計七一一人）

ふつう大番組は一組五〇人といわれているので、一二組あることから全体で六〇〇人ということになるが、この場合七一一人にもなる。大番組頭各組四人を除く除かないという問題もあるが[1]、除いた場合四八人（四人×一二組）を除くから五五二人（除かない場合六〇〇人）が定員で一五九人も多いことになる。なぜこのようなことになっているのか事情を考えておこう。

五代将軍綱吉が歿したのが宝永六年（一七〇九）正月で、すでに継嗣にきまっていた家宣が二月三日より上様と称せられるようになり、五月一日に将軍宣下が行なわれた。このさなかの四月六日に[2]、

　布衣以上以下諸有司。番士の長子。あらたにめし出さるゝもの七百二十七人。すべて小姓組に百五十四人。書院番に百六十五人。大番に二百七十五人。小十人組に五十九人。その他右筆に八人。勘定に六十三人。また桐間番頭岡部和泉守長興が子庄九郎長雅。大沢駿河守勝寧が子又四郎勝岑。中條丹波守直景が子加兵衛景息めしいだされて桐間番となる。（傍点は筆者）

とあるように、家宣の新政権発足にあたっていわゆる総御番入ともいうべきものが行なわれている。七二七人の内二七五人が大番に入番ということで、実に三七・八％に相当する。最も定員の多い役職であることからきているものであろう。大番の側からこれをみると、組頭を除いた場合の定員五五二人の内二七五人といった多数の者（定員の四九・八％に相当）の部屋住からの入番であり、ほとんど半数近くの者がこの時大番の構成員となったことを意味する。この事が各組大番組頭四人を除いた定員四六人をはるかに超えた人員となったものと思われる。この時が異例であって普断は定員がまもられているものかどうか今は確認するすべがない。ただ数名を定員とする役職と違って多数の定員を有する五番方の番衆では、必ずしも厳守されるべきものではなかったのかもしれない。こう考えると、藤井讓治氏がその著書『江戸時代の官僚制』[3]の中で「寛文4年の大番の数が、定員の600人より6人多いのは、先に述べたように『寛政重修諸家譜』の記事の不備なも

のの処理法に起因するものである」とのべられているが、必ずしも『寛政譜』の「記事の不備なもの」のせいにすることはないのかもしれない。この時も大番組頭を除いた定員五五二人を五四名も上まわっている六〇六人が在職していたということも十分考えられるのである。

なお、宝永六年（一七〇九）四月六日に大番に入番した者二七五人の内、二五五人が二年後の正徳元年（一七一一）の時点でも、『分限帳』に名前が出てくる者達で、いぜんとして大番に所属している。数を示せば、一番組二一人、二番組二一人、三番組一七人、四番組二三人、五番組二四人、六番組二五人、七番組一七人、八番組二四人、九番組二二人、十番組一八人、十一番組二二人、十二番組二二人となる。この数字からうかがえるように、入番にあたっては各組にほぼ平均に割りふったもののようである。減ってしまった二〇人は、理屈からすれば二年早々で他の役職に転出していったことになるが、正徳元年時大番士であったものの在職期間を考えると納得できないところである。すなわち二六人が不明であるが、残りの者（六八五名）の中で二年という在職期間は一人しかいない。十番組の㉓番目に登場する本多数馬（正行）というものであり、この者は正徳元年四月七日に辞職し小普請入している。また『分限帳』には、小普請組にも登場し、二重記載者となっている。在職期間三年の場合も一一名しかいないことを考えると、二〇名も減っていることはどういうことなのか、まったく見当がつかない。案外と不明二六人が鍵をにぎっているのかもしれない。

論点を元に戻そう。『分限帳』の大番士記載者七一一人であるが、この構成員が全員そろっていた時期はいつかということである。最後の入番が宝永六（一七〇九）年一二月二六日（三番組の⑸番目に登場する多賀主税某）であり、最初の辞職は正徳元（一七一一）年四月七日（十番組の㉓番目に登場する本多数馬正行）である。従って、この『分限帳』では、大番組については、宝永六年一二月二六日から正徳元年四月六日までの構成員を登録しているということになる。しかし二番組の大番組頭として五番目に登録されている永田善次郎(4)（清熹）は、元禄七年（一六九四）から正徳二年（一七一二）四月二五日まで大番士であったことがわかるので、大番士七一一人に加えて総数七一二人としておくべきかもしれない。組頭が定員四人のところ、この組のみ五人の名前をあげているのは、正徳元年時（四月六日以前ということになる）に一度整理された情報の上に、できるだけ最新情報を加えようとする考えから、永田善次郎を大番士から取り除き、大番組頭に加えてしまったことによる混乱だと考えることができよう。この混乱ぶりを示すのが、永田善次郎の大番組頭就任によって、辞任することになった秋山伊左衛門寧政が、大番組頭から取り除かれることなくそのまま名前が残り、また辞任した後の小普請組にも名前を列ねていることであり、二重記載者となっているのである。そこで本稿では正徳元年時（四月六日以前として）大番士全体を考えることにし、統計処理する際には、永田善次郎を大番士に加えて、七一二名として考えることにする。

註

（1）伊東多三郎氏は『國史大辞典』の「大番頭」の項で、「幕府の制度では大番組は十二番組で、番組ごとに大番頭一人、その配下に組頭四人、番士五十人があり、さらに与力十騎、同心二十人が付属した。すなわち一人の大番頭の配下は八十四人である」（第一巻、六八五頁）とのべられており、「大番頭の配下は八十四人」とのべているいい方からすると、組頭は大番士五〇人の外と考えておられるが、氏が参考文献としてあげられている『吏徴』には「毎組與頭四人合一組五十騎」（上巻、『続々群書類従』第七、法制部、二四頁）とあり、また『職掌録』でも「一組御番衆五十人の内組頭四人」（『改定史籍集覧』第二十七冊、四一〇頁）とあることからも一組は組頭四人、大番士四六人とすべきであろう。但し、これを確かめることができないのが実情である。但し、実際に大番士に在職したことがある森山孝盛が「一組五十人を与頭四人に割て預れり（十一人十二人）」（『蛋の焼藻の記』〔日本随筆大成、第二期、第22巻、二〇二頁〕）とのべているので、こちらの考え方が事実に近いものと考えられる。

（2）『徳川実紀』第七篇（『新訂増補國史大系』第四十四巻、二二一頁）。

（3）藤井譲治『江戸時代の官僚制』一五三頁。

（4）本書第四章の「大番組頭一覧」の二番組を参照。なお「大番衆一覧」は印刷の都合上本書では省略した。拙稿「『御家人分限帳』所載の大番衆一覧」（日本大学商学部『商学集志』人文科学編、第十五巻第二号）を参照されたい。この「一覧」には誤植がいくつかあるが、重要なものをあげておけば、六番組の⑿番目に登場する榊原金右衛門（貞亮）の大番からの昇途先が大番番頭となっているが、これは大番組頭の誤りである。もう一つは三番組の⑷番目に登場する松波平右衛門（正房）であるが、再度大番に入番していることが判明した。大きな誤りは以上の二点である。お詫びして訂正いたします。なお（）内の登場する番号は、この一覧に付したものである。

三

ここでは正徳元年において大番組に入番していた者七一二人について、その入番にかかわる実態についてみてみることにしたい。

まず前歴としてどのような履歴を経てきているであろうか。これを表にしたのが表3-1である。一番多いのが、前歴とはいえないが部屋住からの三五四名（七一二人中、全体の四九・七％）で、ほぼ半数の者が父が現役の旗本（当主）であるにもかかわらず召出されたということになる。これは小十人のところでものべているが、父の家禄に加えて部屋住である大番士に支給される職禄二〇〇俵はかなり家計の足しになることであろう。寛永期の「惣御旗本の嫡子共御番入」は旗本困窮の打開策として行なわれたもので、この時もこの面に対する配慮と考えることができる。先述した家宣の新政権発足にあたって、總御番入が行なわれたのは、特別意味のあることのように思われる。

二番目に多いのが小普請からの取立てであり、二四三人（三四・一％）である。ついで西城焼火間番から七七人（一〇・八％）である。西城焼火間番は綱吉期に創置され、家宣が将軍に就任した年（宝永六年）の十月二十九日に廃止された[1]もので、この時、番頭の四人は寄合に入り、組頭の七人は小普請に入れられ、番士の一〇四人は大番に入ったという。この一〇四人の内の七七人だと思われる。従ってこの役職からの入番は後にはみられなくなってしまうものである。

つぎの桐間番からの二五人（三・五％）であるが、これも綱吉期に創置された役職であるが間もなくの正徳三年（一七一三）五月一八日廃止[2]されてしまうので、これ以降の時代にはみられない特色となる。なお、廃止された時、桐間番四隊の番士六六人は、小姓組と書院番に入ったという。これは『分限帳』によれば桐間番

表3-1　大番士の前歴

大　番　士（712人）

部屋住	小普請	西城焼火間番	桐間番	近習番	小納戸	不明
354人（49.7％）	243人（34.1％）	77人（10.8％）	25人（3.5％）	7人（1.0％）	4人（0.6％）	2人（0.3％）

※小普請243人の内26人はさらに前歴がある。主要なものをあげておくと桐間番・小姓・小納戸・次番で複数のものがおり、各1人として小姓組・三丸広敷番頭・近習番・納戸番・西丸桐間番・西丸小納戸がいる。これらの多くは以上あげた役職をいくつか履歴して小普請にいたったものである。中には処罰を受けていわゆる咎小普請となっていた者も9人ほど存在する。また小姓組を勤めたあと養家に入って小普請入した者も1人いる。

組	父		組	子	（〔　〕の中の数字は『寛政譜』の巻数と頁を示す）
(21)	門奈助左衛門	—	8(34)	助太夫	〔15-34・35〕
(49)	寺尾貞右衛門	—	5(47)	文九郎	〔18-355〕
(50)	竹内五左衛門	—	11(49)	平右衛門	〔15-245〕
(51)	大久保藤三郎	—	5(44)	新太郎	〔12-33・34〕
(52)	太田新五右衛門	—	11(50)	新助	〔19-202〕
7(4)	小林十左衛門	—	6(29)	又三郎	〔16-162・163〕
(6)	松波左兵衛	—	2(48)	甚三郎	〔14-412〕
(14)	本多源兵衛	—	10(23)	数馬	〔11-314〕
(19)	大岡源左衛門	—	4(38)	蒔助	〔16-326・327〕
(25)	下枝七右衛門	—	10(41)	妥女	〔21-367〕
8(12)	豊嶋内蔵丞	—	11(36)	孫七郎	〔9-178〕
(17)	保々七左衛門	—	9(47)	長四郎	〔5-275〕
(32)	塩入左衛門	—	11(43)	源之丞	〔18-255〕
(60)	高橋平八郎	—	7(44)	新太郎	〔19-190〕
9(6)	大岡十左衛門	—	11(41)	久太郎	〔2-106〕
(10)	富永一学	—	5(49)	善右衛門	〔7-371〕
(11)	永田七郎左衛門	—	11(39)	庄五郎	〔16-285〕
(14)	岩田太右衛門	—	4(42)	万右衛門	〔19-280〕
(18)	青木甚五兵衛	—	12(37)	六郎兵衛	〔3-188〕
(22)	小嶋源左衛門	—	12(46)	源八郎	〔6-133〕
(27)	山本源兵衛	—	7(51)	九十郎	〔3-105・106〕
(29)	土屋四郎左衛門	—	11(45)	助之丞	〔9-240〕
10(11)	小尾彦太夫	—	11(51)	助之進	〔3-306〕
(24)	松田市郎左衛門	—	11(38)	源之助	〔13-354〕
11(3)	諏訪部彦左衛門	—	5(41)	長右衛門	〔6-150〕
(4)	和田仁右衛門	—	8(21)	彦九郎	〔7-330・331〕
(7)	河内喜右衛門	—	9(59)	弥四郎	〔10-29〕
(15)	小野九郎左衛門	—	6(37)	左門	〔9-170〕
(22)	久保頼母	—	2(49)	権之助	〔16-191〕
(32)	小田切新右衛門	—	12(52)	新蔵	〔7-15〕
(61)	曲渕彦四郎	—	2(45)	孫市	〔3-350〕
12(6)	筧新三郎	—	1(45)	千太郎	〔17-34・35〕
(13)	塩入弥三郎	—	1(51)	源太郎	〔18-256・257〕
(16)	万年弥市右衛門	—	9(41)	三郎四郎	〔16-57・58〕
(18)	大石甚五右衛門	—	5(43)	源八郎	〔18-420・421〕
(20)	蔭山外記	—	5(57)	小八郎	〔2-126〕
(21)	朝倉六文助	—	10(43)	佐太夫	〔21-7・8〕
(25)	原長右衛門	—	1(48)	三次郎	〔20-247〕
(26)	藤方彦十郎	—	1(59)	庄右衛門	〔8-36〕
(27)	浅岡市左衛門	—	9(51)	彦四郎	〔22-3〕
(33)	久留又右衛門	—	1(58)	喜太夫	〔9-363・364〕

表3-2　正徳元年時における大番組父子の関係

※（　）内の番号はその組で登場する『分限帳』での順番である。

組	父		組	子	（〔　〕の中の数字は『寛政譜』の巻数と頁を示す）
1(9)	尾崎助十郎	—	10(55)	多宮	〔6-387〕
(33)	織田伝十郎	—	11(52)	市十郎	〔8-198〕
(34)	飯高又十郎	—	6(30)	求馬之助	〔18-121〕
(39)	正木七十郎	—	5(48)	市之丞	〔20-223〕
2(4)	跡部八郎兵衛	—	8(56)	三九郎	〔4-150〕
(6)	浅井五左衛門	—	11(46)	源左衛門	〔15-216〕
(9)	加藤左太夫	—	10(52)	助五郎	〔13-40〕
(23)	水原清右衛門	—	9(50)	次郎右衛門	〔7-380〕
(27)	川(河)野源兵衛	—	8(35)	九兵衛	〔10-210・211〕
(33)	永田市左衛門	—	1(42)	兵四郎	〔16-286〕
3(2)	美濃部十右衛門	—	1(56)	勘兵衛	〔17-246〕
(17)	平岩五左衛門	—	2(52)	主計	〔18-104〕
(18)	山本新兵衛	—	2(51)	六左衛門	〔3-92〕
(20)	平岩半四郎	—	2(53)	三左衛門	〔18-105〕
(21)	服部甚五左衛門	—	4(33)	源右衛門	〔18-76〕
(24)	小野藤兵衛	—	2(50)	求馬	〔10-114〕
(44)	辻五郎右衛門	—	2(56)	三郎右衛門	〔22-300・301〕
4(6)	永井伝右衛門	—	6(22)	権十郎	〔10-302〕
(7)	鈴木九太夫	—	9(53)	左太郎	〔17-419・420〕
(10)	小笠原彦九郎	—	2(42)	彦十郎	〔4-119〕
(15)	小野吉兵衛	—	1(41)	源次郎	〔20-355・356〕
(21)	丸茂(毛)文左衛門	—	7(54)	五郎右衛門	〔4-37〕
(24)	秩父久左衛門	—	10(51)	三右衛門	〔9-184・185〕
(54)	浅井治右衛門	—	12(41)	平蔵	〔15-217・218〕
(57)	大屋甚左衛門	—	5(55)	杢之助	〔14-50〕
5(11)	山岡八郎兵衛	—	2(55)	八之丞	〔17-363〕
(13)	内藤彦四郎	—	6(44)	源之助	〔13-265〕
(20)	河内新左衛門	—	6(28)	新五左衛門	〔10-30〕
(21)	小林伝四郎	—	4(43)	三之丞	〔16-157〕
(26)	杉原伝五右衛門	—	4(45)	孫十郎	〔8-289〕
(29)	竹村弥次右衛門	—	12(47)	内匠	〔15-270〕
(33)	田沢八右衛門	—	12(48)	権十郎	〔3-175〕
(34)	亀井半右衛門	—	6(27)	与十郎	〔22-317・318〕
(45)	鈴木市郎兵衛	—	8(46)	五左衛門	〔18-30〕
6(2)	河内久五郎	—	11(40)	左太郎	〔10-31〕
(4)	三沢庄兵衛	—	9(45)	庄左衛門	〔19-174〕
(5)	羽太庄左衛門	—	5(38)	十太夫	〔17-17〕
(6)	筧源左衛門	—	5(59)	助之進	〔17-43〕
(8)	土屋安太夫	—	9(55)	孫五右衛門	〔4-135〕
(15)	佐脇源兵衛	—	9(56)	伝十郎	〔6-385〕
(16)	小宮山又七郎	—	1(43)	主税	〔4-237〕
(19)	竹内平左衛門	—	11(55)	小平次	〔20-35・36〕

士は最低三〇〇俵支給されていることになり、同格ということで両番入したものと思われる。従って廃止前に大番に入番した者達は一段低く扱われたことになり、割をくった形になったということか。

つぎは近習番からの七人（一・〇％）である。これも綱吉期に創置された役職で、綱吉が歿するとすぐ翌月の二月二一日に廃止されている。翌日には多くの者が小普請入しているが、九人は大番に入番しているようである。この九人の内の七人がここに出てくる者達である。こうみてくると、西城焼火間番・桐間番・近習番からの大番士登用は、前代の綱吉期に登用された者達を大番筋の旗本として扱うことの意思表示であったのかもしれない。

残りは小納戸からの四人（〇・六％）である。小納戸は『明良帯録』に「布衣にて君辺の勤め第一の昵近の衆也」[3]とあるように、将軍の側近く仕え、そのため格式も高く、享保期には役高五〇〇石とされたといい[4]、元禄二年には家禄一〇〇〇石以下の者は役料三〇〇俵が支給された。昇途先はその人の資質によって様々であったようで、この四人の場合その事情をうかがい知ることはできない。

先に述べたように部屋住の者の就任が多いということであれば、容易に想像できることでもあるが、大番士の中での父子関係はどの程度みとめられるのであろうか。表3-2は父子の関係を表示したものである。七一二人の内、一六六人は八三組の父子の関係にあるのである。二三・三％に相当する。小十人と同様父子が同じ組に所属することはない。またこの父子の関係にある部屋住の者を除いても六二九人となって、なお定員を上まわっていることになる。この意味するところは何であろうか、想像をたくましくすれば、将軍直属常備軍団の要として、大番士の家が経済的困窮におち入らないようにはかることと、早くから入番させて後継者の育成をはかろうとしているということであろうか。

つぎに大番に入番する直前の家禄の石高をみてみよう。表3-3がそれである。すでに家督をついで当主になっている者では、五〇〇石(俵)以上の者が五五人、三〇〇石(俵)以上の者が一一六人、二五〇石以上四三人、二〇〇石(俵)以上が一一五人で両者合わせると一五八人、二〇〇石未満が一〇人となる。三〇〇石(俵)以上が一七一人で、これらは大番に代々入番する大番筋の家より、一つ上をいく両番筋の家の家禄と比べて遜色がないのではないかと思われる。二〇〇〇石代というきわめて高い石高のものが一人いるが、それは三番組の菅原新十郎というものであるけれども、『寛政譜』で該当する者がみつからず詳細は不明である。また五〇〇石以上の者がある番組に固まっていることはなく、各組ほとんど平均しているのも面白い。部屋住の者の家禄をみてみると、五〇〇石(俵)以上が三五人、三〇〇石(俵)以上が一五三人、両者をあわせると一八八人となり、両番筋に劣らない家の者のようである。二〇〇石(俵)以上が一八〇人で、それ以下は四人しかいない。当主と部屋住の者を合わせてみると、三〇〇石(俵)以上が三五九人となり、全体の五〇・五%が両番筋とみてもおかしくない石高の者達ということになろうか。

表3-3　大番士の入番直前石高表（1人不明⇒711名）

家督をついでいる者（当主）				部屋住の者の家禄				
2000石代	1	55	171	1500石代	2	35	188	
900石代	2			1000石代	4			
800石(俵)代	5			800石	2			
700石代	8			700石	1			
600石代	7			600石代	7			
500石(俵)代	32			500石(俵)代	19			
400石(俵)代	46	116		400石(俵)代	48	153		
300石(俵)代	70			300石(俵)代	105			50.5%
250石(俵)代	43	158		250石(俵)代	64	180		
200石(俵)代	115			200石(俵)代	116			47.5%
200石(俵)未満	10			200石(俵)未満	4			2.0%

ついで年令についてみてみたい。大名や旗本から幕府に届けられた年令は信用できないといわれている。たしかに『家譜』と『寛政譜』の同一人物の誕生年が違っていることは珍しくなく、水増された年令が幕府に届けられていたようである。小川恭一氏は「官年と称し、実際年令よりも五歳くらい年令を水増している慣習[5]」があることをいわれている。従ってあまり信用のおけない話になることはじゅうじゅう承知の上で、傾向といったものがわかればよいという位の考え方で参考までに言及しておきたい。

まず就任時の年令（表3-4参照）であるが、二〇歳が断トツで六三人、ついで二一歳の四九人がつづく。第三位が一七歳の四五人となっている。二十代が圧倒的に多く、ついで十代の後半がつづく。そしてつぎが三十代であり、三〇歳の三三人のあと二〇人を越す年令はない。上方在番があるということでこの位の年令でないともたないかもしれない。大番組頭のところでのべているように、上方在番の任務中に歿する者が多

表3-4　大番士の就任時の年令と正徳元年時の年令

10代			20代			30代			40代			50代			60代		
年令	就任時（人数）	正徳元年時	年令	就任時（人数）	正徳元年時	年令	就任時（人数）	正徳元年時	年令	就任時（人数）	正徳元年時	年令	就任時（人数）	正徳元年時	年令	就任時（人数）	正徳元年時
10			20	63	12	30	33	23	40	8	27	50	1	15	60	0	0
11			21	49	14	31	19	18	41	6	20	51	5	9	61	1	3
12			22	38	20	32	14	25	42	11	19	52	2	9	62	1	4
13			23	33	20	33	18	17	43	10	20	53	1	14	63	0	5
14			24	37	16	34	18	20	44	6	17	54	0	9	64	0	2
15	1	0	25	37	23	35	15	20	45	4	25	55	0	7	65	0	1
16	1	0	26	24	22	36	11	22	46	4	11	56	1	2	66	1	1
17	45	0	27	32	23	37	13	29	47	12	11	57	0	2	67	1	0
18	25	1	28	29	16	38	9	19	48	7	12	58	0	5	68	0	1
19	23	36	29	25	26	39	9	14	49	5	19	59	1	4	69	0	2
	95	37		367	192		159	207		73	181		11	76		4	19

いように思われるが、(6)かなり激務のようではある。若さが必要であったのであろう。それでも五〇代で一一人、六〇代で四人が入番しているのは、どんな事情があったのであろうか、残念ながら詳細はわからない。

つぎに現在といおうか、個人個人の就任時の年令ではなくて、特定年代時（正徳元年現在）の年令構成をみてみよう。一番多いのが三十代の二〇七人、つぎが二十代の一九二人、ついで四十代の一八一人がつづく。五十代も七六人をかぞえ、六十代も一九人もいる。

この年令構成を各番組ごとにみてみよう。表3－5の「正徳元年各番組年令構成」を参照していただきたい。六番組の四十代が少し少ない（その分五十代が少し多いか）、十二番組の三十代が少し少なめ、といったところを除けば、各番組ほぼ年令構成は同様であるとみてよい。年寄りばかりが、あるいは逆に若年ばかりが目立つといった片寄りはなさそうである。また第四章の大番組頭のところでも触れたのであるが、各番組には四人の組頭がいて、定員四六人が守られている

表3-5　正徳元年時各番組年令構成

	十代・二十代	三十代	四十代	五十代 （　）内は55以上	合計
一番組	19	22	14	6（2）	61
二番組	18	14	18	9（3）	59
三番組	19	18	10	7（4）	54
四番組	15	19	21	6（2）	61
五番組	23	19	12	9（3）	63
六番組	18	16	9	13（5）	56
七番組	20	18	13	5（2）	56
八番組	17	19	21	6（2）	63
九番組	16	19	19	9（5）	63
十番組	23	15	12	9（4）	59
十一番組	20	16	15	10（4）	61
十二番組	21	12	17	6（3）	56

時には、各組頭のもとに平番士一一人、もしくは一二人が配属されていて日常活動を行なっていたようである。その際、世話役として平番士としての経験が富んでいる者をもって、組頭の補助的役割をはたさせていたようである。これを伴頭といったらしい。(7) これにふさわしい年令として五十代以上の者が予測されるが、この層が各番組に存在するのも面白い。

こうした年齢構成の二組約一〇〇人が三年に一度上方在番を勤めることになる。なお年令のデータについて各番組ごとに平均年令をとってみた（表3-6参照）。就任時の平均であるが、四番組と一一番組が三〇・〇歳で、一番低いのが七番組の二五・八歳で、残りの全てがこの中に入り、二七歳、二八歳、二九歳が圧倒的に多い。正徳元年時では、三五・五歳から三七・七歳の中に全て入り、ほとんど変わらないのはおもしろい。在職期間の平均はどうであろうか。就任時平均年令が二五・八歳と少なかった七番組が一番長い二五・二年であるのは理にかなっていておもしろい。大体が二〇年位つとめたということ

表3-6

	就任時平均年令	正徳元年時平均年令	在職期間平均
一番組	28.0	35.5	23.9年
二番組	27.6	36.5	19.9年
三番組	27.6	35.6	21.9年
四番組	30.0	37.0	18.5年
五番組	26.8	35.5	19.4年
六番組	27.3	36.6	22.8年
七番組	25.8	35.1	25.2年
八番組	28.6	37.4	20.8年
九番組	29.6	37.7	20.9年
十番組	28.8	35.8	23.0年
十一番組	30.0	36.1	19.3年
十二番組	27.9	36.2	19.1年

か。

註

（1）『徳川実紀』第七篇（『新訂増補　國史大系』第四十四、六一頁）。
（2）同右、三三〇頁。
（3）『明良帯録』（『改定史籍集覧』十一、一一四頁）。
（4）松平太郎『江戸時代制度の研究』三六一、三六二頁。
（5）小川恭一『徳川幕府の昇進制度』九七頁。なお氏は『江戸の旗本事典』では同じことを「公年」といわれている（一三二頁）。
（6）本書第四章の四参照。
（7）同右。

四

大番衆の昇途先についてみてみよう。各番組別に示したのが表3-7である。ここを最終役職として辞したもの二一一人、また歿したもの

表3-7　大番士の主要（第１位〜第４位）昇途先

		歿	辞	合計	大番組頭	新番
一番組	61人	16	15	31人	7人	10(1)人
二番組	59人	12	20	32人	6人	6(1)人
三番組	54人	13	20	33人	5人	5人
四番組	61人	23	16	39人	6人	5人
五番組	63人	18	18	36人	10人	7(2)人
六番組	56人	14	14	28人	13人	6(1)人
七番組	56人	19	14	33人	10人	7(1)人
八番組	63人	17	19	36人	7人	12(1)人
九番組	63人	18	22	40人	9人	5人
十番組	59人	20	20	40人	7人	6(2)人
十一番組	61人	11	19	30人	9人	8人
十二番組	56人	15	14	29人	8人	7人
	712人	196人	211人	407人	97人	84(9)人
				(57.2%)	(13.8%)	(11.8%)

※新番の（　）内の数字は大番―納戸番―新番（７人）と大番―腰物方―新番（２）のコースをたどった者の数である。

は一九六人で、合計四〇七名にものぼる（五七・二％）。半数以上がここで履歴を終えることになる。昇途していった先で一番多いのが、大番組頭で九八人（一三・八％）になる。つぎが新番組（含、納戸番（七人）・腰物方（二人）を経てからの九人）へ転出していった者八四人（一一・八％）である。この辞する、歿する、大番組頭、新番組の四つで五八九人（八二・七％）を占める。ほとんどがこの四つになるとみてもよいほどである。

残りの一二三名が少しずつ多数の役職へ転出していっていることになる。この中で目立つものを少しあげておこう。一番出世していった者としては、十一番組の⑷番目に登場する遠藤彦十郎（易続）をあげることができるであろう。遠藤は宝永六年四月六日大番組に入番したあと、勘定見分役として元文五年二月二日から寛保元年六月朔日まで出役している。その後勘定吟味役（この任期中に布衣となる）から佐渡奉行、勘定奉行（三〇〇石加増、全て五〇〇石となる）、一橋家の家老にまでのぼりつめている。そのためか子の続兼は西城の書院番に入番している（『寛政譜』第一五—二四九頁）。ついであげれば四番組の⒃番目に登場する佐野次郎太郎（庸寿）で、大番から腰物方、腰物組頭、膳奉行、小十人頭（この任期中に布衣となる）を経て、小譜請奉行（役高二〇〇〇石）に転じている（『寛政譜』第一四—三七頁）。

数の多いのをあげておくと納戸番ということになる。これにかかわりをもった者が二三人（含、西城納戸番）、一〇人以下五名以上をあげると、広敷番頭（含、西城）、腰物方、代官、富士見宝蔵番頭といったところ。つぎに四人の鉄炮玉薬奉行、金奉行、三名の天守番頭、田安近習番、一橋近習番、裏門切手番頭、小姓組（西城・二丸）がつづく。

なお大番組頭へ進んだ九七名はどうなったであろう。これを示したのが表3-8である。八〇名はここを最終履歴としている（八二・五％）。第四章の大番組頭のところでも八一・三％であるから、大体同じ傾向が続いているものとすることができる。

他の役職へさらに転じていった一七人であるが、『明良帯録』の昇途表(1)によれば、目付、留守居、二丸留守居、先手、小十人頭、徒頭の六つがあげられているけれども、少し異なるようである。先鉄炮頭と西城先鉄炮頭、さらに先弓頭は、『明良帯録』の先手をさすものと思われるので、これと目付・二丸留守居の三つが一致するだけで、他は異なるようである。一番の出世頭は十一番組の(48)番目に登場する桜井忠右衛門（政種）で、大番組頭から船手（この任期中に布衣となる）、先鉄炮頭、槍奉行（役高二〇〇〇石）までのぼっている。大番組頭在職中に子の政辰は書院番に入番している。この政辰は書院番の任務である駿府在番を勤めている時に、六〇歳で歿しているが、父の政種は長寿であったので、当主になることはなかった。やがて孫の政徳が家をつ

表3-8　大番組頭（97人）から先の昇途先（数字は人数）

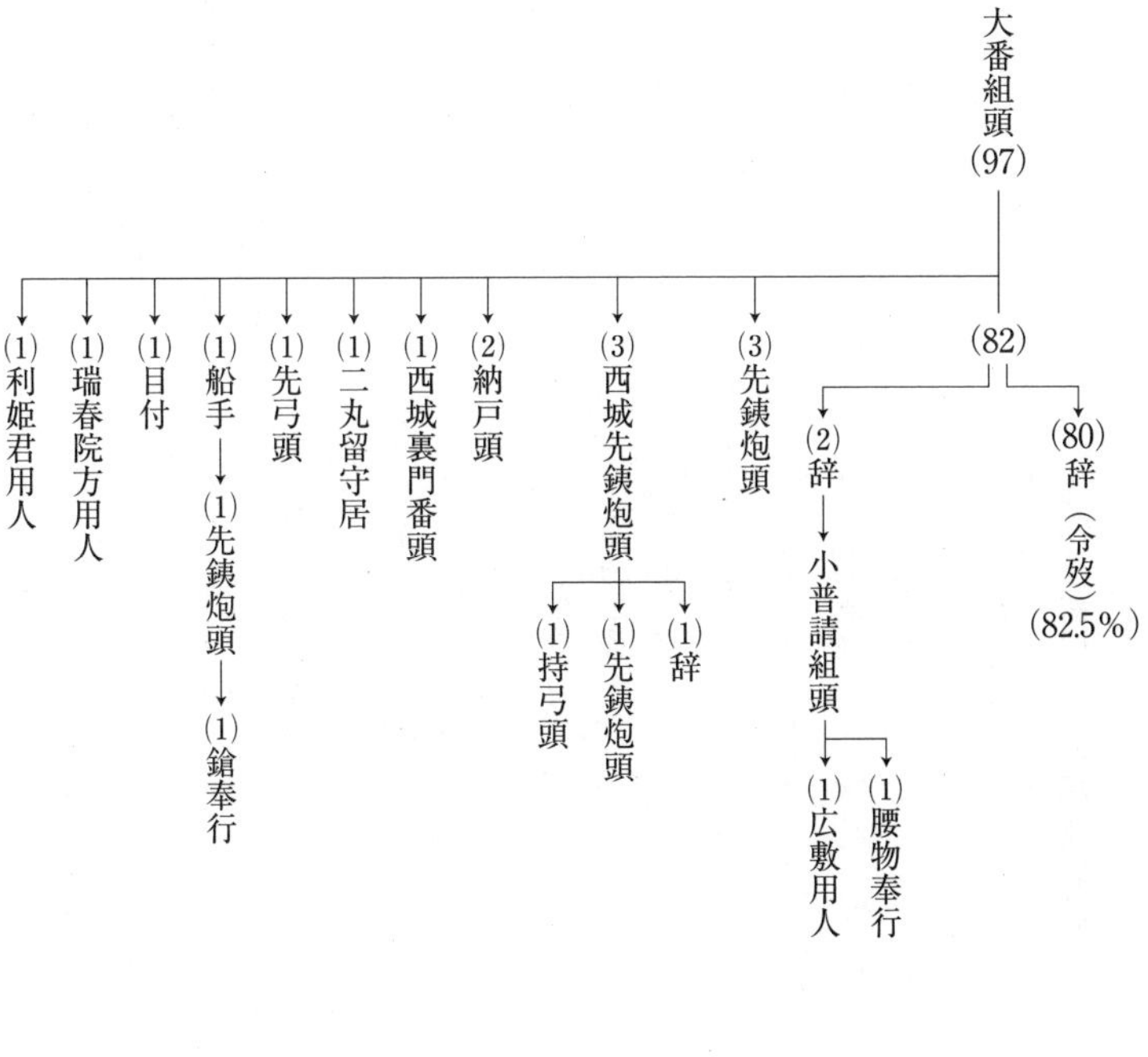

ぐが、彼は小姓組に入番していた（『寛政譜』第一五―一六八頁）。

つぎに大番から新番へ転じた者（含、納戸番、腰物方を経由した者九人）八四人の行方はどうなっているであろうか（表3-9参照）。ここを最終履歴としている者六六人（七八・六％）、新番組頭への昇途が五人、小普請方二人、あとは各役職一人である。それほど出世した者もおらず、せいぜい布衣以上の役職（二丸留守居、船手、用人、西城裏門番頭）についた者が数人といったところである。

大番士の履歴をみてきてもう一つ特色があるのが、再度入番者の多いことである。綱吉の時代の特色であろうが、桐間番という綱吉期に創置されて、次代の将軍になるやいなや廃止された、多分に綱吉の思いつき人事が行なわれたところでの特徴だとみてよかろう。一度大番を勤めてから、桐間番に入り、またすぐに大番に入

表3-9　新番（84人）からの先の昇途先（数字は人数）

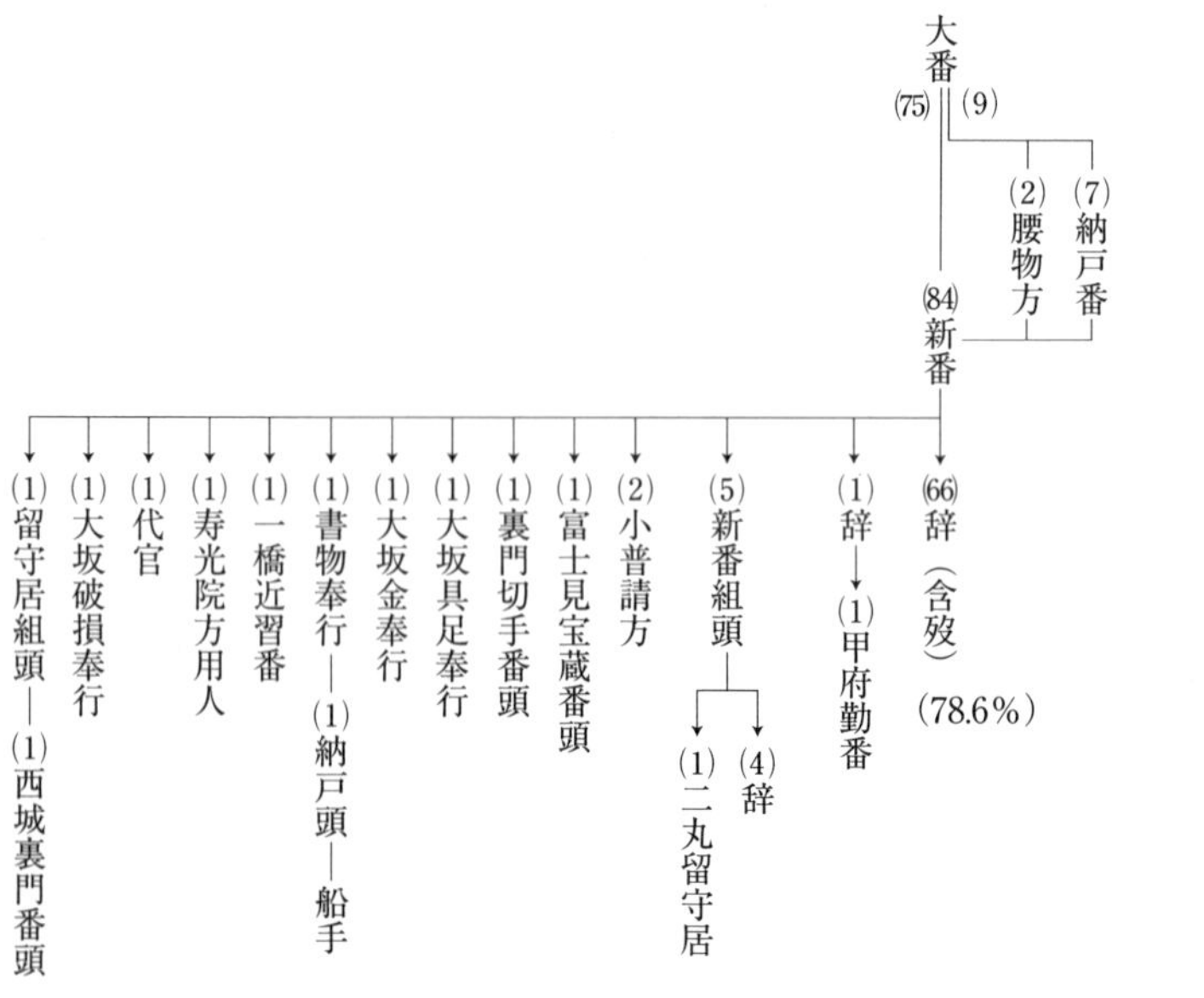

番するといった者がほとんどである。七一二人の中で四〇人ほどいたということを申し添えておこう。桐間番は大番と再度入番の間での在職がほとんどであるので、昇途先には出てこない。念のため記しておく次第である。

最後に大番士の退職時（含、歿時）の年令をみておこう。五十歳代が一八一人（二五・四%）で、全体の四分の一ほどである。ついで四十歳代の一七〇人（二三・九%）で、全体の約半数であるが、三十歳代が六十歳代より多いのは予測と違うところだろうか。五歳きざみでみていくと、三十歳代後半が多くなりはじめで、四十歳後半にピークをむかえ、それが五十歳代前半、後半とひきつがれていくとみることができる。二十歳代前半に入番してきた者が、在職二〇年ちょっとで、すなわち四十歳代後半になって退職していくといった感じである。

註

（1）「明良帯録」続篇（『改訂史籍集覧』第十一冊四七頁）。

むすびにかえて

当該分限帳所載の大番士について、主として『寛政譜』を中心とする史料からの情報をえて多方面の分析を行なってみた。特定年代（正徳元年）に大番士であった者七一二人について彼等全体のおかれた状況というもの

表3-10　大番士退職時年令分布表

20歳代	20～24歳 25～29歳	9人 25人	34人	4.8%
30歳代	30～34 35～39	54人 85人	139人	19.5%
40歳代	40～44 45～49	80人 90人	170人	23.9%
50歳代	50～54 55～59	90人 91人	181人	25.4%
60歳代	60～64 65～69	67人 46人	113人	15.9%
70歳代	70～74 75～79	37人 8人	45人	6.7%
80歳代	80～81	3人	3人	
不　明			27人	3.8%
合　計			712人	100%

を検討してきたつもりである。このような全体をとらえておけば、たとえば番士一人一人の昇進なども、全体の中に位置ずけてはじめてその特徴といったものが理解されるであろう。これだけの単独のデータでは十分意をつくすことができないが、これが番方全体もしくは幕臣全体にひろがったとき大きな意味をもつことになるのではないかと考えている。今はデータのそれぞれが新しい事実を伝えてくれているようでもあり、それを今ここではくり返さない。データが想像の範囲内の時はあまり意味のない作業のようにも思えるが、作成できるものは一度作成しておく必要があるとの考えから、遅々とした進みながら一つずつまとめているものである。

第四章　正徳元年末の江戸幕府大番組頭について

はじめに

本稿の目的は、江戸幕府番方の一つ、大番組の内、その組頭について、『御家人分限帳』（内閣文庫蔵、以下『分限帳』と略称す）所載のその在職者（四九名が掲載されているが、後述する理由で、一名を除く四八名ということになる）からえられる実態についてのべることにある。

なぜ実態についてのべておくかというと、すでに拙稿でのべたところ(1)であるが、煩わしさを恐れず繰り返し理由をのべておくことにしたい。

註（2）で後述する最近の研究は面目を一新してきているが、従来の江戸幕府職制史研究における番方に触れた研究は、静態的な面を重視したもので、流動的な実態についてはあまり触れることがなかったといえよう。たとえば、各番方の職名をあげたあと、その創置された時期、および組数の変遷、番頭・組頭・番士の定員と、寛文五・六年に制定された役料、また享保期に制定された足高制のもとでの、それぞれの役高、さらに在番の有無をはじめとする主要な勤務内容について言及されるというのが、おおかたの説明であった。これでは一応の説明としかならず、あまりにも事務的にのべているとしか思えない。そうした指摘だけでは、

旗本と職制との兼ね合いが浮かび出てこないのではなかろうか。すなわち、そうした静態的な制度史の扱い方では、血のかよったものとならず、具体的なものとして我々は理解することができない。ひいては幕府政治との展開との関連についても追求することができないであろう。しかのみならず、その制度史的考察もまだまだ事実が確定されていないことが多いと思われる。このような説明に終始しているのは、利用に供されている史料が、主として『吏徴』『職掌録』『明良帯録』によっており、またこれで事足れりとする姿勢があるからではなかろうか。これからもこのような通り一ぺんの制度史的考察を繰り返していく限りにおいては、番方という職制のもっている幕府内における特有の意味などを明らかにしていくこともできないであろう。これからはより多くの具体的な事例から総合していくという方法をとることが望まれる。先述したような後世の職制の記述を目的とした編纂された史料からのみの研究では、従来と同じ言及の仕方しかできない。それではどうすればよいのであろうか。職制の整備した姿を写し出している後世の職制編纂史料の偏見から抜け出ることが必要である。そのためには、当分、役職に任ぜられたもの一人一人の経歴を『寛政重修諸家譜』(以下『寛政譜』と略称す)や『御番士代々記』などの史料によって確認して総合していくことが当面は有効であるものと考える。

以上のような観点をとることによって、今まで明らかにされてきた事実を再確認し、誤謬があれば正し、正しく考察された制度、組織の中で、旗本がどのような行動様式をもっていたかを明らかにしていきたいと思っている。[2] そして番方の中心をしめている五番方の内、新番組と小十人組についてはいくつかまとめてきた。[3] 本稿ではさらに番方の基礎的事実を量的に拡大するために、大番組の内、大番士については次稿にゆずり、[4] その組頭についてのべようとするものである。

そこで全体については他日にゆずることにして、ここでは『分限帳』所載の大番組頭を取り上げ、そこからえられる事実についていくつか書き留めて、前述したような幕府職制史研究への一助としたい。

註

（1）従来の番方研究の限界については、拙稿「江戸幕府番方の範囲をめぐって」（日本大学史学科五十周年記念会『歴史学論文集』［一九七八年］所収）ですでに触れたところである。（本書第二章に掲載）

（2）動態的な視点で職制をとらえた新しい研究としてはつぎのものがある。藤井譲治氏が一九九九年に公刊した『江戸時代の官僚制』は、その第「Ⅳ章　17世紀中葉の幕府官僚たち」で、『寛政譜』掲載の全ての旗本を対象にして、寛文四年時点で旗本であった者（当主二八〇三名、部屋住四七〇名の合計三二七三名）を統計的に処理して、幕府の職制について言及されている。従来の幕府職制史関連史料の限界を越えた新しい視点が盛りこまれた研究であるといってもよいであろう。特に当該章の「3　昇進の諸相」は、後述の註（3）で触れた拙稿や本稿とかなり似た分析がみられることを指摘しておきたい。また深井雅海氏は『徳川将軍政治権力の研究』（一九九三年刊）において、徳川綱吉・家宣・吉宗の将軍襲職にあたって、旧藩士から新しく幕臣に取り立てられた者や、勘定方の役人を将軍権力の主体的勢力という観点から同様の分析を行なっているが、ここでも新しい事実が指摘されていることもつけ加えておきたい。さらに小池進氏も『江戸幕府直轄軍団の形成』（二〇〇一年刊）において、徳川家康・秀忠・家光三代のいわゆる確立期における将軍権力のあり方と幕府職制（特に三番方）の形成についてのべる中で、新しい事実がいくつも紹介されている。特に家康・秀忠・家光の三代のいわゆる幕府確立期については近年詳細な研究が刊行されつつある。しかし確立後の平時におけるものはきわめて少ないといわざるをえないであろう。

（3）①「江戸幕府新番成立考」（『日本歴史』第三〇二号［一九七三年］）、②「江戸幕府『新番組頭』の補任について」（日本大学商学部『商学集志』人文科学編、第十三巻第一号［一九八一年］）、③「正徳元年末の新番衆について」（日本大学史学会『史叢』第三十号［一九八三年］）、④「『御家人分限帳』所載の小十人組衆について」（日本大学商学部『商学集志』人文科学編、第十四巻第三号［一九八三年］）などがある。すべて本書に再録した。
（4）　本書第三章として掲載。

一

内閣文庫蔵『分限帳』は一七冊からなる。その三冊目に、「御留守居衆」「御留守居番」につづいて、「大御番頭」（本稿では、以下「大番頭」と略称する）が登場する。そこでは大番組一二組の番頭が組順（禄高の順ではない）に記載されている。後掲の「大番組頭一覧」（以下「一覧」と略称する）の各組の番頭名と同一人物である。この中で一番遅れて最後に就任したのが、一二番組の稲垣長門守（重房）で、正徳元年五月朔日である。逆に最も早く辞任したのは、十番組の水野飛騨守（重矩）で、正徳二年八月二五日に大番頭のまま歿している。すなわち、大番頭の掲載者名からすると、『分限帳』には、この間の時期の情報があらわされていることになる。ところで九冊目は八〇丁すべて大番組にあてられており、他の役職についてはまったく触れられていない。そのはじめのところで、目次に相当するものとして、一番組の「酒井下総守組」からはじまって、一二番組の「稲垣長門守組」まであげられており、ついでつぎのようにはじまる。[1]

大御番
壱番　酒井下総守組

一、五百石(2)　武蔵 上野 下総　組頭　庄左衛門養子 宮崎若狭守子 佐々木庄左衛門　酉四十六

一、五百五拾石　武蔵 常陸　組頭　市郎右衛門子 長塩伝七郎　酉四十九

一、四百石 内、弐百俵御蔵米 外、弐百俵御役料　武蔵　組頭　善次郎養子 千波太郎兵衛子 戸田六兵衛　酉四十六

一、四百石 内、弐百俵御蔵米 外、弐百俵御役料　武蔵　組頭　孫太郎養子 榊原忠右衛門子 江原五郎左衛門　酉三十八

一、六百石　武蔵　十右衛門子 松波五郎右衛門　酉三十一

一、五百石　武蔵 上総　伊兵衛子 大久保新六郎　酉三十一

（以下略）

このようにはじめのところには「壱番　酒井下総守組」とあって、この組の大番頭が酒井下総守であることが示され、ついで大番組頭が四名あげられ、さらに番士が、禄高の高い順に掲載されている。禄高の高い順ということは、記述の仕方からみて、ある時点で在職している者を確定し、整理（禄高の高い順に並べて）したうえで記述したことが知られる。これは組頭についてもいえることである。このような『分限帳』の記載を生かして、そこからの情報と、さらに主として『寛政譜』からの情報をあわせて、各組の組頭の氏名と禄高その他を記したものが、本稿の末尾に掲載した「一覧」である。

『分限帳』によれば各組の組頭は、二番組の五名を除いてすべて四名である。これは後述するように本来各組四名でなくてはならない。従って全てで四八名になるはずである。それではなぜ、二番組は五名も載せているのであろうか。ここで後掲の「一覧」の二番組（(4)と(5)の組頭の在職期間）を参照していただきたい。(5)の「永田善次郎」の就任日が、正徳二年四月二五日になっている。その前の(4)の「秋山伊左衛門」は、正徳二年四月二五日に辞任している。ようするに、四人目が前任者で、五人目がその後継者なのである。従って、四人目を掲載すれば、(5)の「永田善次郎」は載せるべきではないのである。すなわち「永田善次郎」は大番組頭就任以前の「大番」に戻すべきであるが、すでに「大番」のところからは取り除かれていて、名前はみあたらないのである。新しく判明した人事は、できるだけ盛りこもうとした『分限帳』編纂者達の目論見なのであろう。そこで本稿では、統計的な処理をする際には、この「永田善次郎」は除くことにして、総数四八名を対象としてみることにする。当然、本書第三章の大番衆のところでは、「永田善次郎」を入れることにした。

ところで大番組頭についてであるが、いうまでもなく、大番組の一員で、それは大番頭—大番組頭—大番士という三つの職階からなる。大番組は前述した幕府職制史関連の史料[4]を総合していえば、五番方の内、最も早く創置され、はじめ三組が置かれ、天正一五・六年にさらに三組が増設され、合計六組となった。その後何回か増設があって、寛永九年には一二組になる。直後に少し出入りがあるが、後々までこの時の一二組編成が定数とされた。徳川家康が将軍に就任する前から存在し、三代将軍家光期には将軍直属常備軍団の中核をなすものとされ、古い由緒もあって旗本の最も多くの人数がかかわる番方として、誇りをもたせられた組織であったといえよう。

大番頭は老中支配、菊間詰、諸大夫格、役高五〇〇〇石、組頭は各組に四人、頭支配、躑躅間詰、御目見以上、役高六〇〇石、平番士は各組四六人（ふつう五〇人といわれるが五〇人の数は組頭四人を含む数である）、頭支配、御目見以上、役高二〇〇石である。それに各組に与力（御目見以下、役上下、御抱場）一〇人、同心（御目見以下、御抱場）二〇人が付属させられた。従って合計すると、大番頭一二人、大番士（含組頭）六〇〇人、与力一二〇名、同心二四〇人となり幕府最大の組織である。

この大番の任務の中心が、一年交代で二組ずつ出張する大坂在番と二条在番のいわゆる上方在番[5]である。両者あわせると常時四組が上方にあり、江戸を留守にしているわけである。江戸にあっては江戸城西丸や二の丸などに勤番し、市中の巡回も行なったという。

なお大番組頭の創置年代については不明である。寛永九年の一二組になった頃にはもうけられていたようで、この頃にはすでに各組四人存在していたもののようである。

註

（1）拙稿「『御家人分限帳』の記載内容の時期について」（『日本歴史』第四二五号・本書第一章）において、この『分限帳』は正徳元年末から同二年の前半までの実態を示しているとのべ、『分限帳』からえられる事実は、元年末から二年にかけてのものと結論づけた。これに対して、深井雅海氏は、勘定方役人二六四（除一部一六名）名に限っていえば、正徳元年五月から七月に在職していた者であることが判明するとのべられている（『徳川将軍政治権力の研究』二四九頁）。『分限帳』の編纂者が下僚の役人については、早く整理を終えてしまっていたことからきているものではないかと思われる。

（2）『分限帳』では五〇〇石としているが、九〇〇石が正しいようである。

（3）註（1）参照。四月になっても記載しているわけで正徳二年前半の情報もとりこんでいる例である。

（4）『吏徴』『職掌録』『明良帯録』『柳営補任』（大日本近世史料）等による。

（5）大番と上方在番について詳しくのべているのに進士慶幹『江戸時代の武家の生活』の「三の3大番と上方在番」（一六〇頁）がある。

二

ここでは正徳元年末現在で大番組頭に在職していた者四八人について、その就任にかかわる特色についてみてみることにしたい。

まず前歴としてどのような履歴を経てきているのであろうか。「表4-1　大番組頭前歴表」をご覧いただきたい。これは容易に想像できることであるが、最大の特色は全員大番士を勤めた経験があるということである。ただ四人の者が大番士から直接組頭になっていないのが多少異なる。それは四人の者の内、三人が蔵奉行[1]を経てから大番組頭に昇進し、また一人は書替奉行[2]を経て大番組頭になっている。蔵奉行は大番の出役であるという旗本の岡野孫十郎融明の説明[3]がある。また書替奉行も『吏徵』（別録下巻）によれば、寛永一九年にはじめて二人置かれ、この内、一人は「大御番より一人[4]」任命されたものである。すなわち職歴上大番とこれらの両職はきわめて近い関係にある。しかもこの四人は、大番士を少なくとも一二年、多い者は一八年も勤めている。大番士から直接大番組頭に昇進した者と比べて遜色がない。このことは、五〇年程前においてもほとんど変っていないようである。藤井譲治氏が寛文四（一六六四）年に旗本であった者で、大番組頭を経験した者が一八一人いたとし、その内、前職は九四・五％にあたる一七一人が、大番であるとしている。さらに「それ以外では5人が蔵奉行であり、それらも全て大番経験者である。書院番・小姓組からのものがそれぞれ1人いるが極めて特異なものである」[5]とのべられている。すなわち五人のみが大番士の経験を有していないということになるが、特異な者を除けば正徳元年末時においてもまったく変化がないものとい

表4-1　大番組頭前歴表（数字は人数を示す）

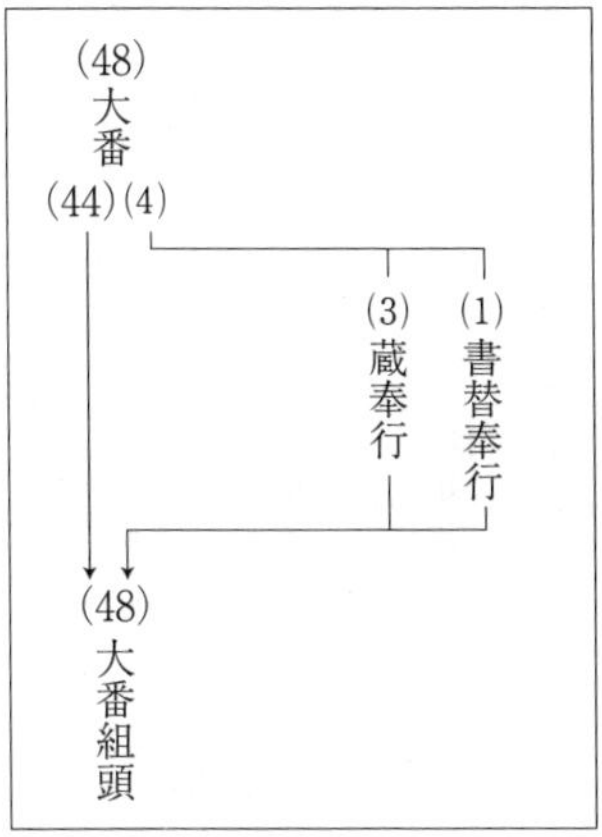

表4-2　大番組頭の大番士勤務年数

7年	1人	9人
9年	2人	
11年	3人	
12年	2人	
13年	1人	
14年	6人	32人
15年	4人	
16年	4人	
17年	2人	
18年	6人	
20年	3人	
21年	1人	
22年	2人	
24年	4人	
28年	1人	7人
31年	1人	
32年	2人	
34年	2人	
47年	1人	

えるであろう。なお、表4-1のスタート時の大番四八人の内、九人は前歴があり、その内、七人は二度目の大番入番である(この内六人は、他の役職に転じてから大番に戻ってきている)。桐間番経験者が六人、小普請奉行が二人、変ったところでは、大番から新番をへて小普請奉行を経験している者が一人(九番組(1))いる。

さて大番組頭はどのくらい大番士の経験[6]を積んでいるのであろうか(表4-2参照)。最も短かくて七年で、最高四七年も勤めた者がいるが、一四年位から急に増えはじめ、二五年をすぎると少なくなるといった傾向をみ

表4-3 大番組頭就任直前の禄高

	家督をついでいた者	部屋住の者の家禄	別家
900石	1人		
850石	1人		
775石	1人		
730石	1人		
620石	1人		
600石	1人		
550石	2人		
520石	2人		
500石	2人	2人	
200石250俵		1人	
450俵		1人	
400石	1人		
200石200俵		2人	
400俵	1人		
350石	1人		
300石50俵	1人		
300石	3人	1人	1人
300俵	2人		1人
200石100俵	1人		
250石	1人		
200石50俵	1人		
250俵	3人		
220石	1人		
200石	3人		
200俵	5人	2人	1人

てとることができようか。この間に三二人が含まれ、全体の三分の二（六六・七％）にあたる。二八年以上の長期におよぶ者も七人程いる。

つぎに大番組頭就任直前の禄高をみてみよう（表4-3参照）。家督をついでいた者をみてみると、五〇〇石以上の者（最高九〇〇石）一二人、四〇〇石（俵）以下二四人で、最低は二〇〇石（俵）の八人である。二〇〇石（俵）未満は一人もいない。二〇〇石（俵）が大番士を勤める者の定禄であることがよくわかる。部屋住の家禄は五〇〇石が二人、未満が七人、別家として取り立てられている者三人で、最高三〇〇石、最低二〇〇俵である。四八人の内、大番組頭に就任後四〇〇石（俵）未満の者は、多くは二〇〇俵（一五〇俵や一〇〇俵の者もわずかではあるが存在する）の加恩がなされた。四〇〇石（俵）以上の者には例外（六二〇石の者［二番組(1)小倉孫太郎隆政］が一人二〇〇俵を加えられ、後采地に改められて、八二〇石の石高になっている）を除いて、まったく加増がない。ただその後、五〇〇石未満の者には役料二〇〇俵が支給[7]されるようになったが、五〇〇石以上の者には役料がなかった。

ついで大番組頭に就任した四八人の父の職歴をみておこう。三六人が大番を経験している（この内、五人は大番組頭にまで昇進している）。四人が小十人、二人が書院番と新番、一人が台所頭、残りの三人は無役（小普請）であった。大番三六人に、小十人四人、新番二人を加えると四二人となり、この三職はいわゆる大番筋にあたり、家格が定着しつつあることを示しているものといえよう。

ついで参考までに『寛政譜』もしくは『分限帳』によって知りえた年令[8]によって、就任時等の大番組頭についてみてみよう（表4-4参照）。

就任した時の年令は、三十代が十五人、四十代が二一人、五十代が九人、六十代が三人である。最高年令

表4-4　大番組頭の就任時の年令と正徳元年時の年令

30代			40代			50代			60代			70代		
年令	人数		年令	人数		年令	人数		年令	人数		年令	人数	
	就任時	正徳元年時		就任時	正徳元年時		就任時	正徳元年時		就任時	正徳元年時		就任時	正徳元年時
30	2		40	4	1	50	2	2	60		1	70		
31			41	2		51	2	3	61			71		
32	1		42	2		52	1	3	62	1		72		1
33		1	43	1		53	1	3	63		1	73		
34			44	3	2	54		4	64	1		74		
35	2		45	2	1	55		2	65			75		
36	4		46	1	2	56	1	2	66		1	76		
37	3	1	47	4	3	57	2	3	67	1		77		
38			48	2	3	58			68		1	78		
39	3		49		4	59		2	69		1	79		
	15	2		21	16		9	24		3	5			1

は、五番組の(4)松平源左衛門舎信で、大番士を四七年勤めて六七歳で昇進した。一番若くして就任したのが、四番組(1)加々美才兵衛正理と五番組(3)筧平太夫正鋪の三〇歳で大番士は前者が七年、後者が九年勤めている。これらを平均すると、四三・五歳となる。年令を十歳の幅で一番密度の濃いところを捜すと、四十代の二一人であるが、三五歳から五三歳までの一七歳の幅では三九人となり、全体の八一・三%となる。筆者の行なった新番組[9]と小十人組[10]の平番士について比較してみると、新番士は、三十代が一番多く、ついで二十代、四十代となり、平均年令は三五・一歳であった。小十人では、二十代が圧倒的に多く、ついで三十代、十代とつづく。平均年令は二九・〇歳であった。すなわち、小十人は三〇歳位の入番、新番は三五歳位の入番[11]、そして大番組頭は四五歳位の就任ということになるが、やはり平番士と、平番士から組頭へと昇進したという状況が年令に反映してい

るとみることができよう。

つぎに『分限帳』の大番組頭記載の時期である正徳元年時における組頭の年令をみておこう（表4－4参照）。二十代がいなくて、三十代が二人、四十代が一六人、五十代が二四人、六十代が五人である。最高年令は八番組(1)小沢四兵衛定重の七二歳である。最低が四番組(1)加々美才兵衛正理で、三三歳である。平均年令は五二・三歳となるが、四四歳から六〇歳までの幅をとると、一七歳の間にということになるが四〇人もおり、八三・三％となる。

ついで正徳元年時で、就任してから何年の経験を経ているのかみてみよう（表4－5参照）。一〇年未満が三一人で全体の六四・六％となる。一二年まで広げると、三九人となって、全体の八一・三％になる。しかし平均在任期間を出してみると、八年となる。一年未満が〇年となるので比較的少ない年数になったようである。経験年数において拡散現象がみられるということは、年々同じぐらいの数の者が辞任していき、また昇進してくる者も同じ位の数であるということを意味しているのであろう。

註

（1）後掲「一覧」の七番組(2)、八番組(2)、十一番組(3)の三人である。

（2）後掲「一覧」の十番組(1)の一人である。

（3）拙稿「『御番士代々記』の「凡例」記事の翻刻と解説」（日

表4－5　正徳元年時における大番組頭の経験年数

1年未満	4人	19人
1年	5人	
2年	2人	
3年	5人	
4年	3人	
5年	2人	12人
6年	2人	
7年	3人	
8年	3人	
9年	2人	
10年	4人	11人
11年	1人	
12年	3人	
14年	1人	
15年	2人	
16年	1人	6人
18年	1人	
21年	1人	
23年	1人	
24年	1人	
30年	1人	

本大学精神文化研究所紀要、第三十七集、一六頁)、岡野孫十郎は次のようにのべている。「大御番士二條、大坂在番のもの、中より出役せしめらる、事あり。所謂御蔵奉行・御破損奉行・御金奉行・御弓奉行・御鉄炮奉行、此五役は本勤のものに副ひて、出役は年々交替してこれをつとむ」と。

(4) 『続々群書類従』第七、法制部、九三頁。

(5) 藤井譲治、前掲書、一六〇頁。

(6) 再度大番就任者は二度合わせた年数である。なお四番組(4)と九番組(3)の者は一度目の大番年数が不明であるので加えていない。

(7) 大番組頭の役料については、寛文六年の制定では二〇〇俵となっている(『徳川実紀』第四篇〔新訂増補國史大系41〕五七九頁)が、その後廃止されたことは周知の事実である。ただ享保改革期の足高制が採用される前に、すなわち元禄五年五月二八日に、知行高や俸禄の少ない者にだけ支給する役料制が制定されたが、大番組頭については、『徳川実紀』第五篇(新訂増補國史大系42、一四二頁)の元禄五年五月二八日の記事にはみえない。これは筆者が見落しているわけではなく、藤野保氏の『新訂幕藩体制史の研究』の「第31表、元禄5年の役料制」(五二七頁)の中にも出てこないので間違いない。しかし後掲の「一覧」をみていただくとわかるが、大番組頭で五〇〇石に満たない者は役料として二〇〇俵支給されていることがわかる。これは大番組頭だけのことではなく、たとえば小十人組頭についてもいえることで、元禄五年の役料制の規定には出てこないが、『分限帳』では三〇〇俵未満の者に一〇〇俵の役料が支給されていることがわかるのである。これは元禄五年の役料制の規定の対象職種が変ってくることになるので今後検討する必要がある。なお『柳営補任』の職名の前にあげてある説明の中には、『徳川実紀』に出てこない役職の中で役料が支給されていることが言及されている。「大番組頭」も元禄五年の役料が言及されている。

(8) 『寛政譜』の中で触れられている年令については、きわめて政治的なものでかなり事実と異なるということは十分に承知している上でのことである。『分限帳』も同様だと思うが、ここでは後掲「一覧」の各自の情報㈣によった。ということは『分限帳』からの情報による。以下ことわらない限り年令は同じ。なお本書

第三章、三の註（5）参照。

（9）　拙稿「正徳元年末の新番衆について」（本書第五章）。

（10）　拙稿「『御家人分限帳』所載の小十人組衆について」（本書、第七章）。

（11）　新番士が小十人組番士より平均年令が高いのは、すでに拙稿で触れておいたように新番が大番と小十人から昇進してきた者によってほぼ占められているから当然のことと思われる。

表4-6　大番組頭昇途表

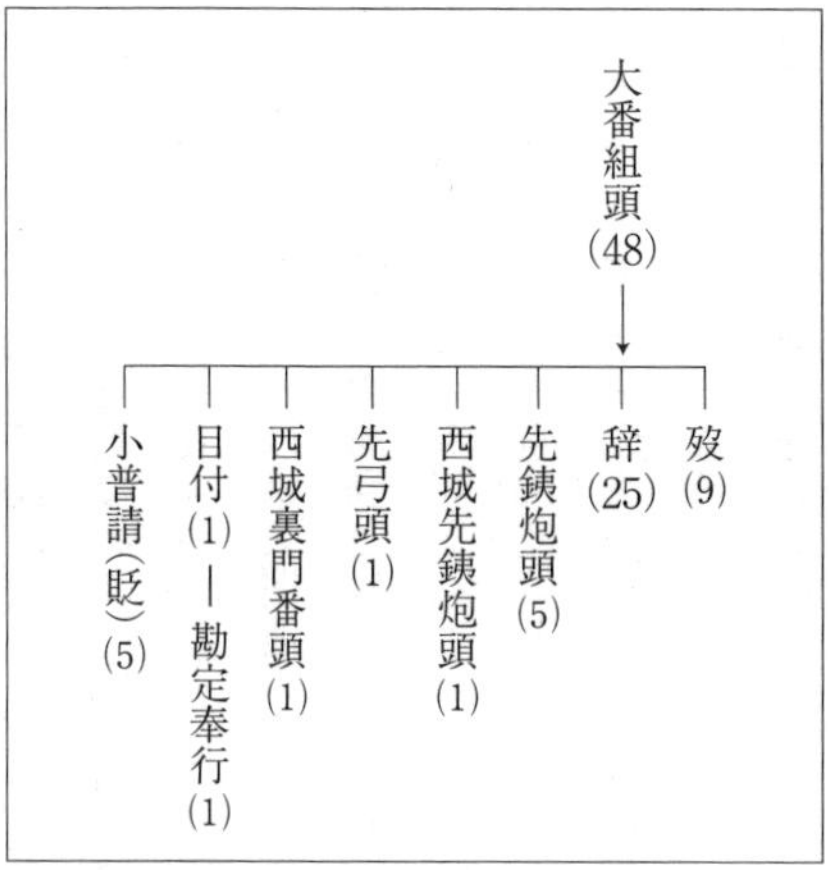

三

ここでは大番組頭のその後の履歴にまつわる事柄についてのべることにする。大番組頭の昇途先を示したのが表4-6である。在職中歿してしまった者が九人、これ以上昇進することなく辞任した者二五人、先銕炮頭へ進んだのが五人、西城先銕炮頭が一人、先弓頭が一人、西城裏門番頭が一人、そして、目付が一人で、これはさらに勘定奉行にまで昇進している。また小普請に貶された者が五人いるが、この内四人は、同じ三番組で、大坂在番中に生じた出来事ゆえに処罰された者である。この四人の者達については、大番組頭の任務にかかわることでの処罰なので、次の節で詳しくのべることにする。あとの一人（十番組(2)長田次左衛門芳忠）も処罰されているが、これは宗教関連の問題で処罰されたもので、直接大番組頭の職務とはかかわりなさそうである。さて四八人中三四人（七〇・八％）がここで職を終えているが、処罰された五人も加えると、三九人ということになり、八一・三％の者が大番組頭を最終の役職として職歴を終えていることになる。

さきに紹介した藤井譲治氏の、寛文四年に旗本であったものの調査[1]によれば、大番組頭になっている者が一六一人いるそうであるが、その昇進職としてあげられているのが、目付の一三人、先鉄炮頭一一人、先弓頭七人、納戸頭七人となっている。そして目付になった者一三人の内、さらに八人は先鉄炮頭や先弓頭へと昇進していっている。先鉄炮頭以下の前掲の役職についた者も、かなりの人数がつぎの職へと進んでいっている。正徳元年末時の大番組頭は、目付に昇進した者を除いて先に進んで

表4-7　大番組頭退職（含歿）時年令分布表

30代		40代		50代		60代		70代	
年令	人数	年令	人数	年令	人数	年令	人数	年令	人数
30		40		50	1	60	2	70	2
31		41		51		61	3	71	
32		42		52	2	62	3	72	1
33		43		53	3	63	3	73	1
34		44		54	4	64	3	74	1
35	1	45		55	2	65	5	75	
36		46		56	4	66	1	76	
37		47		57	1	67		77	
38		48		58		68	1	78	1
39		49		59	2	69	1		
1人		0人		19人		22人		6人	

いった者は、つぎの職で全て終っている。寛文四年の頃と約五〇年たった時と比べてみて、かなり昇進の先がせばまっているように思われる。

つぎに参考までに年令についてみてみよう。退職時の年令については表4-7を参照されたい。六十代が二二人で、五十代が一九人である。両者あわせると四一人となり、大番組頭に就任した者は、八五・四%の者が、五十代に入った頃から六〇歳代位までに歿したり辞任していくということになるのであろうか。ちなみにきわめて若くして歿したのが、四番組(1)の加々美才兵衛正理で、大番を七年経過し、はやくしかも若くして大番組頭に抜擢されたが、五年目の三五歳で歿したことになる。出世が早かったのは家禄が五五〇石だったということもあるのであろう。なお最高の年令者は七八歳である（十一番組(2)向山七之助政勝）。この者は桐間番をはさんで大番を再度勤めているが、合計すると三四年にもおよぶ。そして組頭を二一年も勤めており、歿する二年前まで勤務していたことになり、老免という形でやめ、この時黄金二枚をたまわっている。なおついでに言及しておくと、平均退職（含歿）時年令は六〇・六歳である。

つぎに在職年数がどのくらいになるであろうか（表4-8参照）。在職二年から九年が一〇人、一〇年から一九年が二二人、そして二〇年から二九年が一三人で

表4-8　大番組頭在職年数分布表

在職年数	人数	在職年数	人数	在職年数	人数	在職年数	人数
0		10	2	20	1	30	1
1		11	2	21	3	31	
2	1	12	3	22		32	1
3	1	13	3	23		33	1
4		14	2	24	4		
5	3	15	2	25	2		
6		16	2	26			
7	1	17	2	27	1		
8	2	18	3	28	1		
9	2	19	1	29	1		
10人		22人		13人		3人	

ある。平均すると一六・三年になるが、拡散傾向にあるので、何年位勤めてつぎにといったイメージはつかみにくい。

ついで大番組頭に任ぜられたことで、子の待遇に影響が出ているかどうかということである。幕府は万治元年六月二五日に両番（書院番と小姓組）、特に小姓組への番入についてつぎのような規定[2]を定めている。

御番入之事

一大御番頭之子共、御小性組ニ入、

一御書院番衆之子共、御小性組ニ入、

一跡目之分ハ　親御小性組ニ而も無之者之子共者、鬮取に而両番之内江入、

一遠国之御役人之子共、御小性組ニ入、

一目付使番之子共壹人、御小性組ニ入、

一大御番組頭之子共壹人、御小性組ニ入、

一親兄弟大御番ニ有之もの之子共、御小性組ニ入、

但、御小性組、御書院番ニ入筋目之子共之儀也

これによれば、大番頭と同組頭の子供について、小姓組に入番する途が示されており、最後の条では親兄弟が大番であった子供についても、小姓組に入る可能性のあったことが記されている。ここでは大番頭と大番士については今回は触れないこととし、大番組頭に限って言及することにする。この大番組頭については、享保六年一一月の規定[3]においても、「同（大番のこと）組頭之忰、只今迄ハ両御番之内え御番入被　仰付候得共、自今ハ大御番ニ可被　仰付事」とあり、大番は大切な番なのに、大番になる家格の者が両番になっていって

戻ってこなくなると、大番に番入させる家が減少し、「軽き家筋之者」を番入させなくてはならなくなるということで、方針をかえているが、享保六年十月までは、大番組頭に就任した者の子供は、両番（特に小姓組）に入る可能性があったということであるから、この点について検討してみよう。一人で二人の子供の番入があったりして、そのへんをあらかじめ含んでのことであるが、万治元年の規定通り、小姓組に入っている者が多い。書院番に入っているのは四人であるが、すべて享保一九年以降である。小姓組への番入は、元禄四年が一人、宝永二年が一人、そして宝永六年が一挙に一六人もいる。また享保九年以降も五人いる。すなわち子供が両番に入っている者は享保六年以前で一八人（すべて小姓組）おり、享保六年一一月の規定以降となると、小姓組五人、書院番四人の合わせて九人となる。従って大番組頭四八人の子供（一人二子も一部あり）の二七人が両番に入っている勘定になる。しかし孫や事情によって曽孫の時代となるが、一部（二人）大番を経由してということになるが、九人ほどが両番に入っている。二割にも満たない数ではあるが、幕府の安定期に入ってからの大番から大番組頭への出世や大番筋から両番筋への家格の上昇は容易なことではないが、封建社会は家格が固定されていた社会だと考えればそれでも家格が固定化されつつある大きな動向の中で、幾分とも上昇することができる余地を残しているという意味で軽視できないのではないかと思われる。

註

（1）藤井譲治、前掲書、一五九頁。
（2）『徳川禁令考』後集第三、一二頁。
（3）同右　一二・一三頁。

四

後掲の「一覧」の三番組をみると、三人の組頭(2)・(3)・(4)が同日の享保四年一〇月九日に小普請に貶されている。残りの一人(1)も実は一〇月五日となっているが、これは誤りであり前三者と同じであると考えてよい。従って四人のすべての組頭が一遍に処罰されたことになり、後述するように、これを契機に後任の人事の進め方が、同じ組の番士の中から四人とも(もちろん、欠員の人数だけで一遍にというわけではない)選ばれてきたことが、これ以降二人は生え抜きで、もう二人は他の組からというように変更をきたしたということもあって、これらの経緯からみえてくる大番組頭の任務の一端について考えてみたい。ところで大番頭の松平大隅守(後掲の『徳川実紀』では志摩守)忠明も同日に閉門を命ぜられているのである。いわば三番組の指導的立場にある者すべてが処罰されたことになる。これは三番組にとって大変な出来事が生じたものとみてよい。そこでなぜこのようなことになったのか、しばらく出来事のあらましをみていこう。『徳川実紀』の同日条の記事[1]をみてみることにする。

九日大番頭松平志摩守忠明職を放たれ。家につゝしましめらる。これはことし坂城に戍役のほど。所属の番士榊原彌平次某亡命せしときのはからひ。事ゆかざりしとの咎なり。同じ組頭長田伝十郎重道。岡部八郎左衛門正明。南條小十郎隆屋。神谷源三郎正羽も。共に職を放たれ小普請に入。采地の半を削られて。家につゝしましめらる。

これによれば出来事の発端は、番士の榊原彌平次某が亡命したことに起因しており、上司としての対応の仕方がよくなかったとのことで、同組の番頭と全ての組頭四人の合計五人が責任をとらされたわけである。なお『徳川実紀』九月四日条には(2)

大番の士榊原彌平次某さきに大坂の城に戍役してありながら亡命し。はてには自滅したり。よて厳刑に行はるべけれども。既に死しけるをもて。その養子佐五郎某追放たる。

とあり、榊原彌平次某は出奔したあと最終的には自殺してしまっている。さてはたして榊原彌平次某の出奔だけが組頭達の処罰の理由なのであろうか。ここで彼ら四人の『寛政譜』でのべられている処罰の理由をみてみよう。

神谷源三郎正羽譜(3)「平生の勤務よからざるにより、糺明あらばおもきとがめもあるべし」（傍点は筆者、以下同）

南條小十郎隆屋譜(4)「同隊の士榊原彌平次某逐電して自殺せし事により、隆屋等が処置糺明あらむにをいては厳科に処せらるべし」

岡部八郎左衛門正朋譜(5)「正朋等常々つとめかたよろしからず、其任に応ぜず」

長田伝十郎重道譜(6)「常に其勤の様よろしからず、役儀にかなはざる事あるにより」

これらをみると、南條小十郎隆屋譜では『徳川実紀』と同じような観点からのべられているのであるが、他の三者の譜における説明においては多少異なるところがあるようである。榊原彌平次某の出奔事件についてはまったく触れていないのであるが、そのことは同事件だけでなく、この事件をきっかけとして、今までの勤務ぶりが改めて問題とされたということのようであり、最高責任者の大番頭であった松平大隅守忠明譜(7)によると、忠明が隊士の番士總て風俗よからず、組頭共も職にかなはざるにより其罪を正されぬ。これ忠明が怠慢のいたす所なり。

とあり、最終的に組頭以下の組のあり方について大番頭としての責任をとらされたものといえよう。

さて、今風にいってみれば中間管理職的な立場にいる大番組頭であるが、『明良帯録』[8]に「一隊四人にて、一隊の世話をなし、二條大坂に赴て、組向諸願諸届等を承り頭へ達す」とあるように、一組に四人いるわけである。五番方の内、一組五〇人という構成をとっているのは、両番と大番のみである。しかしながら大番のみ組頭が四人存在し、両番は各一人である。このような違いはどこからきているのであろうか。おそらく上方在番という任務があるからではないのかと思われる。よくいわれるのが、書院番と大番は駿府在番と上方在番があるから与力と同心が付属されているが、小姓組にはないという理解である。そういうことなのであろう。しかし組頭の数については管見の限り議論はされていないものと思う。小姓組の一人はよいとして、書院番も一人というのは、同じ在番があるのに大番の四人と比べてはなはだ納得のいかない数かもしれない。しかし、書院番は一〇年に一度の勤め（十番組の時）であるのに対し、大番は一二年の内、四年間も江戸を離れて、上方で任務につかねばならないのである。このことが書院番と異なり、四人の組頭を必要としたものと想像される。

『職掌録』[9]には「一組御番衆五十人の内組頭四人にて一組を四つに分ちて支配す」とあって、組頭四人が残りの番士四六人を全体として面倒をみているというよりは、一組が四つのグループとしてさらに小わけされて活動しているように見受けられる。旗本の森山孝盛は、随筆『蜑の焼藻の記』の中で、大番に入番してすぐ大坂在番に出かけた経験について語っている[10]が、隊中のならわしを見るに、一組五十人を与頭四人に割て預れり（十一人十二人）。一と頰のうちに、年久敷勤むるものを伴頭とて、其十余人をすべて万のことを扱ふに、彼伴頭に向ひて頭をあぐる者さらになし。

とのべている。やはり一組が四グループにわかれていたことが知られるのであり、この四グループの一つを「一と頰」といっていたようである。この「一と頰」といわれる小グループ（組頭一人を加えて一二人か一三人ということになる）は常に一緒に行動していたようで、一二年の内、四年間は江戸を離れてということは家族とも離れ、上方で暮らすことになるわけで、『番衆狂歌』で「其組の片頰中間伴頭を江戸に在ての兄弟にせよ」といっているように、グループ（「一と頰」はここでいう「片頰」と同意か）の中にいる経験豊富な伴頭を家族と同様にみて頼りにするということの意味がわかるのである。かなり濃い人間関係のもとに置かれていたのではないかと思われる。上方在番の折、二つの番組が同一の場所に出向くが、先番と跡番があって、一日目は先番となった番組の大番頭が所属の与力と同心をひきいて出発し、二日目と三日目に先番の「一と頰」が二つ（これを「両頰」といったようであり、従って前出の「片頰」は「一と頰」と同意になるのではないかと思われる）ずつ出発する。四日目には跡番の「一と頰」が二つ「（両頰）出発し、五日目に残りの両頰が、さらに最終の六日目に跡番の番組の大番頭が所属する与力と同心をひきつれて出発したのである。このような往来の仕方や現地の勤務のあり方をみてみると、三番方の両番と比べてみても、同じ組員五〇人の内、両番は組頭一人であるにもかかわらず、大番組頭は四人ずつもいたということが首肯されるであろう。このような上方在番と上方への往来（二条在番は一〇日、大坂在番は一一日の予定であった）の大変なことに由来する勤務のあり方からきているものといえるだろう。大番士の系譜をみていると、上方在番中に歿する者が多いように見受けられる。少なくとも、江戸から上方へむかって出発し現地に到着した程の体力を維持していたと思われる番士が、現地で、あるいは江戸への帰途中歿するということは、平時にあって戍役は形骸化していたとはいえ、大変な任務であったと思われる。ちなみに、『分限帳』掲載の大番士七一一人の内、ざっと数えてみても四四人がやがて現地や帰途中歿してしまっているのである。[11]このような任務のあり方から、組頭（あるいは番士の中の経験豊かな伴頭）の役割が大事で、各組四人も必要とされたのであろう。『明良帯録』は「大番組頭」について、「小高にて骨折場なり」といっているのは、この辺の事情についていっているのではないか。そこでその組頭も長年同番組で付き合いがあって、苦労をともにして知悉している者、すなわち、同じ組の者の中から選ばれてきたのである。それが今回三番組の役職者（大番頭一人と組頭四人）全員の一掃である。

話をもとに戻そう。三番組は四人の組頭が一掃されたあと、組頭の人事はどうなったのであろうか。先述したようにこのことがきっかけとなって、人事のやり方に変更をきたしたのである。[12]今までは組頭の後任は、同じ組の番士が、おそらくその組の事情を知悉していることが望ましいとされ、昇進して埋められてきたのである。それが今回の出来事が生じたことにより弊害が目立つということになったのであろう。たとえば考えられるのは、同じ組員の長い付き合いから生じる慣れ合いといったようなものが目にあまり、事件の揉み消しなどがあって、大番頭も外からみているような具合で、その内部事情にうとくなるといったような状況である。すなわち、今後は他の番組からも組頭を迎えるということである。四人の内二人は、生え抜きで、残りの二人は他からの昇進者を迎えるというのである。三番組の場合、事情があって、生え抜きは一人で、他は十一番組から二人と、七番組から一人が入ってきた。大番頭が十一番組から移ってきたなどの事情があったのであろう。しかしこれ以降は、他の番組もあわせてみると、『柳営補任』をみるかぎり、ほぼこの方針は実行されており、面白いことに、同じ時期に上方在番として組み合わされているもう一方の番組から昇進者を迎えることが多かったようである。これはどういうことなのか想像するしかないが、一二年の内、四回も上方在番（常に同じ組と二組一緒に出かけた）がまわってくるが、一回でかけると江戸を離れて彼地に一年間一緒に生活するわけで、一緒に赴いている組の番士ともかなり接触があったようである。森山孝盛は、大坂在番の折、両方の組の者の人間観察をしきりに行なっていたようで、

御城中東西の番頭二隊勤士百人、互に往来して日を送るうちに、西をみてもさのみ恐べき人もなく、貴べき徳ある人もみえず。

と、大坂在番中の大番頭二人と両組員（含組頭八人）一〇〇人の中にさして人物のいないことをのべている。このような二つの組の交流がかなりあるとすると、生え抜きの組頭二人に加えて、他の番組からも二人迎えるにあたっては、常に上方に同行したもう一つの番組から選ぶことはそれなりに意味のあることであったのであろう。まったく組の状況がわからない交流のない番組のところからでは、現実の活動の中で、やはり支障をきたすと考えたものと思われる。要するに、知りすぎていても、またまったく面識がなくてもうまくなく、その中間をとって、人事面で緊張（たとえば、慣れ合いや揉み消しのないよう）を求めたのではないかと思うのである。

註

（1）『徳川実紀』第八篇（新訂増補國史大系45、一七一頁）。
（2）同右　一六六頁。
（3）『寛政譜』一六巻、二三八頁。なお、註（1）の引用史料では「正明」としている。

（4）同右、九巻、三六七頁。

（5）同右、二一巻、二八三頁。

（6）同右、九巻、三〇頁。

（7）同右、一巻、一四八頁。

（8）『明良帯録』（『改定史籍集覧』第十一冊、四三頁）。

（9）『職掌録』（『改定史籍集覧』第二十七冊、四一〇頁）。

（10）森山孝盛『蜑の焼藻の記』（日本随筆大成、第二期、第22巻、二〇二頁）。なお、森山孝盛の日記によれば、この時は安永二年の七月に出発し、八月に到着している。そして翌三年七月江戸への帰途についた（『自家年譜』上、内閣文庫影印叢書）。

（11）拙稿「『御家人分限帳』所載の大番衆一覧」（日本大学商学部『商学集誌』人文科学篇、第十五巻第二号）。

（12）『仕官格義弁』（『古事類苑』官位部、第三巻、一〇四七頁）。『柳営補任』一（大日本近世史料）。この機会にぜひともこの件について触れておかねばならぬことがある。それは『古事類苑』官位部六十七に［有徳院殿御実紀十六］を引用書として

　享保八年三月八日、大番の組頭四人ともに、その隊下の番士より選ばれしが、これよりは隊下より二人、他隊より二人命ぜらるべしとなり（第三巻、一〇四七頁）

とあるが、これを新訂増補國史大系本45でみてみると、次のようにある。

　八日（中略）また両番の組頭。是まで他職あるは寄合より選挙ありしが、今よりのちは、その隊下の番士より選ばれしが、これよりは隊下より二人、他隊より二人命ぜらるべしとなり、小十人組の組頭も、これに同じくさだめらる（第八篇二九八頁）

と。すなわち、『古事類苑』の引用文と『徳川実紀』の文章とは異なるということである。またもう一つの疑問は、『徳川実紀』の両番の組頭が四人存在するように記しているのもおかしいということである。内容は大番組頭だとふさわしいことになるが、はたしてどのように考えたらよいのであろうか。これについては

後考にまちたい。ただ『柳営補任』の記事を追っていくと、のべているようになる。なお、現実の人の動きからみると、一番正しいのは『吏徴』別録下巻の記事である。大番組頭の事項の享保四年（八年ではない。月日は不明である）の記事に、「一組四人之内二人は其組分二人は他組より可㆑被㆓仰付㆒旨被㆓仰出㆒、是迄四人共其組より被㆓仰付㆒」（前掲書、八五頁）とある。

むすびにかえて

これまで『分限帳』所載の大番組頭一人を除く四八人について多方面からのべてきた。まずこの組頭について、いつの時点での構成員をあらわしているものかについて検討を加えた。その結果前稿でものべたように、正徳元年末から同二年の初期であることが明確になった。そこで正徳元年を基準にして、その構成員達の来し方と行方を視野に入れて大番組頭の実態についてみてきた。『吏徴』や『職掌録』などの幕府職制史関連史料だけではうかがいしれない実態というものが浮かびあがってきているのではないかと思う。たとえばこれは容易に想像されることだが、大番組頭は大番経験者からのみ選ばれて昇進してくるというものである。大番士の経験なくしては勤まらない任務であったということになろう。そして組頭に昇進すると、それはほぼ最終履歴となる役職であるということである。また大番筋の家格をもつ者がこの時期前後にはかなり固定していることがうかがえ、享保期の政策もあって、それはますます強固となり、両番筋へ上昇していくことはかなりむずかしかったことが従来もいわれていることではあるが、規定にてらして実際についてのべたのは本稿がはじめてではないかと思う。さらに大番組頭が両番の組頭と異なり、各組に四人存在したことの意味についても考察してみた。多少新知見を加えることができたのではないかと思っている。本稿でえた事実がさらにどのような意義をもつかについては、つぎに予定している大番士をはじめ他の番方の同様な作業をまたねばならない。これらが進めば、旗本の実態について理解をより深めることができ、彼らの幕府職制の上における位置・役割といったものが具体的に明らかになるものと思う。また旗本の生活の諸相もこれらを基にしてはじめてその意義がわかるのではないかとも思う。

『御家人分限帳』所載の大番組頭一覧

〈凡例〉

（1）順番は『分限帳』の記載順によった。
（2）各人の通称は『分限帳』記載のものをとった。
（3）禄高は『分限帳』記載のもので、正徳元年末現在のものであると考えてよい。
（4）「酉46」とある年令は、『分限帳』記載のもので、その下に「(52歳)」とあるのは『分限帳』記載の年令によって、正徳元年時の年令を算出したものである。また「(55歳・56歳)」とある場合は、下段が『寛政譜』による正徳元年時の年令で、前者のように一つしか示されていない時は、『分限帳』と『寛政譜』が符合していることを意味している。
（5）㈠は在任期間である。
㈡は大番組頭就任前の履歴、（　）内は、組頭就任直前の禄高と在職年数を示す。

㈢は昇途先で、歿と辞任もここに示した。

㈣は『分限帳』からの情報による大番組頭就任時の年令で、（　）で示した年令は、『寛政譜』のものである。

両者が符合する時は一つしかのせていない。

㈤は在任期間の年数を示す。

父、は、先代の主要履歴を

子、は、子の主要履歴を示している。職についた子が二人以上いる時は、一子、二子とし、必要に応じて孫等ものせた。

(6) 最後の［七―三七］は（5）の情報の中心となった『寛政譜』の巻と頁を示し、七―三七とあれば、同書の七巻三七頁ということで、当該人物の同書における掲載巻数と頁を示す。

一番組

酒井下総守（忠英、宝永七・二・晦―享保一〇・三・二二［三―一八］）組

(1)佐々木庄左衛門（正富）九〇〇石　酉46（52歳）

㈠宝永六・一二・二六―享保九・三・一一

㈡桐間番―大番（九〇〇石・24年）より

㈢先鉄炮頭―（布衣）　㈣50歳　㈤15年

父、大番―同組頭　子、小姓組（享保二〇）　孫、大番［七―六一］

(2)長塩伝七郎（正武）五五〇石　酉49（55歳・56歳）

㈠宝永四・五・二―正徳二・七・二五

㈡大番（五五〇石・8年）―小普請奉行―大番（14年）より

㈢辞　㈣51歳（52歳）　㈤5年

父、大番　子、小姓組（宝永六）─同組頭　孫、書院番［一一─一八四］
⑶戸田六兵衛（由勝）二〇〇石二〇〇俵、役料二〇〇俵　酉46（52歳）
㈠元禄一二・一二・一五─享保一四・七・二八
㈡大番（三〇〇石・17年）より
㈢西城先鉄炮頭─（布衣）　㈣40歳　㈤30年
父、大番　子、西城書院番（元文二）　孫、大番─西城新番［二一─三五一］
⑷江原五郎左衛門（秀隆）二〇〇石二〇〇俵、役料二〇〇俵　酉38（44歳・不明）
㈠元禄一六・一〇・一九─享保四・二・一八
㈡大番（二〇〇石・14年）より
㈢辞　㈣36歳　㈤16年
父、大番　子、西城新番（享保一一）　孫、大番［一五─二九八］

二番組
酒井紀伊守（忠助、宝永五・正・一一─正徳四・二・二八［二一─三七］）組
⑴小倉孫太郎（隆政）八二〇石　酉60（66歳）
㈠天和元・四・二五─正徳四・一一・一八
㈡大番（六二〇石・15年）より
㈢先鉄炮頭─（布衣）　㈣36歳　㈤33年
父、大番　一子、小姓組（元禄四）　二子、小姓組（宝永六）　孫、大番　曽孫、大番［七─三七］

(2)伊達庄左衛門（房征）八五〇石　夘37（37歳）
㈠正徳元・二・一六―享保二〇・七・二八
㈡桐間番（八五〇石）―近習番―御次番―小普請―大番（15年）より
㈢先鉄炮頭―（布衣）　㈣37歳　㈤24年
父、大番　子、小姓組（享保一六）孫、大番［一八―二七六］
(3)新見忠右衛門（隆屋）五二〇石　酉42（48歳）
㈠元禄一二・一〇・一五―享保九・閏四・一八
㈡大番（五二〇石・5年）―桐間番―大番（11年）より
㈢辞　㈣36歳　㈤25年
父（実兄）、小普請　一子、小姓組（宝永六）二子、大番―同組頭　孫、大番［三―三二四］
(4)秋山伊左衛門（寧政）五〇〇石　酉47（53歳）
㈠宝永二・八・一四―正徳二・四・二五
㈡大番（三〇〇石・20年）より
㈢辞　㈣47歳　㈤7年
父、大番　子、小姓組（宝永六）孫、大番（享保一三）―小姓組（享保一六）曽孫、書院番［四―九三］
(5)永田善次郎（清熹）七〇〇石　酉37（43歳・42歳）
㈠正徳二・四・二五―元文三・九・一五
㈡桐間番―近習番―小納戸―小普請―大番（七〇〇石・18年）より
㈢先鉄炮頭―（布衣）　㈣44歳（43歳）　㈤33年

父、大番　子、西城書院番（享保一六）　孫、書院番［一六―二八一］

三番組

松平大隅守（忠明、宝永六・四・六―享保四・一〇・九［一―一四八］）組

(1)神谷源三郎（正羽）七七五石　酉45（51歳・52歳）

㈠宝永五・三・四―享保四・一〇・五

㈡大番（七七〇石余・9年）より

㈢小普請（貶）采地半削　㈣48歳　㈤11年

父、台所頭　子、小姓組（宝永六）　孫、大番―書院番（元文三）［一六―二三八］

(2)南條小十郎（隆屋）五〇〇石　酉41（47歳）

㈠宝永元・一〇・六―享保四・一〇・九

㈡大番（三〇〇俵・20年）より

㈢小普請（貶）　㈣40歳　㈤15年

父、大番　子、大番［九―三六七］

(3)岡部八郎左衛門（正朋）四〇〇俵、役料二〇〇俵　酉40（46歳）

㈠宝永三・六・二五―享保四・一〇・九

㈡大番（四〇〇俵・22年）より

㈢小普請（貶）半削　㈣41歳　㈤13年

父、小十人―大番―石奉行　子、歴ナシ　孫、大番［二一―二八三］

(4)長田伝十郎（重道）四〇〇石、役料二〇〇俵　卯47（47歳・不明）
㈠正徳元・四・四—享保四・一〇・九
㈡大番（二二〇石・18年）より
㈢小普請（貶）　㈣47歳　㈤8年
父、鷹匠—小十人—腰物奉行　子、歴ナシ　孫、歴ナシ［九—三〇］

四番組

本多因幡守（忠能、宝永七・閏八・二一—享保七・五・六［一一—二五一］）組

(1)加々美才兵衛（正理）五五〇石　酉27（33歳）
㈠宝永五・九・一五—正徳三・九・二六
㈡大番（五五〇石・7年）より
㈢歿　㈣30歳　㈤5年
父、大番　子、大番—同組頭　孫、大番［四—一六六］

(2)米津喜兵衛（某）五〇〇石　酉43（49歳）
㈠宝永四・二・四—享保一九・七・四
㈡大番（部屋住・5年）—桐間番—大番（五〇〇石・19年）より
㈢老免　㈣45歳　㈤27年
父、大番—同組頭　子、書院番（享保一六）—追放［一八—二二四］

(3)小尾庄左衛門（武元）四五〇俵、役料二〇〇俵　酉43（49歳）

㈠元録一六・七・六―享保一二・一二・一八
㈡大番（二五〇俵・14年）より
㈢歿　㈣41歳　㈤24年
父、大番　子、大番　孫、大番―同組頭［三―三〇四］
(4)知久七郎兵衛（直次）[1]三〇〇石一〇〇俵、役料二〇〇俵　酉57（63歳）別家
㈠宝永七・五・一五―正徳二・九・一二
㈡大番（三〇〇石）（閉門）―桐間番―小納戸―大番（20年）より
㈢辞　㈣62歳　㈤2年
父、歴ナシ　子、大番（宝永六）―同組頭　孫、大番―同組頭［六―一四七］

五番組

松平近江守（信周、宝永元・一〇・二八―享保元・六・二五［一―四八］）組
(1)多田三左衛門（頼安）五〇〇石　酉47（53歳）
㈠元禄一五・五・一八―正徳四・六・一八
㈡大番（三〇〇石・18年）より
㈢辞　㈣44歳　㈤12年
父、大番―金奉行　一子、小姓組（宝永六）　二子、大番（享保一二）［五―八四］
(2)杉浦八郎五郎（勝照）五〇〇石　酉38（44歳）
㈠元禄一五・二・二九―享保六・一一・二八

㈡大番（部屋住・11年）より
㈢先鉄炮頭―（布衣）　㈣35歳　㈤19年
父、大番―富士見番頭　子、西城小姓組（延享二）・書院番　孫、新番［九―六八］

⑶筧平太夫（正鋪）四〇〇俵、役料二〇〇俵　酉48（54歳）別家
㈠貞享四・二・二六―享保元・正・一一
㈡大番（二〇〇俵・9年）より
㈢目付―勘定奉行　㈣30歳　㈤29年
父、大番―同組頭　子、小姓組（享保九）―西城書院番　孫、書院番［一七―三三］

⑷松平源左衛門（舎信）四〇〇俵、役料二〇〇俵　酉62（68歳）
㈠宝永七・閏八・一八―正徳三・正・七
㈡大番（二〇〇俵・47年）より
㈢歿　㈣67歳　㈤3年
父、大番　子、大番―新番　孫、歴ナシ［一―一八五］

六番組

土屋山城守（朝直、元禄一五・一〇・二八―享保七・正・二一［三―一九四］）組

⑴飯河加兵衛（盛平）五二〇石　酉48（54歳）
㈠宝永五・九・七―享保五・九・二五
㈡大番（五二〇石・34年）より

㈢歿　㈣51歳　㈤12年

父、大番　一子、小姓組（宝永六）二子、大番　孫、大番―西城新番［一〇―三九］

⑵横地半助（元賢）[2]二五〇石二〇〇俵、役料二〇〇俵　酉45（51歳）

㈠宝永元・二・一二―正徳二・五・二九

㈡大番（二〇〇石五〇俵・11年）より

㈢辞　㈣44歳　㈤8年

父、大番―新番　子、大番（寛保二）―新番―同組頭［一七―一五五］

⑶柴山平九郎（利寛）二〇〇石二〇〇俵、役料二〇〇俵　酉45（51歳・48歳）

㈠元禄一二・六・一四―享保元・正・二九

㈡大番（部屋住・16年）より

㈢辞　㈣39歳（36歳）　㈤17年

父、大番―新番　子、納戸番―新番　孫、大番―西城新番―同組頭［五―二六二］

⑷蜂屋伝右衛門（正員）四〇〇俵、役料二〇〇俵　酉39（45歳・43歳）

㈠宝永三・三・一三―享保七・一〇・二九

㈡大番（部屋住・13年）より

㈢歿　㈣40歳（38歳）　㈤16年

父、鷹師―小十人―同組頭　子、甲府勤番　孫、勤番（甲府カ）―大番―蔵奉行［五―二四五］

七番組

稲葉駿河守（正倚、元禄一〇・八・二八―正徳四・八・二七［一〇―一九七］）組

(1)高井八郎右衛門（実豊）五〇〇石　酉46（52歳・59歳）

(一)元禄一四・四・六―正徳三・九・一九

(二)大番（三〇〇石・18年）より

(三)歿　(四)42歳（49歳）　(五)12年

父、大番―新番　子、歴ナシ　孫、大番―同組頭［一八―二二六］

(2)斉藤善右衛門（幸規）五〇〇石　酉51（57歳）

(一)元禄六・三・二―正徳四・正・二一

(二)大番（三〇〇俵・17年）―蔵奉行より

(三)先鉄炮頭―（布衣）　(四)39歳　(五)21年

父、書院番　子、小姓組（宝永六）　孫、大番（元文元）―西城小姓組（元文三）［三―三七三］

(3)太田市左衛門（重栄）三〇〇石二〇〇俵　戌51（56歳）

(一)宝永二・六・二五―享保四・一一・一九

(二)大番（三〇〇石五〇俵・24年）より

(三)辞　(四)50歳　(五)14年

父、大番　子、小姓組（宝永六）　孫、歴ナシ　曽孫、大番―新番［一四―七三］

(4)間宮新八郎（信正）四〇〇俵、役料二〇〇俵　酉53（59歳・不明）

(一)宝永五・二・一一―享保二・六・一九

(二)大番（二五〇俵・18年）より

㈢辞　㈣56歳　㈤9年

父、納戸番―新番　子、大番―小普請方―甲府勤番［七―二六五］

八番組

阿部志摩守（正明、元禄八・二・二一―正徳五・三・一一［一〇―三七一］）組

⑴小沢四兵衛（定重）四〇〇俵、役料二〇〇俵　酉66（72歳・61歳）

㈠元禄一六・五・二五―正徳三・二・五

㈡大番（二〇〇俵・14年）より

㈢辞　㈣64歳（53歳）　㈤10年

父、歴ナシ（遠流・赦）　子、小姓組（宝永六）―遠流［一―一八九］

⑵小栗半右衛門（忠親）四〇〇俵、役料二〇〇俵　酉43（49歳・56歳）

㈠元禄一四・二・二二―享保一〇・三・二

㈡大番（部屋住・14年）―蔵奉行より

㈢西城裏門番頭―（布衣）　㈣39歳（46歳）　㈤24年

父、大番―天守番頭―裏門切手番頭―西城裏門番頭　一子、小姓組（宝永二）　二子、小姓組（享保二〇）孫、大番［一―二四九］

⑶逸見源兵衛（義武）四〇〇俵、役料二〇〇俵　酉54（60歳）　別家

㈠元禄元・一〇・二一―享保元・正・一一

㈡大番（部屋住・16年）より

㈢先弓頭（加恩一〇〇石、改五〇〇石）―（布衣）　㈣37歳　㈤28年

父、大番―大坂具足奉行　子、小姓組（宝永六）―書院番［三―一二二］

(4)川勝伊左衛門（隆成）四〇〇俵、役料二〇〇俵　戌49（54歳）

㈠宝永七・二・二七―享保四・八・一三

㈡大番（三〇〇俵・32年）より

㈢歿　㈣53歳　㈤9年

父、小十人―同組頭―小普請―大番―材木奉行　子、大番―同組頭―利根姫用人　孫、書院番［一八―一六〇］

九番組

宇津出雲守（教信、正徳元・正・一一―正徳四・五・二六［一一―三九一］）組

(1)国領八郎右衛門（重清）七三五石余　酉51（57歳・58歳）

㈠正徳元・五・二三―享保元・一一・二

㈡大番（6年）―新番―小普請奉行―桐間番―小普請―大番（七三〇石余・15年）より

㈢辞　㈣57歳（58歳）　㈤5年

父、大番―蔵奉行―代官　子、大番（宝永六）―同組頭　孫、大番―腰物方―幕奉行―広敷番頭［一五―六三］

(2)伴五兵衛（政継）五五〇石　酉63（69歳）

㈠元禄三・三・二五―正徳五・六・二八

㈡大番（三五〇石・31年）より

㈢辞　㈣48歳　㈤25年

父、大番―鉄炮薬込役―新番―箪笥奉行　子、小姓組（元禄四）　孫、大番（享保一五）―小姓組（元文三）　曽孫、歴ナシ　曽孫の子、大番［一七―三七七］

⑶鈴木杢之助（重頼）二〇〇石二〇〇俵、役料二〇〇俵　酉51（57歳）
㈠元禄九・四・七―正徳四・九・一九
㈡大番―辞―大番（部屋住・15年）より
㈢辞　㈣42歳　㈤18年
父、三丸番―大番―新番―腰物持―新番　子、小姓組（宝永六）　孫、書院番（寛延三）―同組頭　曽孫、歴ナシ　曽係の子、大番［一八―一一］

⑷小俣源太郎（政英）四〇〇俵、役料二〇〇俵　子46（49歳）
㈠宝永四・八・一四―享保九・九・一〇
㈡大番（二五〇俵・14年）より
㈢歿　㈣45歳　㈤17年
父、大番―腰物奉行―新番　子、小姓組（宝永六）　孫、歴ナシ　曽孫、大番―新番［一八―一九六］

十番組
水野飛騨守（重矩、宝永七・五・二三―正徳二・八・二五［六―九六］）組
⑴本多弥五右衛門（安頼）六〇〇石　酉50（56歳）
㈠元禄一四・七・二五―享保六・二・一一
㈡大番（二〇〇石二〇〇俵・12年）―書替奉行（六〇〇石）より

㈢歿　㈣46歳　㈤20年
父、大番―同組頭　子、小姓組（宝永六）　孫、大番（享保二〇）―西城小姓組（元文三）［一一―三一一］

⑵長田次左衛門（芳忠）二〇〇石二〇〇俵、役料二〇〇俵　酉48（54歳）別家
㈠宝永元・一二・一一―享保三・七・二一
㈡大番（二〇〇石・28年）より
㈢小普請（貶）　㈣47歳　㈤14年
父、小姓組―書院番　子、小姓組（宝永六）　孫、書院番（享保九）　孫、大番―新番［九―二四］

⑶野辺権太郎（正孝）四〇〇俵、役料二〇〇俵　酉42（48歳）
㈠宝永七・七・一一―享保一三・三・八
㈡大番（二〇〇俵・16年）より
㈢辞　㈣47歳　㈤18年
父、小十人―同組頭―桐間番―小納戸　子、大番　孫、大番―同組頭［一〇―二五］

⑷加藤伝右衛門（光豊）四〇〇俵、役料二〇〇俵　夘40（40歳・47歳）
㈠正徳元・四・四―享保二〇・閏三・六
㈡大番（部屋住・18年）より
㈢辞　㈣40歳（47歳）　㈤24年
父、小十人―同組頭　子、小姓組（享保一六）　孫、大番［一三―六八］

十一番組

永井備前守（直澄、宝永七・九・一―正徳三・二・一六［一〇―二九一］）組

⑴内藤八郎左衛門（忠勝）五〇〇石　酉49（55歳・53歳）別家

㈠元禄一三・七・二五―正徳三・閏五・朔

㈡大番（三〇〇俵・24年）より

㈢辞　㈣44歳（42歳）　㈤13年

⑵向山七之助（政勝）四〇〇石、役料二〇〇俵　酉53（59歳・58歳）

父、大番―同組頭　子、小姓組（宝永六）　孫、大番―新番［一三―二一一］

㈠宝永六・一〇・二―享保一五・六・二三

㈡大番（四〇〇石・8年）―桐間番―大番（26年）より

㈢辞　㈣57歳（56歳）　㈤21年

父、大番　子、大番［八―一三二］

⑶小西甚左衛門（正之）四〇〇俵、役料二〇〇俵　酉41（47歳・55歳）

㈠元禄一四・一一・二九―正徳四・五・二九

㈡大番（二〇〇俵・18年）―蔵奉行より

㈢辞　㈣37歳（45歳）　㈤13年

父、大番　一子、小姓組（宝永六）　二子、一橋近習番―小姓　孫、大番（明和三）［七―三四七］

⑷門奈惣兵衛（勝宣）四〇〇俵、役料二〇〇俵　酉47（53歳）

㈠宝永七・一二・一八―享保六・九・二二

㈡大番（部屋住・32年）より

㈢辞　㈣52歳　㈤11年

父、大番―大坂材木奉行（破損奉行）　子、大番（享保一五）―新番［一五―三八］

十二番組

稲垣長門守（重房、正徳元・五・朔―享保五・三・四［六―三九］）組

(1)山中市郎右衛門（盛英）五〇〇石　酉44（50歳）

㈠元禄九・四・七―正徳四・三・九

㈡大番（二〇〇石一〇〇俵・11年）より

㈢辞　㈣35歳　㈤18年

父、大番―腰物奉行　子、西城納戸番―新番　孫、大番―大坂弓奉行―小普請組頭［一〇―二〇］

(2)小林勝之助（正羽）二五〇石二〇〇俵、役料二〇〇俵　酉42（48歳）

㈠元禄八・六・二二―享保元・一二・二六

㈡大番（二五〇石・12年）より

㈢辞　㈣32歳　㈤21年

父、大番―大坂蔵奉行[3]　子、大番―新番　孫、大番―新番―同組頭［一六―一二五］

(3)春田七左衛門（久武）四〇〇俵、役料二〇〇俵　酉44（50歳・47歳）

㈠元禄一〇・二・一八―享保一四・一二・二六

㈡大番（部屋住・14年）より

㈢辞　㈣36歳（33歳）　㈤32年

父、大番―新番―同組頭―目付―小石川御殿奉行　子、大番〔六―三七六〕

(4)山名十郎左衛門（時尚）四百俵、役料二〇〇俵[4]　酉40（46歳）

㈠宝永五・二・一一―享保三・正・二六

㈡大番（部屋住・15年）より

㈢辞　㈣43歳　㈤10年

父、大番―新番―同組頭―納戸頭　子、大番　孫、大番〔五―九三〕

註

（1）『寛政譜』では三〇〇石としている。

（2）『寛政譜』では二〇〇石二五〇俵としている。

（3）『寛政譜』では二〇〇石二五〇俵としている。

（4）『寛政譜』では四五〇俵としている。

第五章　正徳元年末の新番衆について

はじめに

江戸幕府の新番組については、私はこれまでにその成立については、①「江戸幕府新番成立考」（『日本歴史』第三〇二号、本書第六章）において、番頭と組頭の就任者については、②「江戸幕府『新番頭』補任者一覧」（日本大学商学部『商学集志』人文科学篇、第十四巻第一号）と③「江戸幕府『新番組頭』の補任について」（同上『商学集志』人文科学篇、第十三巻第一号）において言及するところがあった。また新番組を含むところの番方一般については、④「江戸幕府番方の範囲をめぐって」（日本大学史学科五十周年記念会『歴史学論文集』所収、本書第二章）において、幕臣団（ここでは旗本）研究の上に占める番方研究の意義などにも触れておいた。本稿はこれらときわめて関係が深い。

さて②と③では、成立当初から寛政期までの就任者全員（新番頭一七〇名、同組頭一〇〇名）について、その氏名、在任期間、就任以前の履歴、昇途先、就任時の年令、在職年数、父や嫡子等の主要履歴などの基礎的な事実を確定することに努めた。これを基礎にして全体像を把握することができた時、幕府全機構の中に占める新番頭と新番組頭の位置や、同時にまた新番頭や同組頭に就任した者たちが、旗本の中でどのような階層や家格の者なのか、さらにこの履歴を経ることによってその後どのような変化がみられるのか、といった特色が明らかになるであろうし、(1)④で言及したように、今までの静態的な面のみの説明に終始してきた幕府職制史研究を、その職の就任者であり構成員でもある旗本の実態やその昇進との関係などから、家格の軽重と職格の上下との兼ね合い、ようするに幕府職制における旗本各層とのかかわりあいとか、職制内の特定の職と職との緊密な関係といったものを知ることができるであろうし、ひいては封建官僚制といわれるものの実態や職制の特色を明らかにすることができよう。この方面の研究の一助とすることが本稿の目的である。

ところで周知のように新番組の構成は、新番頭─新番組頭─新番士（衆）の三つの職階からなっている。従って新番士についても、新番頭と新番組頭とについて②と③においてなしたような同様の作業をしておくことが必要になるが、残念ながら今全員の氏名その他を即座に明らかにする材料をもちあわせていない。もっとも『御番士代々記』（内閣文庫蔵）には新番士が組毎に就任順に列挙されているので、これによって全氏名が判明するかのようであるが、①の論稿からもわかるように、これだけでは正確を期することがむずかしそうである。特に幕府成立当初に近くなると記述の粗さが目立ち、かなりの者がもれているのではないかと思われる。(2)従ってこれによって統計的な処理を加え、一つの傾向を知ろうとすることは早計であるとしなければならず、綿密な考証を必要とするから、今はさけておくのが賢明であろう。

そこで全体については正確なものを他日に期すことにして、本稿では内閣文庫所蔵の『御家人分限帳』記載の新番衆を取り上げ、ある特定の時期（後述するように、本稿の表題にある正徳元年末ということになる）に新番であった者全員について、新番頭と同組頭と同様の基礎的な事実を確定し、それを本稿の終りに掲載することにし、そこから得られた事実についていくつか書き留めて、前述したような幕府職制史研究への一つの手がかりとしたい。

註

（1）このような観点を取り入れた研究に南和男「江戸幕府御徒組について」（『日本歴史』第二一四号）がある。旗本については徒頭の項において触れられている。これは旗本の内、両番筋の者の就任することの多い職であり、新番組でいえば新番頭とかかわりがある。あとの御徒組頭と御徒とは御家人のレベルで言及されたものであり、いずれにしても本稿で対象としている旗本の層とは異なる。

（2）たとえば新番成立当初の番衆についても全員の氏名はこれによって判明しない（①論文参照）。

一

内閣文庫所蔵の『御家人分限帳』（以下『分限帳』と略称す）一七冊の内、八冊目に、一二丁にわたって新番が一番組から六番組まで掲載されている。いまその最初のところのみを示すと次のようになる。

新御番

一番　酒井式部組

一、四百五拾石　外弐百俵御役料　組頭　清太夫養子　拓植清太夫　自休子　ヲ四十七

一、七百五拾石余相模下総　忠兵衛養子 辻　織　部　佐橋湛兵衛子 夘三十五

一、六百石　武蔵　仁右衛門子 平岡仁右衛門 酉五十四

このように最初のところには新番の一番組のはじめの部分が記されているわけであるが、「一番　酒井式部組」とあるのは、酒井式部（重英）がこの組の新番頭であったことを意味している。ついで記されている拓植清太夫がこの組の組頭である。つぎの辻織部からが平番士の者で、彼以下一七人（二丁にまたがって記載されている。氏名については後掲の「一覧」参照）がこの組の平番士であったことがわかる。この一七名の記載順序は石高の多い順にならべられている。従ってこの記述の仕方からみてある時点で在職している者を確定し、石高順に整理したうえで記述したことが知られる。この組では辻織部が七五〇石で最も禄高が多く、最少は二五〇俵で四名おり、その内の大岡市郎三衛門が最後にあげられている。この順序通りに、すなわち『分限帳』の記載を生かして、各組の氏名と禄高、ならびにその他の情報を記したものが本稿のおわりに掲載した「一覧」である。

『分限帳』によれば各組の人員はつぎのようになる。

一番組　一七人

二番組　一七人

三番組　一八人
四番組　一八人
五番組　一八人
六番組　一七人[1]

ふつう新番組は各組の定員が二〇人といわれているので[2]、六組の時は全体で一二〇人になるが、この場合一〇五人ということになり、全体で一五人ほど欠員が存在するということになろうか。この欠員の状態は恒久的なものなのか、特別な事情のもとにあったが故なのか今は判明しない。後考に俟ちたい。

ところで『分限帳』記載の新番衆は、何時の時点での構成員を記載しているものなのであろうか。『国書総目録』(第三巻、三九〇頁)によれば、『分限帳』は正徳二年に成立したものであり、備考欄には「宝永二年」とあって、この意味するところはおそらく、この史料がこの時点(宝永二年)での内容を示しているものとしているように受け取れる。またこの『分限帳』を本格的に取り上げて、旗本の階層などについて分析をこころみられた鈴木壽氏は、この史料について次のようにのべられている[3]。

本書の内容が宝永年間(二年か)のものであることは、同書第二・三・九・十一などの諸冊の初頭に「宝永二乙酉年改之」とあること、および若干の個別抽出調査などによって立証される。なお、本書第一巻の奥書の文書「正徳二壬辰下書写是、享保拾乙巳歳書立之、但四月廿七日筆起、七月廿九日終之」により、本書が正徳二年下書写、享保一〇年清書されたものであることが知られる。

しかしながら後掲の「一覧」を参照していただきたいのであるが、最も新しくこの新番に入番した者を調べてみると、つぎの者たちが同日に入番している。

一番組⑴　辻織部
⑷　牧野助三郎
⑸　美濃部菅三郎
⑽　久保権四郎
⒀　神谷清三郎
二番組⒄　豊嶋平八郎
三番組⒀　荒井十兵衛
⒅　小川幸之助
四番組⑶　植村庄五郎
⑹　本間小三郎
⒀　酒井宇右衛門
五番組⑽　小佐手主税
六番組⑶　牧野伝兵衛
⑹　大久保清三郎

この一四名は、就任月日がいずれも正徳元年一〇月一六日である。これらの就任年月日は『寛政重修諸家譜』（以下『寛政譜』と略称す）の個々の経歴から知りえたものであるが、後の編纂物であるがゆえに年月などの誤記があると思われるむきがあるかもしれない。しかし『徳川実紀』（以下『実紀』と略称す）の正徳元年一〇月一六日の条に(4)

新番となる者十二人。大番より五人。小十人組より一人。小普請より六人。―中略―（日記、間部日記）

とあって、その出典は『日記』か『間部日記』のどちらかであることが明示されており、日付についてはほとんど疑いがないところである。もっとも一二人（『実紀』）と一四人（『寛政譜』）といった人数の上での相違がみられるが、しかし昇進してくる前の職等の内訳は、『寛政譜』の方が、大番より五人、小十人組より二人、小普請より六人、部屋住から一人となっており、『実紀』のそれとほとんど変らない。従って同じ事実を示すものと考えてよいであろう。そこで『分限帳』記載の新番の内容に限っていえば、宝永二年ではなくて、少なくとも正徳元年一〇月一六日以降の時期をあらわしているものといえよう。[5]

しからばつぎに何時より前と限定することができるであろうか。これは最初に退任した者の日付をみればよいことになる。そこでみてみると、二番組の(1)小笠原久左衛門が一番早く正徳二年二月七日に道奉行に出役している。ところで彼については、『分限帳』には次のような記載がある。

一、七〇〇石　卯二月七日 道奉行ニ成　小笠原久左衛門 ヲ四十

ようするに『分限帳』の編纂者にも彼が二月七日に道奉行になったことが知られており、禄高の下に書き込みと思われるものが記入されているのである。ところがこの書き込みには「卯二月七日」とあって、卯の歳とは正徳元年にあたるので、『分限帳』では正徳元年二月七日道奉行となるとしているのである。ここは「辰歳」になってしまうが、『寛政譜』の二年の方をとるべきなのであろうか。ところでもう一人同じような記載のされ方をしている者がいる。それは五番組の⒃太田伊兵衛で、彼についても『分限帳』は

一、二五〇俵　卯五月二三日小普請方ニ成　太田伊兵衛　子三十八

と記し、また『寛政譜』によるとやはり「辰」にあたる正徳二年となっている。「夘の歳」が正しいとすれば、前述したように正徳元年末に整理された際、なぜ削除されなかったのであろうかという問題が生じる。しかしこの場合考えられることが一つある。それは道奉行と小普請方とがともに新番（と大番）からの出役であるという点である。[6]出役であるからには新番があくまで本役であるので、籍はここに残っているわけであるから、そのままここに掲載されたものと考えるのである。こうすればこの問題は片付く。そうなると他の者の例を採る必要が生じてくる。そこで捜してみると、小笠原久左衛門と太田伊兵衛の出役の間に五人ほどが新番を辞任している。正徳二年二月二三日辞任した二番組(5)の依田甚兵衛、同年四月九日辞任した一番組(2)の平岡仁右衛門、同五月一一日辞任した五番組(7)の鈴木小右衛門、同(9)の岩瀬源三郎、同五月一三日歿した三番組(14)の加治藤兵衛である。一番早い依田甚兵衛は正徳二年二月二三日に辞任したのであるから、この日にいたるまでの内容を伝えているということになるのであろうか。

また『寛政譜』の月日が正しいとすれば、二月六日以前の内容ということになり、その後の下書きの時点で判明した出来事として書き込みを行なったものと思われる。そして他職へ転じた者でなく辞任や歿した者についてはそのままにしておいたのではないかと推測されるのである。なお『御番士代々記』[7]によれば正徳二年二月七日に道奉行になったとあり、『寛政譜』の二人の年次がともに正徳二年であることなどを思えば私にはこちらの方が事実でないかと思えてならない。

とにかく以上のことから『分限帳』の新番の記事は、少なくとも正徳元年一〇月一六日から正徳二年二月

六日（もしくは二二日）の間の内容を伝えているものとすることができよう。いうまでもないことであるが、このことは『分限帳』全体の内容の時期についても同様であるとするものではない。たとえば前述した道奉行に出役していった小笠原久左衛門は、同書の道奉行のところ（8）にも氏名が記載されており、『寛政譜』記載の年次が正しいとすれば、道奉行のところの記述は正徳二年二月七日以降の内容にもおよんでいることになろう。これらについては別の機会にゆずりたい。

なお年令のことについて最後に付け加えておきたい。『分限帳』には氏名の左下に年令が記されている。たとえば前に示したように、組頭の拓植清太夫は「刁四十七」とあり、番士の辻織部は「夘三十五」、平岡仁右衛門は「酉五十四」とある。はじめ私はこの年令の上に記されている「えと」は、誕生年を示しているのかと思ってみたが、ここでまた「一覧」を参照していただきたいのであるが、やたらと「酉」が多く、しかも「酉」歳の者に同年配か一二歳違いの年令の者がみ

表5-1　『分限帳』記載の年令の「えと」

調査年月＼番組		1	2	3	4	5	6	合計
宝永2 1705	酉	11	10	14	15	14	11	75
宝永3 1706	戌					2	2	4
宝永5 1708	子		1			1	2	4
宝永6 1709	丑		1	1				2
宝永7 1710	刁		4	1				5
正徳元 1711	夘	6	1	2	3	1	2	15
合計		17	17	18	18	18	17	105

られないので不思議に思った。『寛政譜』で調べた年令と対照してみて気がついたことなのであるが、これは年令を調べた時の年の「えと」ではなかろうか。すなわち番衆一〇五名中、五九名が『寛政譜』記載の死亡年令（または将軍に初謁した時の年令）から逆算（または加算）して得られた年令と一致をみたのである。番士に記載されている「えと」を組毎にわけて表示したものが表5-1である。詳細にみていくと一部にふに落ちないこと[9]があるのであるが、圧倒的に多いのが「酉」の七五名で、宝永二年時の調査年令を示している。『分限帳』の内容が宝永二年であるといわれる所以である。「夘」は一番遅く正徳元年での調査年令を示していることになろう。こうみてくると、年令表記の上では宝永二年の調査からかなりこまめに毎年のように新しい内容を取り込むべく改定が行なわれていたことを知るのである。

註

（1）人員を数えると一八人になるが、平番士八人目の野間金右衛門が重複しており、二回出ていることがすぐわかる。従って一七名となる。
（2）「吏徴」上巻に「一組廿人」とある（『続々群書類従』第七、法制部、二四頁）。新見吉治『旗本』では一組六十人（五三頁）としているが、その根拠が何によるものか不明である。
（3）鈴木壽『近世知行制の研究』二〇二頁。
（4）『徳川実紀』第七篇（『新訂増補國史大系』第四十四巻、一八二頁）。
（5）なお各番組の頭や組頭の就任者をみても、宝永二年より後の就任者が目立つ。たとえば一番組の頭酒井式部は宝永七年の就任であり、組頭の拓植清太夫は宝永五年就任である。新番頭六名と新番組頭六名の計一二名の内、宝永三年以降の就任者が七名にもおよぶ。この点からも『分限帳』の内容が宝永二年であるとする見解は再検討されてしかるべきであろう。これについては本書の第一章参照。
（6）『吏徴』附録（前掲書、一四一頁）。

（7）『寛政譜』によれば、小笠原久左衛門は「正徳元年五月七日乗馬を台覧ありて黄金一枚をたまう」とあり、また『徳川実紀』（第七篇、前掲書、一六〇頁）同日条に「吹上にて番士の乗馬御覧あり。小姓組五十人。書院番四十三人。新番廿四人。腰物方三人。納戸番九人。大番三十人。宿老。御側用人。少老。御側。ならびにこの事にあづかる大目付折井淡路守正辰。目付伊勢平八郎貞敕。村瀬伊左衛門房雄。その外御厩方の者伺公せり。（日記）」とあり、内容が符合し後者に道奉行は出てこず、彼の乗馬は新番としての行動とみることができる。この点からも正徳二年に道奉行になったと考えることができる。

（8）表紙には『分限帳　四』とあるところに掲載されているが、内閣文庫の冊数表示では「5」としている。

（9）入番の時期よりも調査年次が古いという例がいくつかある。たとえば一番組(3)の朝日十三郎は宝永五年に入番しているのに調査年次が「酉歳」すなわち宝永二年という具合である。

表5-2　新番衆の前職

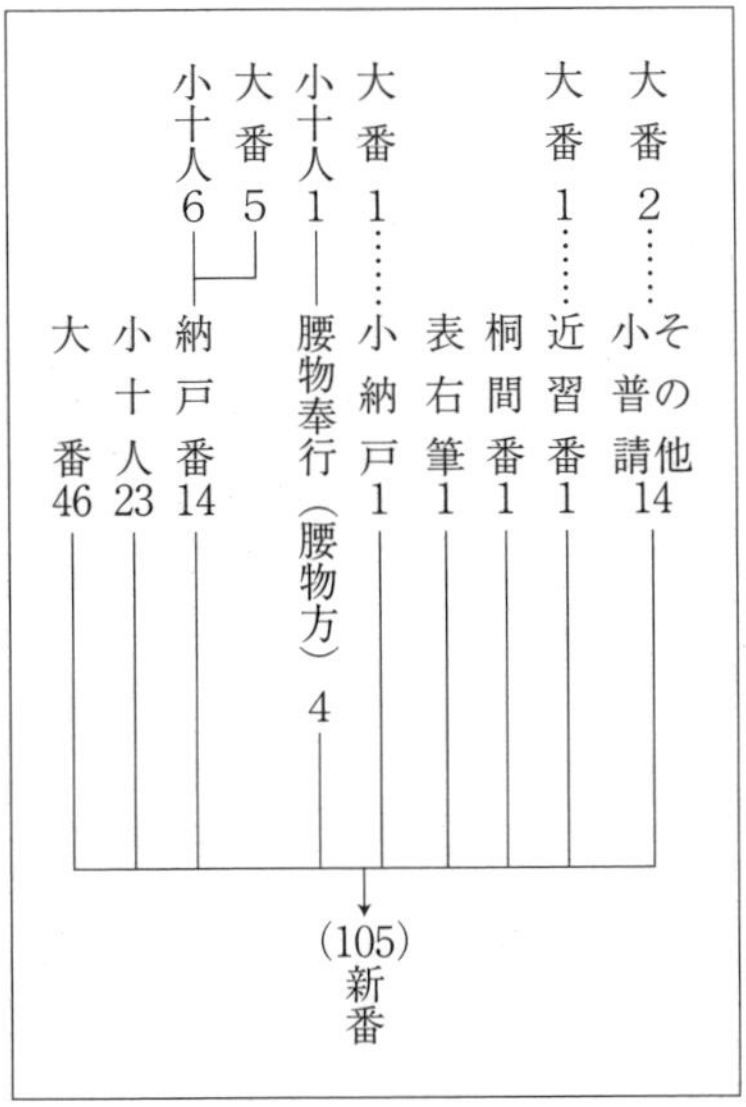

（…は他の職を経由してからの昇途を意味する。又数字は人数を示す。）

二

ここでは新番衆として入番してきた者一〇五名について、その入番にかかわる特色についてみてみることにしたい。

まず前歴としてどのような履歴を経てきているであろうか。寛永二〇年八月八日に新番士が三四名生まれたのであるが、その時は一名不明の者を除いて三三名の内、二三名が大

表5-3　再任した新番衆の前歴

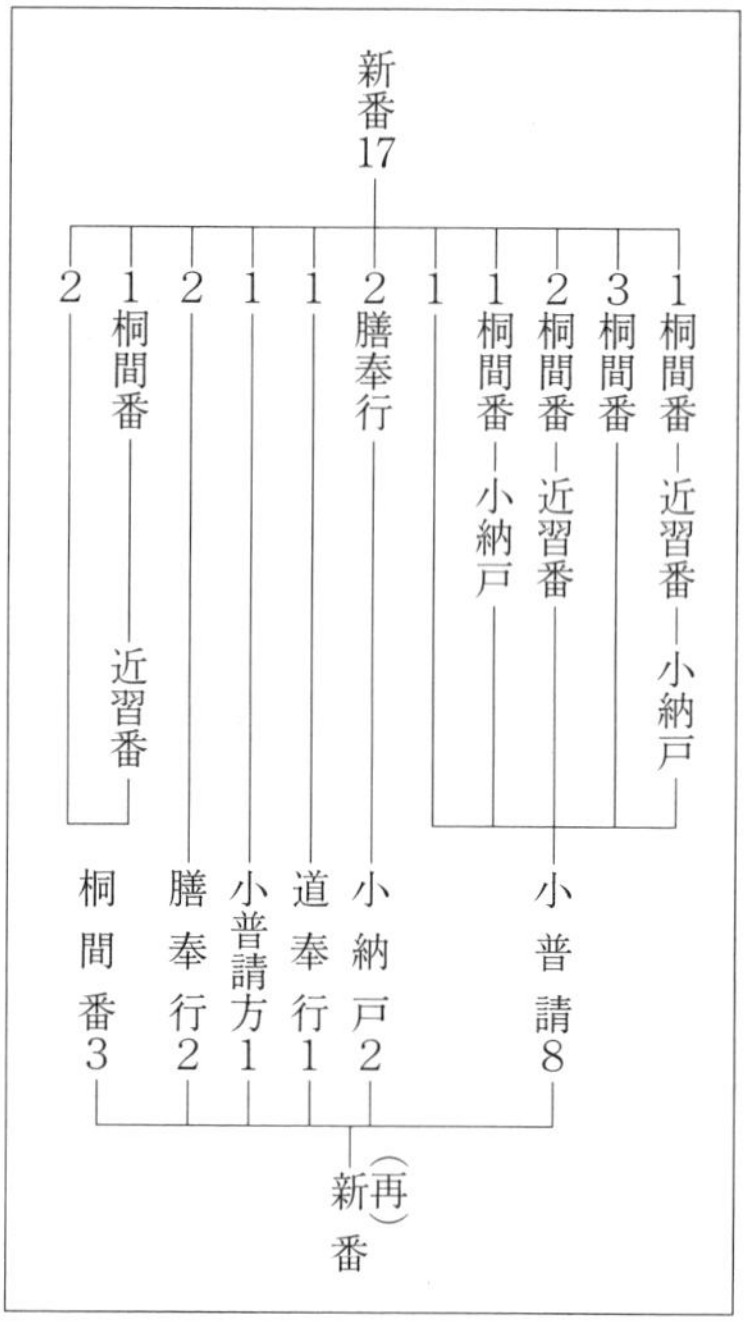

番からで、一〇名が小十人組からの転入であった。[1]この時点ではどうなっているのであろうか。これを示したのが表5-2である。

一番多いのが大番からの四六名（全体の四三・八%）で、二番目が小十人組からの二三名（二一・九%）である。ついで納戸番からの一四名（一三・三%）、腰物奉行（腰物方）[2]からの四名（三・八%）となっており、小納戸、表右筆、桐間番、近習番からがそれぞれ一名（各〇・九五%）ずついる。そして小普請からまたは召出されてすぐ入番したといったような者があわせて一四名（一三・三%）となっている。

なお再度入番（帰番）[3]した者が一七名おり、これを示したのが表5-3である。ざっとみて桐間番経験者が多い（一〇名）のが特色である。

ところで新番衆の履歴を全てにわたってみてみると、大番経験者が五五名（五二・四%）となり、半数以上の者におよんでいる。ついで小十人の三〇名（二八・六%）で、両者あわせると実に八五名にものぼり、全体の八一%の者がこの二つの職のどちらかを経験していることになる。こうみてくると、成立当初の、新番士は大番と小十人組からの組替えであるとまでいわれた伝統はかなり保持されているものと思われ、ようするに相変らず新番は大番、小十人組からの昇進者によって占められており、その点からいえば密接な関係を保ち続けている職種であるといえよう。

密接な関係とはこういうことである。前稿でも触れたように、新番が大番と小十人組から選ばれた者によって構成されている（成立当初は一〇〇％、この時点でも八一％）ことに基づく。他の番方がいきなり小普請（もしくは部屋住）から直接に入番するのと趣を異にしているのである。これは思うに旗本の中で最大の量を占める大番筋（小十人筋もこれに含まれる）の者達に対して、両番筋の者たちとの間に家格上の懸隔が生じてき、また旗本の増加によって将軍との間が疎遠になってくることによって、ここに大番筋層への優遇策として新番がもうけられ、親衛隊として将軍の側近く仕えさせることによって彼らの階層の者たちにも将軍の直臣としての誇りをもたせたことによるものと考えられないであろうか。

また彼らの父の職歴をみてみると、大番経験者が五〇名、小十人経験者が一八名、新番経験者一名（その他、大番の内一二名、小十人の内四名が新番に昇進している）、小姓組三名、その他一三名となっており、大番、小十人、新番経験者は七九名で、七五・一％にもおよんでいて、ようするに新番に入番した者の多くは、大番、小十人組からの昇進者であるということになり、この家格は父以来あまり変っていないものとみられ、家格が定着化していることの反映とみなすことができよう。

新番に入番した時点での禄高はどうなっているであろうか。一、〇〇〇石（または俵、以下略す）以上が三人、五〇〇石以上が七人、二七〇石以上が三〇人、これら四〇名が新番は万治二年一二月に定禄が二五〇俵に定まったということなので、それ以上の者ということになる。ついで二五〇石丁度の者が二四名となっている。(4)そこでこれら六四名と、部屋住の者が全て父の禄高において三〇〇石以上なのでこれも加えると、七六名（七二・四%）がこれにふさわしい禄高の者によって入番が行なわれていることになろう。二五〇石に満たない者が二九名（二七・九%）いる。この二九名の内、小十人から入番した者が一六名、大番からが九名で、その他から四名となっており、これらは入番してから加禄されて、定禄に達しているようである。

ついで『寛政譜』もしくは『分限帳』によって知りえた年令によって、就任時等の番士のそれについてみてみよう（表5－4参照）。

就任した時の年令は、十代が四人、二十代が三一人、三十代が三九人、四十代が二〇人、五十代が一一人で、六十代はいない。最高は六番組⒂河辺四郎左衛門の五七歳、最低が二番組⑸依田甚兵衛の一六歳で、これらを平均すると三五・一歳となる。年令十歳の幅で一番密度の濃いところを捜すと、二五歳から三四歳までの間で、四六人もいる。この就任時の年令は、他の番方（特に大番と小十人）と比べた場合、おそらく高いはずである。それは新番が大番と小十人組から選出されて入

表5–4　新番衆の就任時の年令と正徳元年時の年令

10代			20代			30代			40代			50代			60代		
年令	人数		年令	人数		年令	人数		年令	人数		年令	人数		年令	人数	
	就任時	正徳元年時		就任時	正徳元年時		就任時	正徳元年時		就任時	正徳元年時		就任時	正徳元年時		就任時	正徳元年時
			20	1	1	30	1	2	40	1	2	50	3	6	60	0	3
			21	0	0	31	6	1	41	3	4	51	3	5	61	0	2
			22	2	0	32	5	5	42	3	2	52	0	3	62	0	2
			23	1	0	33	5	2	43	2	3	53	1	4	63	0	1
			24	3	0	34	5	2	44	1	1	54	1	2	64	0	3
			25	6	0	35	2	3	45	2	6	55	1	2	65	0	0
16	1	0	26	4	0	36	1	3	46	5	2	56	1	6	66	0	0
17	2	1	27	4	2	37	6	2	47	1	3	57	1	0	67	0	0
18	1	1	28	4	2	38	2	0	48	1	4	58	0	1	68	0	0
19	0	0	29	6	2	39	6	3	49	1	1	59	0	3	69	0	2
	4	2		31	7		39	23		20	28		11	32		0	13

番してくるわけであるから当然のことであろう。ただ大番、小十人の経験年数が拡散しており、何年勤めれば新番に昇進しやすいという目安はない。このあたりが封建官僚制の特徴なのかもしれない。

　直接大番から入番した者の大番経験年数の判明する者四五名について調べてみると、平均年数は、九・八年になるが、四年以下が一三名、一〇年以下五年以上が一七名、一一年以上三〇年までが一五名となっている。小十人（二三名）は、平均年数一二・八年、四年以下四名、一〇年以下五年以上七名、一一年以上二六年まで一二名となっており、大番よりもいくらか多めの経験年数を経ていることになるが、これも小十人が大番よりも家格が低いということからきているものであろう。

　ちなみに各組ごとの就任時平均年令を記しておくと、一番組三四・二歳、二番組三〇・八歳、三番組三七・四歳、四番組三五・四歳、五番組三四・四歳、六番組三八・一歳となっている。最高と最低の組の間で八歳の開きがあるが、全て三〇歳代の平均年令である。

　つぎに『分限帳』の新番記載の時期である正徳元年時における番士の年令をみてみよう。最高が入番時の年令も最高であった六番組⒂河辺四郎左衛門の六九歳、最低が四番組⑶の植村庄五郎の一七歳で、平均年令は四五・六歳となり、これも組毎に記せば、一番組四二・八歳、二番組四一歳、三番組四七・九歳、四番組四七・四歳、五番組四五・二歳、六番組四九・一歳である。これは他の番方と比べてどうなのかは他のそれを調べてみないとわからない。両番は別として、なぜならばこの筋は他の役職へどんどん昇進していく可能性があったので平均年令は低くなるものと思われ、これに対して大番（含む小十人）は就任時の年令は他と同じでも、そこにとどまることが多いので、新番と同じような平均年令が出てくるものと予測される。しかし当初の予測よりもかなり高くなっているように思われる。なぜならば将軍の出行に際して前駆をつとめ、いざという時は将軍の親衛隊としての活躍が期待されているからである。やはり番方としては年令が少し高すぎはしないであろうか。元和偃武以来の平和がしからしめる実態なのかもしれない。それともこの高年令は、現役旗本のそれに近いもので、たまたまここにそれが反映されたものなのであろうか。

つぎに正徳元年における新番衆の経験年数を組毎に示したのが表5-5である。これをみると、各組に平均して長期在職者がおり、たとえば、一五年以上の経験者数を示すと、一番組三人、二番組四人、三番組三人、四番組五人、六番組五人といった具合である。各組の経験年数が片寄らないよう配慮されていることがうかがえる。

表5-5 正徳元年末時における新番衆の経験年数

年数＼番組	1	2	3	4	5	6
0	5	1	2	3	1	2
2	0	1	0	0	0	0
3	2	3	3	2	2	2
4	0	0	0	0	1	0
5	1	2	2	0	4	2
7	2	1	1	3	0	0
8	0	0	0	0	1	0
9	1	1	1	1	0	1
11	1	1	1	1	2	2
12	0	0	0	0	0	1
14	2	3	5	3	2	2
15	0	1	0	1	0	1
17	0	0	0	0	1	0
19	1	2	1	1	3	3
20	0	1	0	0	0	0
27	2	0	2	2	0	1
32	0	0	0	0	1	0
38	0	0	0	1	0	0
合計	17	17	18	18	18	17

註

（1）拙稿「江戸幕府新番成立考」。本書第六章。
（2）元禄一四年三月二八日に、それまでの腰物奉行が腰物方と改称された（『吏徴』別録上巻、〔『続々群書類従』第七、法制部、八三頁〕）。
（3）『御番士代々記』ではこのように表現されている。
（4）註（1）に同じ。

三

ここでは新番衆のその後の履歴にまつわる事柄についてのべてみよう。

新番衆の昇途先を示したものが次の表5-6である。在任中歿した者が二一名。すぐ昇途することなく辞任した者が四三名。ただしこの内にはしばらくしてから甲府勤番になる者（一番組(4)）、また同じく大番になる者（四番組(7)）がいる。そこでこの二人を除くと四一名の者がこの新番を最後の履歴としており、歿した者を加えると六二名（五九・〇%）の者がここで終っていることになる。

つぎに他の職へ転じた者四一名（三九・〇%）についてその後の昇途先をみてみると、新番組頭が一二名（一一・四%、転進者中の二

表5-6　正徳元年末新番衆（105名）の昇途先

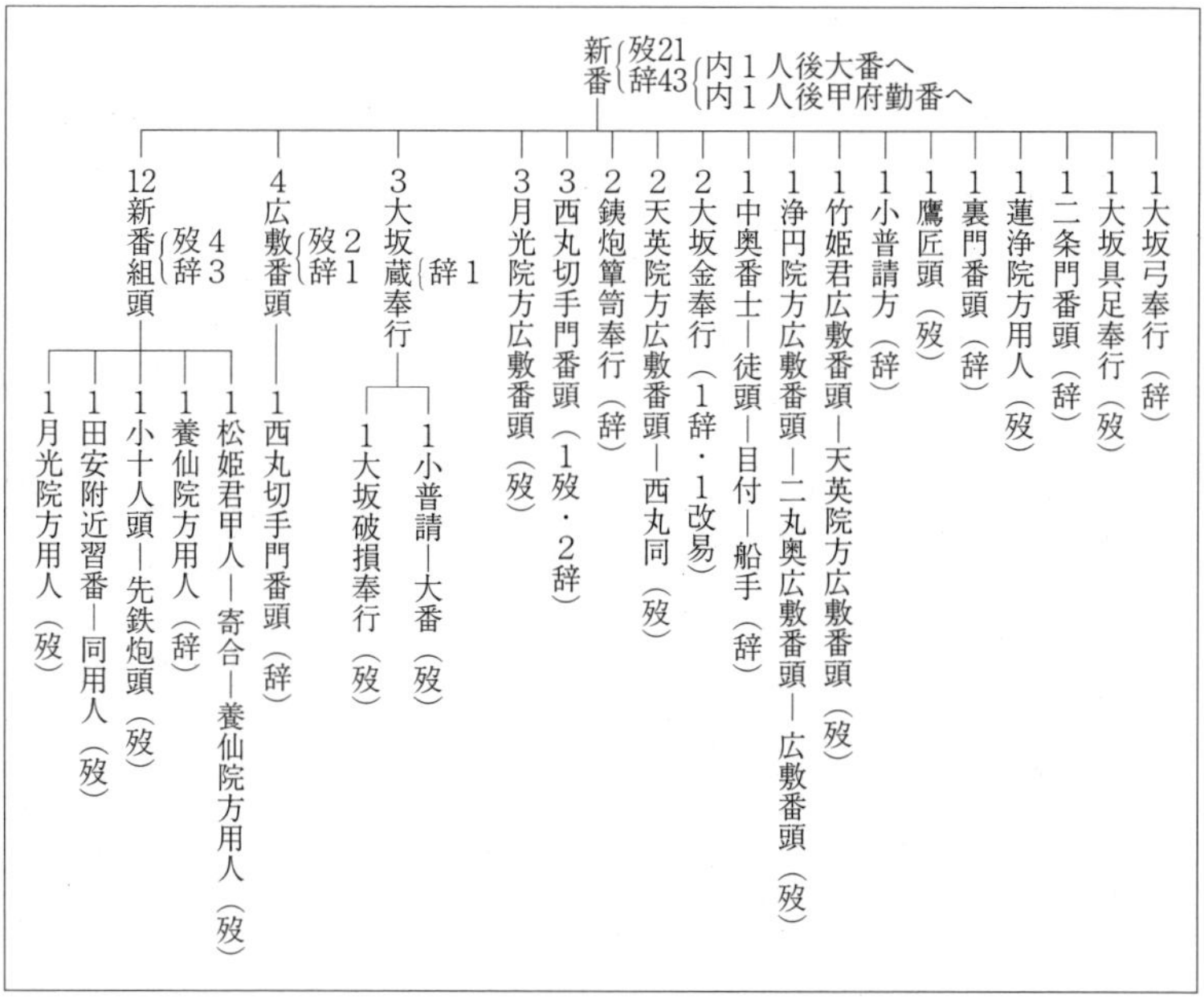

表5-7　明良帯録による新番衆の昇途先

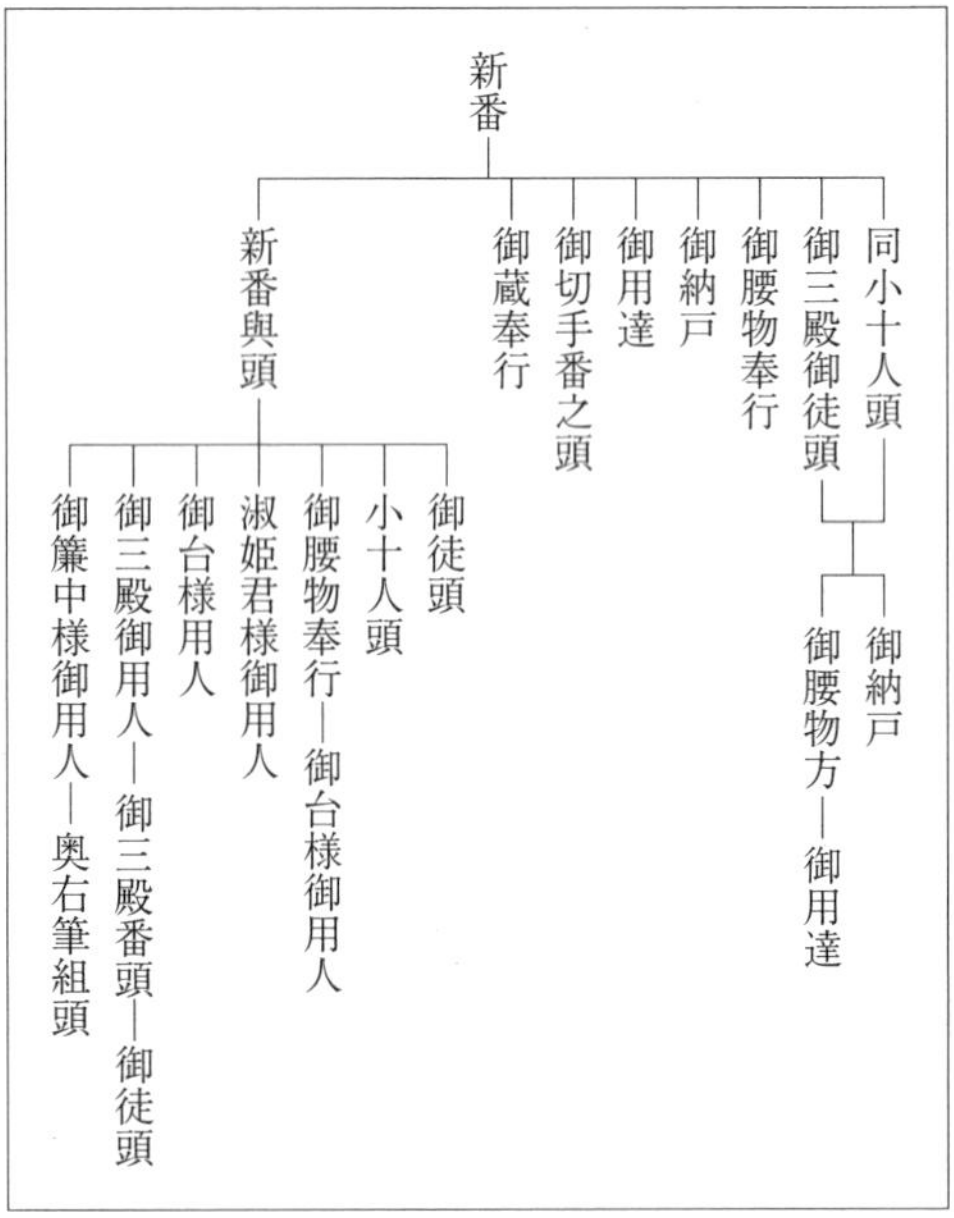

九・三％）で圧倒的に多い。ついで広敷番頭の四名、大坂蔵奉行、月光院方広敷番頭、西丸切手門番頭の各三名、鉄炮箪笥奉行、天英院方広敷番頭、大坂金奉行の各二名がつづいている。他は一名ずつである。

これを『明良帯録』にある新番の昇途先[1]（表5-7）と比べてみたらどうなるであろうか。

両者を比較してみると、新番組頭は両者に共通するところであるが、『明良帯録』記載の御蔵奉行、御切手番之頭、御用達、御納戸、御腰物奉行、御三殿御徒頭、同小十人頭についてはみあたらない。また新番組頭に昇進した者のさらにその先の昇進先についてみてみると、寛政一〇年迄の調査によれば、目付一〇名、船手七名、西丸裏門番頭五名、小十人頭四名、徒頭、松姫用人、広敷用人、納戸頭の各二名がつづいている。[2]これを同じく『明良帯録』とあわせてみると、小十人頭と徒頭が両者に共通し、御簾中様御用人に相当する養仙院方用人、月光院方用人が各一名いて、さらに淑姫君様用人に相当する竹姫用人、松姫用人が各一名いるのを除けば後は該当しない。ようするに『明良帯録』記載の昇途表は事実とかなりかけ離れているものといわざるをえない。南和男氏は御徒組頭と御徒の昇進についてのべられているが、[3]その際に『明良帯録』記載の昇途表もあわせて紹介している。ただそこでは事実あった昇途先と併記されているだけで、それ以上（両者の相違について）の指摘はされていない。しかし両者をよくみてみるならば、ここでも『明良帯録』の昇途表は、実際とかなりくい違いがあることに気がつくであろう。

ところで『明良帯録』は何時頃の史実を反映しているものであろうか。その手がかりを与えてくれるものに昇途表に出てくる職名がある。たとえば新番組頭の昇途先の一つである淑姫君用人がそれである。この役職が寛政一〇年から文化一四年迄存在していた[4]ものとすれば、この頃の様子を反映したものと考えられる。しかし『柳営補任』の淑姫君用人に任ぜられた者の前歴に新番組頭就任といった記述はみあたらない。[5]こうしてみてくると、この昇途表はかなり疑問に満ちており、この表の利用にあたっては注意することが必要であろう。

昇途先については『宮中秘策』にも「御役人御役替之大法[6]」とする記事がある。これによれば、新番については「御切手番之頭、御用達、御納戸、御勘定吟味役、降而小普請」とあるが、最後の小普請（いうまでもなく辞任を意味しており、全ての役職にあてはまることになろう（ただし寄合を除く））を除いては正徳元年末の新番衆にはあてはまらない。なお新番組頭についても同書に記載されていないので、ここに昇進した者については確かめることができない。

つぎに年令についてみてみよう。退職時の年令については六名の者（二番組(15)、三番組(5)、同(11)、五番組(8)、同(15)、同(18)）が不明でわからないので九九名についての統計になる。退職時の平均年令は五四歳である。在任中歿した者（二〇名）の平均年令は四九・八歳となり、辞任した者（三八名）は五七・八歳である。他へ転職していった者（四一名）の年令は五二・四歳である。歿した者の年令が低いのは明らかに生存していれば、在職期間が延長されていたことを示すものであり、転職していった者は、ここで履歴を終ってしまう者に比べて早めに他へ転じていったことを示している。ついでに在職年数にも触れておこう。平均退職年令五四歳から平均就任年令三五・一歳を引くと一八・九年となり、これが在職年数に近い数字となろう。というのは再任者がいるので、この計算だと彼らの他職在任期間も含まれてしまうからである。再任した者の他職在任期間を除くと、九九名の者がわかるのであるが、一八・三年となる。さらに再任者を除くと八三名が判明し、その平均は一七・八年となって短くなってしまう。これは二二名が除かれたため、長期在職者が統計からもれてしまったからであろう。いずれにしてもこれらの数字は各自の在任期間が一〇年から三〇年の間に多いものの、かなり年数に拡散傾向がみられ（表5-8参照）、これまでの他の場合同様、あまり平均年を強調するのは実態とかけ離れたものにしてしまうおそれが多分にある。従ってモデル年令を設定して、何歳で入番し、何歳で辞任もしくは他へ転じていくなどといった数字を出すことはいかがなものかと思われる。

　つぎに新番に入番したことが、その子にどのような影響（家

表5-8　新番在職年数別人数

在職年数	人数		在職年数	人数		在職年数	人数		在職年数	人数		在職年数	人数	
1		1	11		4	21		4	31		4	41		1
2		0	12		3	22		0	32		1	42		0
3		3	13		2	23		4	33		0	43	2	0
4		2	14		0	24		1	34		1	44		0
5	25	1	15	38	5	25	24	3	35	10	1	45		1
6		3	16		4	26		3	36		1			
7		1	17		5	27		3	37		2	合計		99名
8		6	18		5	28		0	38		0			
9		4	19		8	29		4	39		0			
10		4	20		2	30		2	40		0			

格への変化）を与えたかみておこう。

子が大番に入った者六二名（その後新番に転じた者を含む）、小十人へ四名、新番へ一四名（大番、小十人から転じた者は除いて）となり、合計八〇名にもなる。その他九名、子の履歴のない者等一一名であり、大勢は父と同じ家格（大番筋）を相変らず保持しており、変化はみられないものといえよう。例外は両番へ入番した者が五名おり、また大番から途中にして両番へ転じた者が二名いる。この七名の内、六名は父が新番組頭へ昇進している。新番から新番組頭への昇進は家格を大番筋から両番筋へ上昇させているものと指摘することができるであろう。

註

（1）『明良帯録』続篇（『改定史籍集覧』十一冊、四九・五〇頁）。
（2）拙稿「江戸幕府『新番組頭』の補任について」。
（3）南和男、前掲論文。
（4）『柳営補任』（大日本近世史料）第四、二四頁。
（5）註（4）に同じ。
（6）『古事類苑』官位部三、一二三・四頁。

むすびにかえて

『分限帳』記載の新番衆一〇五名についてあれこれのべてきた。まずこの新番衆の在任時期について、従来の説によれば「宝永二年の新番衆」とすべきところを、『分限帳』記載の新番衆の個々の履歴を明らかにすることによって、「正徳元年末（から正徳二年初）の新番衆」であるとし、ついで彼らの履歴を就任と退任の二面から就任者の実態をみてきた。それらは、二と三をみていただくことにして、ここでは再びくり返すことはしないことにするが、一つだけあげておきたいのは、『明良帯録』記載の昇途表がかなり実際とかけ離れたものであるということである。この点については、今後同時期（全体の時期にわたればなおさらよいのであるが）の両番や、大番、小十人組についても同じ作業をしてみればより明らかになるであろう。そればかりではなく、こうした作業を他の番方等にも進めていくことによって、旗本の実態についての理解を深めることができ、ここにはじめて彼らの幕府職制の上における位置・役割といったものが具体的に明らかになっていくものと思う。本稿では正徳元年末の新番衆に限ってのべることによって、一つの見通しをえることにとどめ、全貌については今後の作業の進行に俟ちたい。

正徳元年末の新番衆一覧

〈凡例〉

（1）順番は『分限帳』の記載順によった。

（2）各人の通称は『分限帳』記載のものをとった。

（3）禄高は『分限帳』記載のもので、正徳元年末現在ということになる。入番時、これと異なる場合には『寛政譜』によって（ ）で示した。

（4）「夘35才」とある年令は、『分限帳』記載のもので、（35歳）とあるのは、『分限帳』記載の年令によって、正徳元年時の年令を計算して出したものである。また（31歳・28歳）とある場合は、下段が『寛政譜』による同じく正徳元年時の年令で、前者のように一つしか示されていない場合は、『分限帳』と『寛政譜』が符合することを意味している。

（5）㈠は在任期間、そこに②とあれば再任時の在任期間を示す。
㈡は新番就任前の履歴（　）内はその在職年数を示す。②とあれば再任前の履歴である。

㈢は昇途先で、②とあれば再任した後の昇途先を示す。

㈣は新番就任時の年令。

㈤は在任期間を示す。

「父」は父の主要履歴を、「子」は子の主要履歴を示している。

（6）最後の〔七―三四〕は、（5）の情報の中心となった『寛政譜』の巻と号を意味し、七―三四とあれば、同書の七巻三四頁ということで、当該人物の同書における掲載巻数を示す。

新番一番　酒井式部組（重英、後の六番組⑾①、宝永七・九・二一―正徳五・九・一一）
組頭　拓植清太夫（盈貞、後の六番組⑹）刁47歳（50歳）
宝永五・九・二一―享保八・一一・二八

⑴辻　織部（盛昭）　七五〇石余　卯35歳（35歳）
㈠正徳元・一〇・一六―正徳五・一二・七　㈡小普請
㈢歿　㈣35歳　㈤4年　父、大番―大番組頭　子、大番
〔七―三四〕

⑵平岡仁右衛門（資頻）　六〇〇石　酉54歳（60歳）
㈠宝永元・六・一一―正徳二・四・九

㈡桐間番━小納戸━小普請　㈢辞　㈣53歳　㈤8年
父、神田館(2)　子、新番━金奉行　〔五―一四八〕

⑶朝日十三郎（近房）　五〇〇石　酉25歳（31歳・28歳）
㈠宝永五・閏正・一一━享保(3)一一・一〇・九　㈡大番（9年）
㈢辞　㈣25歳　㈤18年　父、大番　子、大番　〔五―四二〇〕

⑷牧野助三郎（成房）　五〇〇石　卯20歳（20歳）
㈠正徳元・一〇・一六━享保元・八・二五　㈡小普請
㈢辞（後、甲府勤番）　㈣20歳　㈤5年　父、大番━新番　子、勤番　〔六―二九〇〕

⑸美濃部萱三郎（茂好）　五〇〇石　卯20歳（20歳・18歳）
㈠正徳元・一〇・一六━正徳四・二・二　㈡小普請
㈢中奥番士━徒頭━目付━船手　㈣18歳　㈤3年　父、大番　子、書院番　〔一七―二四五〕

⑹榊原七右衛門（忠秋）　四〇〇石（部屋住）　酉42歳（48歳）
㈠元禄五・一一・九━元禄七・一〇━二八　②元禄七・一一・二三━享保三・一二・朔
㈡大番（9年）　②桐間番
㈢桐間番　②新番組頭　㈣29歳　②31歳　㈤2年　②24年　父、大番　子、大番　〔一六―三七八〕

⑺小笠原主税（貞明）　三〇〇石　卯46歳（46歳・52歳）
㈠宝永元・六・一一━正徳四・一一・二九　㈡小十人（21年）
㈢大坂弓奉行　㈣45歳　㈤10年　父、国廻役━小十人━石奉行　子、職歴ナシ　〔一九―六八〕

⑻岡部庄兵衛（忠刻）　三〇〇俵　酉53歳（59歳）

㈠宝永三・七・二一―正徳四・六・二五
㈡大番（16年）―納戸番　㈢辞　㈣54歳　㈤8年
父、小十人―小十人組頭　子、大番　〔一〇―一二三〕

(9)石野平蔵（広長）　三〇〇俵[4]　酉43歳（49歳）
㈠貞享元・八・一八―元禄五・七・二八　②宝永元・六・一一―享保二・八・四
㈡大番（2年）　②桐間番―小納戸―小普請
㈢㈡の②と同じ　②天英院広敷番頭（後西丸）　㈣22歳　②42歳
㈤8年　②13年　父、小姓組　子、大番―新番　〔一一―一六四〕

(10)久保権四郎（勝豊）　三〇〇俵　卯39歳（39歳・47歳）
㈠正徳元・一〇・一六―正徳五・八・二二　㈡大番（20年）
㈢辞　㈣47歳　㈤4年　父、小姓組―大番　子、大番　〔一六―一九六〕

(11)井関弥右衛門（親房）　二五〇石内三〇俵切米（二〇〇石）　酉46歳（52歳）
㈠貞享元・八・一八―享保元・二・二三　㈡小十人（2年）
㈢大坂金奉行　㈣25歳　㈤32年　父、殺生方―細工頭　子、大番―大坂金奉行　〔一〇―八四〕

(12)野呂市郎右衛門（尚景）　二五〇石　酉35歳（41歳・40歳）
㈠宝永五・閏正・一二―享保一九・七・一二
㈡小十人（2年）―納戸番　㈢月光院方広敷番頭　㈣37歳
㈤26年　父、国目付役―小十人　子、大番―代官　〔一七―四一一〕

(13)神谷清三郎（福教）　二五〇石　卯30歳（30歳）

㈠正徳元・一〇・一六―享保六・四・二一　㈡小十人（4年）　〔一九―六八〕
㈢歿　㈣30歳　㈤10年　父、小十人　子、職歴ナシ
⒁宇津(5)野源五左衛門（道広）　二五〇(6)俵（部屋住）　酉28歳（34歳・36歳）
㈠元禄一〇・三・一八―正徳四・六・一六　㈡大番（4年）　〔一二―五三〕
㈢歿　㈣22歳　㈤17年　父、大番―裏門切手番頭　子、ナシ
⒂川崎治左衛門（意勝）　二五〇俵　酉45才（51歳）
㈠元禄一三・一〇・六―正徳二・七・二五　㈡大番（17年）
㈢新番組頭　㈣40歳　㈤12年　父、大番―腰物奉行　子、大番―腰物方―新番　〔二〇―一七九〕
⒃浅原又三郎（安明）　二五〇俵（二〇〇俵）　酉44歳（50歳）
㈠元禄一五・九・二―正徳四・八・二一　㈡小十人（20年）
㈢辞　㈣41歳　㈤12年　父、小十人　子、小十人―小十人組頭　〔四―一二八〕
⒄大岡市郎三衛門（重則）　二五〇俵（二〇〇俵）　酉46歳（52歳・53歳）
㈠元禄一〇・三・一八―元禄一四・五・二六　②宝永元・六・一一―享保二・一〇・一八
㈡小十人（8年）―納戸番　②桐間番―近習番―小納戸―小普請（貶）　㈢㈡の②と同じ　②辞
㈣39歳　②46歳　㈤4年　②13年　父、小十人―納戸番　子、大番　〔一六―三三〇〕

新番二番　安藤治右衛門組（定房、後の一番組(8)、宝永四・八・一二―享保八・六・一一）
組頭　山名左兵衛（時信、後(7)の一番組(8)）　ヲ56歳（59歳・60歳）元禄一二・四・七―正徳二・七・一
(1)小笠原久左衛門（正直）　七〇〇石（部屋住）　ヲ40歳（41歳・39歳）

㈠元禄一〇・三・一八―正徳二・二・七　②享保五・九・二七―享保一〇・七・一一
㈡大番（6年）　②道奉行
㈢道奉行(8)　②新番組頭　㈣25歳　㈤15年　父、大番―新番―箪笥奉行　子、大番　〔四―一一五〕

(2)岡部平助（忠治）　四〇〇石　刁44歳（45歳・50歳）
㈠元禄一三・一〇・六―享保三・九・九　㈡納戸番
㈢歿　㈣39歳　㈤18年　父、大番　子、新番　〔一〇―一二二〕

(3)森山佐右衛門（盛寿）　四〇〇石内一〇〇俵蔵米　酉23歳（29歳・27歳）
㈠宝永五・閏正・一二―享保一八・五・一三　㈡大番（5年）
㈢辞　㈣24歳　㈤25年　父、大番―大番組頭　子、大番―鉄炮奉行　〔九―三五一〕

(4)米倉源太郎（政良）　三三九俵余　酉30歳（36歳）
㈠宝永五・閏正・一二―享保元・二・一一　㈡大番（3年）
㈢大坂具足奉行　㈣33歳　㈤8年　父、大番　子、新番（西丸）　〔三―二九四〕

(5)依田甚兵衛（守相）　三〇〇俵（二五〇俵）　酉30歳（36歳）
㈠元禄四・一二・二―正徳二・二・一三
㈡召出されてすぐ入番　㈢辞　㈣16歳　㈤21年
父、御家人になる　子、職歴ナシ　〔五―三七五〕

(6)佐原三右衛門（景治）　二五〇石　子31歳（34歳）
㈠宝永三・七・二一―享保一六・一〇・朔　㈡小十人（5年）
㈢新番組頭―月光院方用人　㈣29歳　㈤25年

父、小十人―代官　子、大番―小姓組番

⑺富士市左衛門（時則）　二五〇石内五〇俵蔵米　ヲ34歳（35歳・不明）　〔二〇―二二六〕
㈠宝永六・二・二一―享保二・一〇・二二
㈡大番（8年）―桐間番―小納戸　㈢大坂金奉行―改易
㈣33歳カ　㈤8年　父、大番　子、―

⑻水野源右衛門[9]（守正）　二五〇俵　酉34歳（40歳）　〔六―三六二〕
㈠宝永五・閏正・一二―正徳四・六・二四　㈡大番（15年）
㈢歿　㈣37歳　㈤6年　父、小十人（西丸）―新番　子、14歳で歿、家たえる

⑼吉田伝蔵（盛直）　二五〇俵（二〇〇俵）　酉26歳（32歳・不明）　〔六―一一五〕
㈠元禄九・八・二一―正徳二・九・三　㈡家ついだ日に入番
㈢歿　㈣17歳カ　㈤16年　父、御家人になる　子、大番―新番

⑽黒田佐太郎（忠恒）　二五〇俵（二〇〇俵）　酉35歳（41歳）　〔一九―一一一〕
㈠宝永元・六・一一―享保一六・七・二五　㈡表右筆
㈢新番組頭　㈣34歳　㈤27年　父、職歴ナシ　子、大番―新番

⑾久保新右衛門（正通）　二五〇俵　酉42歳（48歳）　〔一九―三五四〕
㈠元禄五・一一・九―享保一八・五・一三　㈡大番（1年）
㈢辞　㈣29歳　㈤41年　父、小十人―新番　子、大番

⑿大河原権兵衛（定正）　二五〇俵（一〇〇俵月俸一〇口）　丑49歳（51歳）　〔一六―二〇一〕
㈠元禄一〇・三・一八―元禄一六・三・二八　②宝永六・二・二六―享保五・正・二八

㈡小十人（13年）②膳奉行
㈢膳奉行　②蓮浄院用人　㈣37歳　②49歳　㈤6年　②11年
父、小十人　子、一橋近習番—同徒頭　〔一五—二九〇〕

⒀根岸又八郎（政勝）二五〇俵　酉46歳（52歳・50歳）
㈠元禄五・一一・九—元禄八・一〇・二一　②元禄一〇・三・一〇—享保二・一二・二八
㈡大番（5年）—納戸番　②桐間番
㈢桐間番　②広敷番頭　㈣31歳　②36歳　㈤3年　②20年
父、小十人—新番—広敷番頭　子、大番—大番組頭　〔一五—二七六〕

⒁荻原源兵衛（昌雄）二五〇俵　刁47歳（48歳）
㈠宝永三・七・二一—享保九・一二・一五
㈡大番（4年）—納戸番　㈢広敷番頭　㈣43歳　㈤18年
父、大番—新番　子、大番　〔一〇—一四五〕

⒂須田三郎右衛門（盛氏）二五〇俵[10]（部屋住）酉39歳（45歳・不明）
㈠元禄一〇・三・一八—不明　㈡大番（4年）㈢病免
㈣31歳カ　㈤不明　父、大番—新番　子、—　〔四—三四三〕

⒃荒川又六郎（長清）二五〇俵（二〇〇俵）酉56歳（62歳・56歳）
㈠元禄五・一一・九—正徳五・九・二一　㈡小十人（20年）
㈢辞　㈣37歳　㈤23年　父、小十人—納戸番　子、大番　〔二—一六七〕

⒄豊嶋平八郎（某）二五〇俵（部屋住）卯29歳（29歳・不明）

㈠正徳元・一〇・一六—正徳四・二・二　㈡大番（2年）
㈢絵島事件により連座して免、後追放　㈣29歳カ　㈤3年
父、大番—桐間番—近習番—新番　子、他家の養子となる　〔九—一七七〕

新番三番　松平主馬組（定由、後の二番組⑹、宝永二・九・一—享保四・二・二八）
組頭　石野伝八郎（正房、後二番組⑼）酉61歳（67歳・68歳）元禄一四・七・一〇—正徳五・三・一一
⑴拓植伝右衛門（利清）　五三二石（部屋住）　酉48歳（54歳）
㈠貞享元・八・一八—元禄五・七・二八　②元禄七・閏五・九—享保二年　㈡大番（6年）
②桐間番—小普請　㈢㈡の②と同じ、②辞　㈣27歳　②37歳　㈤8年　②23年
父、大番—蔵奉行—代官　子、大番　〔九—二八五〕
⑵有田九左衛門（基建）　四二六石余内一〇〇俵蔵米（部屋住）　酉35歳（41歳）
㈠元禄一〇・三・一八—正徳二・一二・七
㈡大番—小普請　㈢新番組頭—田安附（近習番—用人）
㈣27歳　㈤15年　父、小十人—小十人組頭—広敷番頭　子、西丸書院番　〔八—四七〕
⑶曲淵十左衛門（景政）　四〇〇石　酉37歳（43歳・不明）
㈠宝永三・七・二一—正徳三・九・一九　㈡大番（5年）
⑶二条門番頭　㈣38歳カ　㈤7年　父、大番—材木奉行　子、新番—新番組頭—徒頭　〔三—三四九〕
⑷本多十蔵（玄次）　四〇〇俵　酉36歳（42歳・不明）
㈠宝永五・閏正・一二—享保二・一二・三　㈡大番（6年）

㈢月光院方広敷番頭　㈣39歳カ　㈤9年　父、大番　子、大番　〔一一―二七五〕

(5)西山惣右衛門（昌辰）　三二五俵[11]（部屋住）　刁53歳（54歳・53歳）

㈠貞享元・八・一八―元禄七・一〇・二八　②元禄九・七・五―不明

㈡大番（6年）　②桐間番―近習番―小納戸―小普請

㈢㈡の②に同じ、②辞　㈣26歳　②38歳　㈤10年　②不明　父、大番　子、大番　〔一三―一二一〕

(6)朝倉新右衛門（義房）　三〇〇石　酉26歳（32歳）

㈠宝永元・六・一一―正徳三・七・六　㈡大番（3年）

㈢大坂蔵奉行―大坂破損奉行　㈣25歳　㈤9年

父、小十人―納戸番　子、腰物方―大番　〔二一―五〕

(7)川村善太夫（重久）　三〇〇石　酉50歳（56歳）

㈠元禄五・一一・九―正徳二・六・二九　㈡納戸番

㈢辞　㈣37歳　㈤20年　父、小姓組―小十人頭　子、大番―新番　〔一三―三七八〕

(8)池田数馬（政相）　三〇〇石　酉28歳（34歳）

㈠元禄五・閏正・一二―享保四・一二・二五　㈡大番（3年）

㈢新番組頭―小十人頭―先銕炮頭　㈣31歳　㈤11年

父、大番　子、書院番―書院番組頭　〔五―七三〕

(9)川上源五兵衛（直重）　二七〇俵　酉53歳（59歳・不明）

㈠宝永五・閏正・一二―正徳四・正・一二　㈡納戸番

㈢歿　㈣56歳カ　㈤6年　父、大番　子、大番―新番　〔一五―三二五〕

⑽吉田新兵衛（政時）二六六石余内四〇石現米[12]（一六〇石余現米四〇石）酉54歳（60歳・不明）
㈠元禄一五・九・二―正徳三・八・一六
㈡御手鷹師―小十人（20年）㈢歿 ㈣51歳カ ㈤11年
父、御手鷹師 子、小十人―新番 〔七―二四二〕

⑾渡辺源兵衛（正利）二五〇石内五〇俵蔵米（二〇〇石）酉57歳（63歳）
㈠元禄一〇・三・一八―不明 ㈡大番（29年）㈢辞 ㈣49歳
㈤不明 父、大番 子、大番―納戸番―甲府勤番 〔八―一二六〕

⑿伊吹又三郎（正久）二五〇俵内五〇俵切米（二〇〇石）酉38歳（44歳・53歳）
㈠元禄一〇・三・一八―享保五・五・一三 ㈡大番（9年）
㈢西丸切手門番頭 ㈣39歳 ㈤23年 父、大番―幕奉行 子、新番―留守居組頭 〔七―一九三〕

⒀荒井十兵衛（勝国）二五〇俵 夘33歳（33歳）
㈠正徳元・一〇・一六―享保一四・正・二六 ㈡小十人（10年）
㈢新番組頭 ㈣33歳 ㈤18年 父、御手鷹師 子、書院番―小十人頭 〔二二―五七〕

⒁加治藤兵衛（忠胤）二五〇俵（二〇〇俵）酉38歳（44歳・45歳）
㈠元禄一〇・三・一八―正徳二・五・一三 ㈡大番（8年）
㈢歿 ㈣31歳 ㈤15年 父、大番 子、新番 〔二一―一〕

⒂飯田兵十郎（有治）二五〇俵 丑53歳（55歳・56歳）
㈠宝永三・七・二一―宝永五・二・九 ②宝永六・二・二六―享保元・二・一一 ㈡大番（13年）②膳奉行
㈢膳奉行 ②竹姫君広敷番頭―天英院広敷番頭 ㈣51歳 ②54歳

㈤2年　②9年　父、新番　子、西丸新番

⒃浅羽文左衛門（貞常）　二五〇俵（二〇〇俵）　酉48歳（54歳・不明）　〔三―一四〇〕
㈠元禄一三・一〇・六―享保八・四・二一
㈡大番（3年）―納戸番　㈢歿　㈣43歳カ　㈤23年　父、大番　子、甲府勤番

⒄小栗半左衛門（正勝）　二五〇俵（二〇〇俵）　酉47歳（53歳・56歳）　〔四―一一二〕
㈠元禄一〇・三・一八―享保元・閏二・二〇
㈡鷹師―腰物奉行　㈢辞　㈣42歳　㈤19年　父、鷹師　子、大番―新番

⒅小川幸之助（清行）　二五〇俵（部屋住）　卯29歳（29歳）　〔八―三六四〕
㈠正徳元・一〇・一六―享保四・九・二五　㈡大番（2年）
㈢辞（小普請に貶せらる）　㈣29歳　㈤8年
父、徒―徒目付―台所目付　子、職歴ナシ　〔二二―一七〕

新番四番　仁木甚五兵衛組（守豊、後の西丸元文二番、潰組⑽、宝永五・閏正・一五―享保四・八・一五）
組頭　柳沢源七郎（時附、後の潰組⑺）酉40歳（48歳・46歳）宝永五・九・一五―享保一六・一〇・一五

⑴村上彦太郎（義愈）　一、〇六五石余　酉35歳（41歳）
㈠元禄九・九・一〇―享保一五・正・二四
㈡桐間番―大番（2年）　㈢歿　㈣26歳　㈤34年
父、大番・大番組頭　子、西丸小納戸―清水附　〔四―二五八〕

⑵大木孫八郎（親次）　四〇〇石　酉44歳（50歳）

㈠元禄一〇・三・一八―元禄一一・八・九　②宝永元・六・一一―元文三・八・一八
㈡大番（11年）　②桐間番―小普請
㈢㈡の②と同じ、②辞　㈣36歳　②43歳　㈤1年　②34年
父、大番　子、大番―新番―新番組頭　〔四―二五四〕
(3)植村[13]庄五郎（正賀）　四〇〇石[14]　卯18歳（18歳・17歳）
㈠正徳元・一〇・一六―寛保二・七・六　㈡小普請　㈢辞
㈣17歳　㈤31年　父、桐間番―大番　子、西丸納戸番　〔五―一九一〕
(4)大久保八太夫（永有）　四〇〇俵　酉35歳（41歳）
㈠宝永元・六・一一―正徳四・八・一一　㈡大番（11年）
㈢大坂蔵奉行　㈣34歳　㈤10年　父、小十人―小十人組頭　子、大番　〔一一―四〇七〕
(5)渡辺藤三郎（升）　三〇〇石　酉51歳（57歳・60歳）
㈠元禄一〇・三・一八―享保元・五・三　㈡大番（26年）
㈢歿　㈣46歳　㈤19年　父、大番　子、大番―腰物奉行　〔八―一四七〕
(6)本間小三郎（庸清）　三〇〇石内一〇〇俵切米　卯32歳（32歳）
㈠正徳元・一〇・一六―正徳四・一二・六
㈡家ついだ日に入番　㈢歿　㈣32歳　㈤3年
父、大番―新番―桐間番　子、新番　〔六―一三〇〕
(7)大岡権右衛門（政一）　三〇〇俵　酉22歳（28歳・30歳）
㈠宝永五・閏正・一二―延享二・四・一二　㈡大番（5年）

㈢辞—大番　㈣27歳　㈤37年　父、職歴ナシ　子、大番—二条門番頭　〔一六—三二三〕
⑻儀我小左衛門（定恒）　三〇〇俵　酉48歳（54歳・48歳）
㈠宝永元・六・一一—享保五・五・七　㈡小十人（7年）
㈢西丸切手門番頭　㈣41歳　㈤16年　父、細工頭　子、納戸番—新番　〔二二—二五四〕
⑼三田善次郎（将守）　二五〇石内一五〇俵切米（一〇〇石月俸一〇口）　酉52歳（58歳）
㈠元禄五・一一・九—享保八・一一・二　㈡小十人（23年）
㈢辞　㈣39歳　㈤31年　父、小十人—納戸番　子、大番—新番　〔九—一七〕
⑽清水孫次郎（賀豊）　二五〇石内一五〇俵切米（二〇〇俵）　酉56歳（62歳）
㈠延宝元・一二・二一—享保三・一二・朔　㈡大番（6年）
㈢広敷番頭　㈣24歳　㈤45年　父、大番—大番組頭　子、大番　〔五—九四〕
⑾原田藤太夫（正義）　二五〇石　酉58歳（64歳・不明）
㈠元禄一五・九・二一—享保五・七・三
㈡小十人（7年）—納戸番　㈢辞　㈣55歳カ　㈤18年
父、国廻役　子、大番—大番組頭　〔二二—三三八〕
⑿梶　金平（正標）　二五〇石内五〇俵切米(15)　酉40歳（46歳）
㈠宝永元・六・一一—元文五・一二・七
㈡桐間番—大番（3年）—桐間番—次番—赦—桐間番—召預—赦免　㈢辞　㈣39歳
㈤36年　父、大番—新番　子、大番　〔九—三一八〕
⒀酒井宇右衛門（正恒）　二五〇俵　卯51歳（51歳）

㈠正徳元・一〇・一六―享保[16]一五・五・九　㈡大番（27年）
㈢辞　㈣51歳　㈤19年　父、大番―新番　子、大番―西丸新番　〔一五―一七七〕

⒁山田安兵衛（直金）　二五〇俵　酉22歳（28歳・27歳）
㈠宝永五・閏正・一二―享保一〇・五・一七　㈡小十人（7年）
㈢歿　㈣24歳　㈤17年　父、勘定―勘定組頭　子、職歴ナシ　〔一五―四〇一〕

⒂窪田伝右衛門（正和）　二五〇俵（一〇〇俵月俸一〇口）　酉58歳（64歳）
㈠元禄一〇・三・一八―正徳三・一〇・晦　㈡小十人（26年）
㈢辞　㈣50歳　㈤16年　父、小十人　子、大番　〔四―三六六〕

⒃佐山伊左衛門（朝之）　二五〇俵[17]（部屋住）　酉37歳（43歳）
㈠元禄一三・一〇・六―享保四・九・七　㈡小十人（7年）
㈢裏門番頭　㈣32歳　㈤19年　父、徒目付―火の番頭―畳奉行　子、大番　〔二一―二二五〕

⒄森川源兵衛（重房）　二五〇俵（一〇〇俵月俸一〇口）　酉63歳（69歳）
㈠貞享元・八・一八―正徳三・一一・二八　㈡小十人（22年）
㈢辞　㈣42歳　㈤29年　父、大番　子、大番―新番　〔七―一〇八〕

⒅加藤甚右衛門（休長）　二五〇俵（二〇〇俵）　酉48歳（54歳・50歳）
㈠貞享元・八・一八―元禄[18]一四・五・二六　②宝永元・六・一一―享保二・一二・二八
㈡小十人（6年）　②桐間番―小普請
㈢桐間番　②広敷番頭（西丸）―西丸切手門番頭　㈣23歳　②43歳
㈤17年　②13年　父、小十人―納戸番　子、大番　〔一三―六六〕

新番五番　土屋頼母組（茂直、後の三番組(8)、宝永元・七・二八―享保一二・正・一一）

組頭　佐橋左源太（佳周、後の三番組(5)）酉39歳（45歳）宝永七・四・一三―正徳二・一〇・一二

(1)設楽長五郎（茂雅）　四五〇俵　酉25歳（31歳・不明）
㈠宝永三・七・二一―享保一〇・五・一三　㈡大番（4年）
㈢大坂蔵奉行―小普請―大番　㈣26歳カ　㈤19年
父、勘定―同組頭　子、小普請組頭　〔一七―三一一〕

(2)境野八郎右衛門（尚政）　四〇〇俵（部屋住）　酉27歳（33歳）
㈠元禄一六・八・六―享保九・九・二九　㈡小普請
㈢歿　㈣25歳　㈤21年　父、徒―同目付―同組頭―細工頭―小普請奉行　子、新番　〔二〇―四〇九〕

(3)加藤新助（貞意）　三〇〇石　酉45歳（51歳）
㈠宝永三・七・二一―正徳四・九・七　㈡小十人（23年）
㈢辞　㈣46歳　㈤8年　父、御手鷹師―小十人　子、大番　〔一三―七四〕

(4)豊嶋作右衛門（泰亮）　三〇〇石内二〇〇俵切米　酉39歳（45歳）
㈠元禄七・七・二二―享保九・三・二七　㈡大番（5年）―桐間番―近習番
㈢歿　㈣28歳　㈤30年　父、大番　子、大番―新番(19)　〔九―一七六〕

(5)武川孫七郎（国隆）　三〇〇石（部屋住）　戌39歳（44歳・45歳）
㈠元禄一三・一〇・六―享保九・一一・一五　㈡小十人（7年）
㈢新番組頭―養仙院用人　㈣34歳　㈤24年　父、桂昌院附　子、書院番　〔一九―二六八〕

⑹井戸佐左衛門（英弘） 三〇〇俵一〇人扶持 戌39歳（44歳・37歳）
㈠宝永五・閏正・一二―享保一九・一一・一六 ㈡大番（7年）
㈢西丸切手門番頭 ㈣34歳 ㈤26年 父、小十人―同組頭―天守番頭
子、大番―新番―西丸切手門番頭 〔一七―七九〕

⑺鈴木小右衛門（明正） 三〇〇俵 酉56歳（62歳・64歳）
㈠元禄五・一一・九―元禄九・四・二三 ②元禄一〇・二・九―正徳二・五・一一
㈡大番（23年） ②小普請奉行
㈢小普請奉行 ②辞 ㈣45歳 ②50歳 ㈤4年 ②15年
父、小十人―同組頭 子、大番―新番 〔一七―四二一〕

⑻松下忠兵衛（宣将） 三〇〇俵 酉37歳（43歳・不明）
㈠宝永三・七・二一―不明 ㈡大番（13年） ㈢辞 ㈣38歳カ
㈤不明 父、大番―蔵奉行 子、大番 〔七―一三一〕

⑼岩瀬源三郎（氏長） 三〇〇俵 酉31歳（37歳・不明）
㈠宝永三・七・二一―正徳二・五・一一 ㈡大番（5年）
㈢辞 ㈣32歳カ ㈤6年 父、大番 子、大番 〔一五―二三二〕

⑽小佐手主税（有延） 三〇〇俵 卯28歳（28歳）
㈠正徳元・一〇・一六―享保一七・六・二三 ㈡小普請
㈢月光院方広敷番頭 ㈣28歳 ㈤21年 父、大番 子、大番 〔三―一六九〕

⑾青木太郎右衛門（信知） 二五〇石 酉53歳（59歳）

㈠延宝七・八・二六—享保元・四・一一　㈡大番（2年）
㈢鉄炮箪笥奉行　㈣27歳　㈤37年　父、大番　子、大番—同組頭　〔三—二四五〕

⑿朝倉勘七郎（正良）　二五〇石　酉39歳（45歳）
㈠元禄五・一一・九—元禄六・六・七　②元禄七・閏五・九—享保七・七・二八
㈡国廻役—小十人（2年）—腰物奉行　②桐間番—近習番—小普請（貶）　㈢㈡の②と同じ、②辞
㈣26歳カ　②28歳カ　㈤1年　②28年　父、国廻役　子、大番—同組頭　〔二一—六〕

⒀篠山孫八郎（資長）　二五〇石内五〇俵切米（二〇〇石）　酉46歳（52歳）
㈠元禄五・一一・九—享保四・八・二六
㈡大番（1年）—納戸番　㈢歿　㈣33歳　㈤27年　父、大番　子、大番　〔一七—三七五〕

⒁松平勘七郎[20]（忠隆）　二五〇俵　酉41歳（47歳）
㈠宝永五・閏正・一二—享保一八・一〇・二六　㈡腰物方
㈢新番組頭　㈣44歳　㈤25年　父、大番—新番　子、大番—新番　〔一一—一三九〕

⒂多喜茂右衛門（某）　二五〇俵（一〇〇俵月俸一〇口）　酉56歳（62歳・不明）
㈠元禄一〇・三・一八—不明　㈡小十人（3年）　㈢辞
㈣48歳カ　㈤不明　父、記載ナシ　子、大番　〔二二—三九六〕

⒃太田伊兵衛（好在）　二五〇俵　子38歳（41歳・39歳）
㈠元禄一三・一〇・六—宝永四・一〇・一九　②宝永六・二・二一—正徳二・五・二三
㈡大番（11年）　②膳奉行[21]
㈢膳奉行　②小普請方　㈣28歳　②37歳　㈤7年　②3年

父、小十人—新番—代官　子、納戸番—新番　〔一四—六〇〕

⒄竹田六郎右衛門（政興）　二五〇俵（一〇〇俵月俸一〇口）　酉39歳（45歳）
㈠元禄一〇・三・一八—享保一一・正・二八　㈡小十人（14年）
㈢天英院広敷番頭（西丸）　㈣31歳　㈤29年　父、小十人　子、西丸新番　〔一三—一三八〕

⒅瀬名十太夫（貞能）　二五〇俵（二〇〇俵）　酉44歳（50歳）
㈠元禄一〇・三・一八—不明　㈡小十人（5年）—納戸番
㈢辞　㈣46歳　㈤不明　父、西丸小十人　子、大番—納戸番—新番　〔二一—二三八〕

新番六番　竹本土佐守組（長鮮、後の西丸一番組⑼、宝永三・六・二八—享保五・九・二七）
組頭　朝比奈杢之助（勝長、後の西丸一番組⑻）酉52歳（58歳・59歳）
元禄一六・四・一五—享保三・一一・二八

⑴戸田五助（勝房）　一、五〇〇石　酉41歳（47歳）
㈠元禄一〇・五・二一—享保元・八・二一　㈡鷹匠頭—大番—小普請—大番
㈢鷹匠頭　㈣33歳　㈤19年　父、鷹匠頭　子、両番格の鷹匠頭　〔一四—三五二〕

⑵石野兵蔵（広高）　一、〇〇〇石　酉50歳（56歳）
㈠元禄九・九・一〇—正徳五・一一・晦　㈡小姓組—桐間番—小納戸—桐間番—大番
㈢辞　㈣41歳　㈤19年　父、小姓組　子、大番　〔一一—一六三〕

⑶牧野伝兵衛（正真）　七〇〇石　卯32歳（32歳）
㈠正徳元・一〇・一六—享保[22]一一・八・一七　㈡小普請　㈢歿

㈣32歳　㈤15年　父、大番—同組頭　子、西丸納戸番—大番　〔一一—五三〕
(4)太田庄十郎（資世）　五〇〇石　戌41歳（46歳）
㈠元禄一〇・三・一八—享保三・一一・朔　㈡大番（6年）
㈢新番組頭（二丸・西丸）　㈣32歳　㈤21年
父、大番—広敷番頭　子、大番　〔一四—七四〕
(5)越智弥惣右衛門（吉品）　三九七石余　子29歳（32歳）
㈠宝永五・閏正・一二—正徳三・一〇月　②享保五・一〇・二九—享保一一・二・二九
㈡小十人（3年）　②小普請　㈢辞　②歿
㈣29歳　②41歳　父、小十人　子、職歴ナシ　〔七—四七〕
(6)大久保清三郎（忠治）　三五〇石内一五〇俵蔵米　卯35歳（35歳・不明）
㈠正徳元・一〇・一六—享保[23]一二・九・五　㈡大番（6年）
㈢歿　㈣35歳カ　㈤16年　父、大番—新番　子、大番—同組頭　〔一二—三七〕
(7)林　甚助（政信）　三二一石内三五石[24]現米（二一〇石余現米三〇石余）　酉51歳（57歳・61歳）
㈠元禄一三・一〇・六—正徳三・一〇・晦　㈡小十人（13年）—納戸番
㈢辞　㈣50歳　㈤13年　父、鷹方　子、小十人　〔三一—一二三〕
(8)野間金右衛門（重忠）　三〇〇俵　酉48歳（54歳・51歳）
㈠宝永三・七・二一—正徳五・四・一五　㈡大番（27年）
㈢銕炮箪笥奉行　㈣46歳　㈤9年　父、小十人—同組頭　子、大番　〔一五—三四九〕
(9)富永彦兵衛（寛房）　二五〇石　酉49歳（55歳）

㈠元禄一五・九・二―正徳四・四・二三　㈡大番（24年）
㈢辞　㈣46歳　㈤12年　父、大番―蔵奉行―腰物奉行　子、大番―納戸番―新番　〔七―三七六〕

⑽斉藤長八郎（鷹總）　二五〇石内二〇俵一斗四升蔵米（二二〇石余）　酉36歳（42歳）
㈠元禄一三・一〇・六―正徳五・三・二一　㈡鷹師―小普請―小十人（2年）―納戸番
㈢新番組頭―松姫君用人・養仙院用人
㈣31歳　㈤15年　父、鷹師　子、大番―小姓組―西丸書院番　〔一三―一六〇〕

⑾中山次郎右衛門（久寛）　二五〇石内五〇俵蔵米（二〇〇石）　酉49歳（55歳）
㈠貞享元・八・一八―元禄七・閏五・九　②元禄七・閏五・九―正徳三年
㈡大番（9年）　②桐間番―近習番―桐間番―小普請　㈢㈡の②に同じ、②辞　㈣28歳　②38歳
㈤8年　②19年　父、大番　子、新番　〔一二―二四七〕

⑿石野源右衛門（広豊）　二五〇俵内五〇俵蔵米　戌34歳（39歳）
㈠宝永三・七・二一―享保八・五・二一　㈡腰物方
㈢浄園院方広敷番頭―二丸奥広敷番頭―広敷番頭　㈣34歳
㈤17年　父、大番―腰物奉行―新番　子、大番　〔一一―一五八〕

⒀田村十兵衛（直勝）　二五〇石内五〇俵蔵米　酉47歳（53歳）
㈠宝永五・閏正・一二―享保四・八・二　㈡大番（30年）
㈢辞　㈣50歳　㈤11年　父、大番―新番　子、大番―弓矢鎗奉行―裏門番頭　〔一八―一七三〕

⒁竹尾伝四郎（元興）　二五〇石内五〇俵蔵米（二〇〇石）　子41歳（44歳）
㈠元禄五・一一・九―元禄一四・六・九　②宝永六・二・二一―正徳三・七・三

㈡大番（1年）　②膳奉行―小納戸
㈢㈡の②に同じ、②歿　㈣25歳　②42歳　㈤9年　②4年
父、小十人―納戸番―同組頭　子、新番　〔七―三〕

⒂河辺[25]四郎左衛門（正歳）　二五〇俵（二〇〇俵）　酉63歳（69歳）
㈠元禄一二・閏九・一九―正徳四・二・二九　㈡小普請
㈢辞　㈣57歳　㈤15年　父、記載ナシ　子、甲府勤番　〔三一―二六五〕

⒃美濃部市右衛門（茂信）　二五〇俵（一〇〇俵月俸一〇口）　酉50歳（56歳）
㈠元禄五・一一・九―享保八・二・二九　㈡小十人（11年）
㈢辞　㈣37歳　㈤31年　父、小十人　子、田安附　〔一七―二五二〕

⒄福王平四郎（定長）　二五〇俵（一〇〇俵月俸一〇口）　酉56歳（61歳）
㈠元禄五・一一・九―享保六・四・六　㈡小十人（20年）
㈢辞　㈣42歳　㈤29年　父、大番―納戸番　子、大番[26]―同組頭　〔一七―五〕

註

（1）番頭と組頭のこの数字はその組の就任順を示す（拙稿②と③参照）。
（2）他に父に先だち歿した子（資賓）があり、近習番や小姓組に入番している。
（3）享保九・一一・五に二丸へ、同一〇・六・朔に西丸へ転じている。
（4）最初の新番就任時に五〇俵加えられ（二五〇俵となる）、再任前の小納戸在任中に五〇俵加えられ、三〇〇俵となる。
（5）『分限帳』では宇津野であるが、『寛政譜』では宇都野としている。
（6）遺跡は二〇〇俵であるが、就任してから五〇俵加えられ、二五〇俵となる。

（7）『寛政譜』では五〇〇石と二〇〇俵になっている。
（8）道奉行は新番からの出役であるが、『御番士代々記』の書き方を生かして独立した職として示した。
（9）『寛政譜』では源左衛門とある。
（10）部屋住のまま終わり、家をつぐ前に病のため離縁されている。
（11）元禄一三年に跡目をついで三一五俵となり、『御番士代々記』によれば、それまでは二〇〇俵を与えられていた。
（12）『寛政譜』では一六〇石余と現米四〇石のままである。
（13）『分限帳』では植木とあるが、『寛政譜』の植村が正しいように思う。
（14）『寛政譜』では四〇〇俵とす。
（15）享保九・一一・一五、二丸（後西丸）へ、元文二・閏一一・二三、本丸へ転じている。
（16）享保九・一一・一五、二丸（後西丸）へ転じている。
（17）部屋住であり、享保三・三・五、遺跡三〇〇俵をつぐ。
（18）『寛政譜』では貞享一四年とされる記述であるが、貞享は四年までしかなく、一四年が正しければ次の元禄とすべきであろう。
（19）この時親子ともに同時期に新番であった。
（20）『寛政譜』では勘十郎としている。
（21）『寛政譜』では膳物奉行とあるが、これは『御番士代々記』にあるように膳奉行である。
（22）享保九・一一・一九、西丸へ転じている。
（23）途中西丸へ転じている（年月日不明）。
（24）『寛政譜』では二一〇石余と現米三〇石余のままである。
（25）『寛政譜』では川辺としている。
（26）子は父に先立って歿したので、孫が家をついでいる。この場合孫の履歴をあげた。

第六章　江戸幕府新番成立考

一　新番組の成立時期

江戸幕府の職掌の一つである新番は、『番衆狂歌』に「新御番御代治りて出来御番何共なしに物静なり」（『改定史籍集覧』第十七冊、八〇六頁）とあるように、幕府の基礎が固まった後に創置されたものである。他の番方、すなわち書院番・小姓組番のいわゆる両番をはじめ、大番・小十人組番はすでに設置されており(1)、新番はその名に示されているように、文字どおり番方の中でも最も新しい番であった(2)。

新番衆を率いる新番頭の設置については、『徳川実紀』寛永二十年八月七日条に、

小十人頭中根次郎左衛門正寄。小納戸安西甚兵衛元真。遠山十右衛門景重。玉虫八左衛門宗茂は新番頭命ぜられ。（『新訂増補國史大系』本。以下『実紀』と略称。第三篇、三二五頁）

と記載されている。これによれば新番頭には小十人頭から一名と、小納戸から三名の計四名が任命された。これが新番頭の創置で、この日付けならびに人員については、『吏徴』（『続々群書類従』第七、法制部、七五頁）や『職掌録』（『改定史籍集覧』第二十七冊、四一八頁）、『柳営補任』（『大日本近世史料』本〔以下同〕、二、一三六頁）な

どと一致するところであり、疑いのないところであろう。

なお、新番頭という名称については、他にも呼称があったようである。すなわち『吏徴』によれば、玉虫宗茂・安西元真・中根正寄・遠山景重の四人は、

奥方新御番所之頭可レ被二仰付一之旨於二御前一上意有レ之（『続々群書類従』第七、法制部、七五頁）

とあり、また『寛政重修諸家譜』（以下『寛政譜』と略す）の玉虫宗茂譜に「奥方新番所の頭今の新番頭」（巻五一三、新訂本、第八、三五四頁（以下、巻・頁は新訂本による））とあることから、新番頭は設立当初、奥方新番所の頭とも称されていたことが知られよう。さらに「近習番頭」ともよばれていた形跡もある。[3] これら新番頭の別称は、その設立当初における職務の特徴を示唆しているようである。

つぎに新番組頭であるが、これは諸書によって、その創置された日に相違がみられる。『吏徴』によれば、新番頭と同日で、寛永二十年八月七日に三員、神尾勘兵衛・小長谷長兵衛・新庄与右衛門が任命されたという（『続々群書類従』第七、法制部、八五頁）。しかしながらこれは人員のうえで少々納得できない。番頭が四名任ぜられたのに、その麾下につく組頭が三名ということはおかしいのではなかろうか。[4] また『柳営補任』においても神尾勘兵衛・小長谷伊兵衛・新庄与五左衛門の三名が、組頭就任において最もはやく、それぞれ寛永二十年八月七日となっている（二、一六一頁以下）。

しかるに『実紀』では、新番頭設立当日には組頭についての記載はなく、慶安元年三月晦日条に、

新番間宮七郎兵衛信繩。大番神尾勘兵衛幸綱。小長谷猪兵衛政平。花畠番新庄与五左衛門直興新番組頭になる。是創置の職なり。（第三篇、五二六頁）

とあるように、慶安元年三月晦日の創置としている。[5] この『実紀』の記事は、同書によれば出典は「日記」

となっており、史料の性格からみた場合、創置日決定にあたっては、『吏徴』ならびに『柳営補任』よりは信頼できるであろう。つぎにこの組頭に就任したものについて、『寛政譜』によってその就任日をみてみると、間宮信縄は慶安元年三月二十二日（巻四二五〔第七、二六二頁〕）に、神尾幸綱（巻六四八〔第十一、二〇頁〕）、小長谷政平（巻三八一〔第六、三七一頁〕）、新庄直興（巻八二二〔第十三、二八一頁〕）はともに、慶安元年三月晦日に任ぜられている。間宮信縄の三月二十二日就任と、他の三者の三月晦日就任という二通りの日付けがみられるが、『寛政譜』には、しばしばこの程度の期日の相違はみられることであり、この後者の三名の組頭就任日が『実紀』の記事と一致するところからみて、慶安元年三月晦日新番組頭創置されると考えて大過あるまい。

さてつぎに新番士の創置日についてであるが、これも新番頭と同じようにほぼ諸書において一致している。『実紀』寛永二十年八月八日の条に、他の記事につづいて、

また土圭間の番命ぜらるゝもの三十四人。この番士は今より後ならせたまふことある時は。御先にまかり勤番すべしと定められる。（日記）（これ今の新番士の創置なり）（第三篇、三二六頁）

とあり、新番士の創置は寛永二十年八月八日ということになっている。これは『吏徴』においても同日であり、『御番士代々記』の「新御番名前目録」によってもやはり同じ八月八日に番士が任命されたことを知ることができる。そして例外のないことはないが、私が『寛政譜』によって調査したところでは、やはり寛永二十年八月八日新番士創置、とすることが妥当のように思われる。しかしこのことには、やっかいな問題も存在する。すなわち土圭間番と新番との関係がそれである。『実紀』寛永二十年八月八日条のもとになった「日記」には「土圭間の番命ぜらるゝもの三十四人」とあるように、決して新番とは書かれていないのであ

って、「これ今の新番士の創置なり」とあるのは、正確にいえば、あくまで『実紀』編纂者による後世の解釈なのである。そこでそのままこの土圭間番に任ぜられたものが新番士だと即座に信じるわけにはいかないということになる。

たとえばこれより先『実紀』寛永十五年五月八日条に、

松平二郎右衛門某。腰物役小林平三郎正玄。川井五兵衛昌等。小十人小林善兵衛義次。安藤忠五郎定武。宮重金左衛門信次。岡部喜兵衛正次。飯室金左衛門昌吉。川尻物兵衛鎮宗。中根八郎左衛門正勝は土圭間番命ぜらる。（日記）（このとき土圭間番といふは今の新番なり）（傍点は筆者）（第三篇、一〇二頁）

とあるように、土圭間番が一〇名命ぜられている。そしてこの時も新番士の創置といわれる寛永二十年八月八日と同様、『実紀』の編纂者は「今の新番なり」と説明を加えているのである。ようするに、新番＝土圭間番と考えるならば、この時すでに創置されていたとも考えられるわけであり、すなわち、『実紀』ではその点明確に区別されていないので判断できかねるわけである。[6]

しかしながら『実紀』正保二年十二月一日条に、

土圭間番士今より後新番士に加はりて。勤仕すべしと命ぜらる。（第三篇、四二三頁）

とあるごとく、はっきり区別されている場合もある。この記事の意味するところは、どのように解釈すればよいのであろうか。この記事の前日まで、すなわち正保二年十一月まで、土圭間番と新番が別個の職であって、この時から両者が統一されたものとして考えることができるが、その統一の方法は、土圭間番が新番に組み入れられたということを示している。この点については、『吏徴』にもみえるところであり、同書の土圭間番の項における説明によれば、土圭間番は寛永年中始めて置かれ、正保三年十二月朔日に廃止され、新番に統一されたと記している（同附録、『続々群書類従』第七、法制部、一四一頁）。期日に前者が二年、後者が三年というように一年の相違がみられるが、やはり同内容のことを伝えているわけである。

とにかく設立当初においては両職はまったく別のものであり、寛永十五年五月八日に任ぜられている土圭間番とは関係なく、別個に寛永二十年八月八日に前日創置された新番頭の麾下の番士として、後に新番と称されるものが任ぜられたものと考えられる(7)。

しかしながら両職の番士の職掌にそれほど差がなかったからであろうか、あるいは設立理由が似ているからであろうか、今の私には知るよしもないが、前述のように新番組は、新番頭―新番士という組織ができあがっている方を母体として、土圭間番を組み入れて統一されたのである。とするならば、新番組の創立はこの母体となったものが任ぜられた寛永二十年八月八日とすることが妥当であろう。『実紀』の編纂者が、寛永十五年五月八日に土圭間番の命ぜられた記事の説明として「これ今の新番なり」としたのは、この正保二年十二月朔日に土圭間番と新番が統一されたという事実を意識しすぎた結果、統一以前にまでその考え方を押し及ぼしたところからきたものであろう。

以上の検討からくり返しになるが、一応つぎのように結論することができる。

一、新番頭の創置は寛永二十年八月七日で、この時四名任命されていることから、創置当初の組数は四組である。

二、新番組頭の創置は慶安元年三月晦日である。

三、新番士の創置は寛永二十年八月八日である。

従って、新番組が組としての形態をなすようになったのは、番頭と番士がそろった寛永二十年八月八日であり、組頭も加えて他の番方なみに、番頭―組頭―番士という組織が成立するのは慶安元年三月晦日である。

註

（1）『吏徴』『職掌録』などによれば、大番は天正十五年、書院番・小姓組番はともに慶長十一年の創置で、小十人組は元和九年にはすでに後のような組織が成立していたという。なお書院番は慶長十年設立という説もある（『実紀』第一篇、三九九頁）。

（2）旗本岡野融明は自著『御番士代々記』（内閣文庫蔵）の「凡例」の中で「これ御打入の後程へて両御番・大御番よりハ、後に新におかれし故に、斯名付けられし也」とのべている。拙稿「『御番士代々記』の「凡例」記事の翻刻と解説」（日本大学精神文化研究所紀要、第37集）参照。

（3）慶安元年六月十三日にいたって新番頭が二名増員されるが、『実紀』同日条に「小姓組与頭駒井右京親昌。徒頭曽我太郎右衛門包助新番頭になる（当時御近習番頭ともいふよしみゆ）。是新加せらる丶所とぞ。」（傍点は筆者）（第三篇、五五四頁）とある。なおここでお断りしておくが、本稿では主として新番士のレベルで論じたもので、新番頭については論じえなかった。新番頭はいわゆる近習出頭人であるが、最近北原章男氏が「家光政権覚書」（『歴史地理』第九十二巻第二号）において、これが家光政権の中でどのような役割を果していたか多少触れられているので、附記しておく。

（4）これは後述するように四名が正しい。あと一名の記載がないのは潰組によるものである。

（5）『実紀』では間宮信縄を除いて、他の三名は大番・花畠番から新番組頭に任ぜられたようになっているが、これは正しくないようである。やはり三名とも間宮信縄と同様、新番から任ぜられたものと考えられる（『寛政譜』）。

（6）土圭間番がいつ創置されたのかは明らかでない。寛永五年十一月にはすでに『実紀』にみえる（第二篇、四四九頁）。

（7）寛永十五年五月八日に土圭間番に任ぜられたものは一〇名であるが、その内、後に新番に加えられたもの七名について、その就任時期を調べてみよう。

『御番士代々記』(「新御番名前目録」)によれば、宮重信次と河尻鎮宗は正保二年十二月一日に小十人より新番に加わっている。この期日は『実紀』と一致するものであるが、前職に土圭間と小十人という違いがみられる。しかし『寛政譜』によれば、彼ら二人に加えて川井昌等・小林義次・岡部正次の五名はいずれも慶安元年六月十四日に新番に加わっている。残りの二名の内一名は時期が不明、もう一名はちょうど二年遅い慶安三年六月十四日となっている。これはおそらく月日が一致するところから、慶安三年は元年の間違いであろうと考えられる。この結果、土圭間番が新番に加えられていったということは事実であるが、しかし必ずしもそれが正保二年十二月朔日になされたとは考えにくい。

二　新番の成立と『落穂集』の記事

新番の設置された経緯については、従来この点について余り明確にされたものはないといってもよいであろう。

三上参次氏は新番頭について、寛永二十年旗本の新たに取り立てられたものを以て、組織された番組であるとされ(『江戸時代史』上巻、二八八頁)、栗田元次氏は新番の組織および職域を説明するに、両番と同様の職務をなし、番士が大奥の婦人の縁者などからなる新参の旗本から選ばれたので区別したとされる(『綜合日本史大系』(9)、江戸時代上、二一七頁)。藤野保氏もこれらを受けついだのであろうと想像されるが、やはり新番は新参の旗本より選ばれたとしている(『岩波講座日本歴史』10、近世2所収「江戸幕府」四七頁)。

このような理解がなされてきた背景には如何なる共通の事情があるのであろうか。おそらく『落穂集』に新番の成立経緯を求めたことからきたものと認めることができるであろう。進士慶幹氏も『江戸時代の武家の生活』において、やはりこの『落穂集』によって新番の成立の模様を説明されている（一二四頁以下）。また北島正元氏も新番の設置の説明の際に、この史料を引用されている(1)（『江戸幕府の権力構造』四四一頁）。そこでこの史料の述べるところを少々長文になるが、つぎに掲げて検討を加えてみよう。

大猷院様御代寛永の初め此之義にて有之や、御老中方へ被仰出るゝハ、大奥方年寄女中初め其外重き役をも勤候女中の弟甥抔有之者の中にて、一人宛呼出してくれ候様にも有之願抔をハ不申出候やと御尋被遊るゝに付、上意の通り其儀をハ奥年寄共を以て相願申儀に御座候、乍去女中も昼夜骨を折御奉公をも申上候者共の願なる義にも有之候得ハ、被召出被遣御尤至極の旨、御老中方御申上之所に、番入之義ハ如何存候哉との上意に付、土井大炊頭殿被承、大番抔へも可被仰付やと被申上けれハ、女中共の義ハ大井川桑名の渡り抔を殊外難所の様に心得道中を致す義を迷惑かり候との義なれハ、大番の組入をハ除き遣候様にとの上意に付、御老中方何れも兎角の御請も無之処に、重て両番の中へ入れ候てハ如何と有る上意に付、大炊頭殿被申上候は、両番の義ハ何れも三河以来数度の御軍忠をも仕る者共の子孫、扨ハ御譜代大名共の次男三男抔を御奉公に差出申度旨相願候へハ両御番の中被召出るゝ義なれハ、御書院御花畑(2)の両組と申ハ重き義に候へハ如何可有やと有て、同役中の方を見合らるれハ、残る老中方にも大炊殿被申上るゝ通りに私共儀も存ると各御申上ると也、其以後被仰出候ハ両番入何も無用と有るに於てハ新番と名付、別に呼出せと有之上意にて、夫より新御番と申儀ハ初る由（傍点は筆者）（『落穂集』巻八（『改定史籍集覧』第十冊所収）一〇四頁）

とあるように、新番設置をめぐって、徳川家光・土井利勝、大奥女中・老中らのやりとりが詳細に記されている。この記されている内容の大意はつぎのようになるであろう。

大奥女中は、彼女らの縁者を召出してくれるよう家光にまで内々に願い出たが、家光がその件について老中に尋ねると、土井大炊頭（利勝）の発案により、大番に召出したらどうであろうかということになった。(3)その決定を家光が大奥女中に話すと、彼女らは大番だと京・大坂に在番しなければならず、その道中が案ぜられるので別の職にしてほしいと願った。そこで家光が再び老中らにいうには、大番以外の職にしてやってほしいのだが、両番ではどうであろうかと要請した。すると土井大炊頭は両番は三河以来の譜代で由緒あるものが召出されることになっているので、そうするわけにはいかないといい、結局、両者のいい分をたてるという形で、家光と老中とで新しく新番を作ろうと決定したという。

またさらにこの新番設置決定の際に、

御老中方御あてかひの義幷番頭組頭之儀いかゝ可被仰付やと御伺候へハ、御あてかひの義ハ両御番と大御番との中にて二百五十俵被下、其代りにハ馬を持候義ハ御免被遊（前掲書、一〇四頁）

とあるように、後世の役高に相当する定禄の宛行が、両番と大番の中間をとって、二五〇俵に決定されたとしている。

しかしながらこの史料『落穂集』の新番に関する記事はそのまま正しいものとして認めることができるのであろうか。

『落穂集』の筆者は、大道寺友山で、彼は一六三九年生まれ（『国史文献解説』落穂集の項、三九頁）というから、寛永十六年にあたり、彼が数えで五歳の時に新番が創置されたことになる。(4)このことから、彼の著した『落穂集』はその当時の著作ではなく、その巻尾に享保十三年とある（前掲書、三一二頁）ところからも、おそらくその頃成立したものと考えられ、そこでここに記されている新番に関する記事は、後世の人の新番に対する考え方として受け取るべきであっても、そこに記されている内容そのままが、事実であるとするわけにはいかないのではなかろうか。

さて実際にこの史料の内容と事実との検討を試みた結果、『落穂集』の記事に疑問を抱かないわけにはいかない点がいくつかある。それをいま整理すればつぎの三点になろう。

まず第一の点は、新番士に任ぜられたものが、大奥女中らの縁者であったということ。

第二に、大奥女中らの縁者が、新しく召出されたということ。これは第一点とも関連した問題ではあるが。

第三には、設立と同時に新番の職格をあらわす後世の役高に相当する定禄の宛行が、両番と大番の中間で、二五〇俵ということに決定したということ。この三点である。

註

（1）ほかに「江戸史料叢書」の『落穂集』（人物往来社刊）において校注者（萩原達夫・水江漣子の両氏）も「設置の理由として、ここに語られているような側面が事実としてあったかもしれない」（二〇三頁）とのべられている。また「有職故実の研究に参考すべきものが多い」（『国史文献解説』二九五頁）とされる『松屋筆記』においても「新番衆の始は同書（落穂集—筆者註）八の巻に委し」（巻百六、国書刊行会本、第三、三六六頁）とあり、江戸時代から新番設立についてはこの記事が注目されていたともいえよう。

（2）小姓組番の別称で、小姓組の一番を花畠番とよんだともいわれている（『実紀』に「小姓組の一番を花畠番とよぶ」とある〔第二篇、二五五頁〕）。

（3）北島正元氏はその著書『江戸幕府の権力構造』において、この史料をあげて説明を加えるに、新番士となる筈の者は、「由緒ある大番・両番へは編入できないので、これら女中共の縁者を集めて新御番を作成したとのべている」（四四一頁の注64）と記されているが、ここでは決して大番に編入できないという意味ではなく、逆に大番編入に大奥女中らが反対したのである。北島氏の読み違いであろう。

（4）古川哲史「大道寺友山について」（『近世日本思想の研究』）によれば、大道寺友山の死歿（享保十五年）の年齢には二説あって、一つは八十二歳説であり、もう一つは九十二歳説である。九十二歳説をとれば、本文で触れたように寛永十六年生まれということになる。八十二歳説をとれば十年も遅くなり、新番の設置された六年後に生れたことになる。ちなみに古川氏は「写本の示す限りでは九十二歳説が決定的である」とのべられている（一二二・一七〇頁）。

三　新番士の前歴

前述したように今まで『落穂集』の記事によって、新しく大奥女中らの縁者が召出され、その結果として新番が成立したかのように考えられてきた。しかしその記事の内容については、すでに三つの点で納得できないことを指摘しておいた。ところでこの疑問とは直接合致しているわけではないけれども、江戸時代にすでにこの『落穂集』の記事に承伏できないといっているものがある。それは『仕官格義弁』であるが、それを今つぎに示してみよう。

新御番頭衆之儀は、寛永之末々之儀と承候、就レ夫此間落穂集と申書キ本を見候に、新御番始り之儀、委敷書申候処、合点之まいり不レ申候事共有レ之候、落穂集に載る処は、寛永之初之頃、大奥御年寄女中を始、其外重キ御役を被レ勤候女中之弟甥抔之内、一人充被二召出一被レ下候様願に付、是等之衆を被二召出一、新御番に被二仰付一候由、番頭は布衣之御小姓衆、組頭には平之御小姓衆を以被二仰付一と有レ之候、先布衣之御小姓衆と申儀終に不レ承候事に候、昔は布衣之御小姓と申儀有レ之事に候哉、落穂集之新御番之始り之儀不レ明事に候様被レ存候（傍点は筆者）

とのべており、その問に対する答の中でも、

組中ハ大御番ゟ被二仰付一候由、右之節、女中弟甥なども被二仰付一候儀茂可レ有レ之候得共、皆女中弟甥之様に落穂集ニ書キ候事いぶかしく存候―中略―御番衆之儀茂、寛永慶安之頃ハ、大御番ゟ専御番替に而有レ之候由、尤先規ゟ正徳年中迄茂、女中方弟甥抔養子に仕、新御番被二仰付一候儀は有レ之候事に候、女中衆も其格式により、両御番江被二仰付一候茂有レ之候、落穂集之新御番之儀、其外に茂不審成儀茂有レ之候（傍点は筆者）（『古事類苑』官位部、六十八〔官位部、三巻、一一一〇頁以下〕）

とある。このように『落穂集』の新番設置の記事に疑問を提出しているわけである。そこで実際に新番士に補任された人物にあたって考察を加えてみようと思う。それでは新番士創置当時の人員は何名であったのであろうか。まずこのあたりから考えてみたい。

さて新番士の創置は、前述したごとく、番頭創置の翌日で、寛永二十年八月八日であった。その人員は『実紀』によれば、三四名が命ぜられており（第三篇、三二六頁）、『吏徴』においても同数の三四名である（別録上巻〔『続々群書類従』第七、法制部、七五頁〕）が、もっと多いという節もある。すなわち『営中御日記』に、

寛永二十年八月七日、大御番小十人組衆ゟ、都合八十人、四組ニ御番替被二仰付一、御番所土圭間也
（『古事類苑』官位部、六十八〔官位部、三巻、一一二五頁〕）

とあるのがその例であり、八〇名にものぼる人数が任ぜられたとしている。また同日条に大番と小十人から新番に入番した者の名前が一六名あげられているが、[1]この外（六四名ということになる）は略すとあって、残念ながら全員の名前は判明しない。この『営中御日記』のいうところによれば、新番一組あたりの番士は二〇名ということになり、設立当初から後世まで引き続いて定員が変わらなかったということになる。[2]

しかしながら私には前書の三四名が正しいように思われる。私の手許では、現在『寛政譜』および『御番士代々記』の検討によって、三四名が正しいとすれば、その内三三名が判明しており、一名だけが確証をえることができないという状態にある。そして今までの検討の様子からみて、これからそう多人数のものが出てくるとは考えられないのである。

『吏徴』によれば、一番組が九名、二番組が八名、三番組が八名、四番組が九名である（別録上巻〈『続々群書類従』第七、法制部、七五頁〉）とのことで、この組別人数と『御番士代々記』の新番組の組別補任者名が記されている「新御番名前目録」とを兼ねあわせてみた結果、完全に判明した組が、二番・三番・四番の各組で、一番組だけが残りの一名を明らかにすることができず不明である。(3) つぎに判明した三三名のものについて、一人一人その前職などをあげてみよう。(4)

氏名の下の数字は、新番士の時における最高の知行高あるいは廩米を示し、その下は別家の有無、次に大番あるいは小十人とあるのは、新番士就任直前の職を示し、その下の数字は前職時の知行高ないし廩米であり、ようするに新番就任直前のそれを示しているものともいえよう。つぎの「……へ」は新番からの転職名を、二行目の最初は新番士の子の番入の際の番名をそれぞれ示しており、最後の「……家臣」はその家が徳川氏に仕える以前の主家名がわかるようにしてある。なお「――」は代々徳川氏に仕えていたことを示す。また以下判明した組分けは『御番士代々記』を中心とし、その他本稿で引用した諸史料を補充して作成したものである。

○一番組（頭、遠山景重）九名（内一名不明）

石丸定盛（300石）別家。大番（300石）より。小納戸へ。

子定清は小姓組。織田家臣。

須田盛常（250俵）別家。大番（200俵）より。綱重附へ。

子盛順は小普請。武田家臣。

渡辺忠綱（400石）別家。大番（400石）より。徒頭へ。

子綱行は書院番。——。

松平政次（30俵余 160石余）——。大番（30俵余 160石余）より。新番組頭へ。

子政峻は書院番。——。

平賀定次（400石）——。大番（400石）より。歿。

嗣なくして家絶える。——。

深津正之（300石）——。大番（300俵）より。綱重附へ。

子種盛は綱重附。——。

石野広之（250俵）別家。小十人（200俵）より。歿。

子次広は大番。今川家臣。

稲垣豊重（250俵）——。小十人（200俵）より。小普請。

子豊政は大番。——。

○二番組（頭、玉虫宗茂）八名

大久保忠次（400石）——。（後・別家）大番（400石）より。綱重附へ。

——。——。

平岡善往（200俵）別家。大番（200俵）より。綱重附へ。
　食禄収めらる。武田家臣。
駒井勝貞（530石）――。大番（一）より。歿。
　子貞俊は大番。武田家臣。
神尾幸綱（400俵）――。大番（400俵）より。新番組頭へ。
　子幸之は書院番。豊臣家臣。
岡部吉房（400石）――。大番（400石）より。歿。
　子忠義は大番。北条家臣。
中嶋盛明（220石）――。大番（一）より。小普請へ。
　子盛尹は大番。北条家臣。
加藤吉延（250俵）――。小十人（200俵）より。歿。
　子邦盛は大番。――。
跡部利勝（250俵）別家。小十人（200俵）より。裏門番頭へ。
　子正広は大番。武田家臣。
○三番組（頭、中根正寄）八名
山口許之（300俵）――。大番（300俵）より。新番組頭へ。
　子雄重は小姓組。織田家臣。
杉浦政清（一）――。大番（一）より。小納戸へ。

　子政令は書院番。――。

山本正次（200石）別家。大番（200石）より。綱吉附へ。

　子正永は大番。――。

八木豊次（300俵）別家。大番（200俵）より。新番組頭へ。

　子豊重は書院番。――。

三浦重良（500石）――。大番（一）より。新番組頭へ。

　子政重は書院番。今川家臣。

小長谷政平（1000石）――。大番（一）より。新番組頭へ。

　子政元は小姓組。――。

藤方安重（200俵）別家。小十人（200俵）より。綱吉附へ。

　子重直は小普請。豊臣家臣。

筧重章（50俵 200石）別家。小十人（200俵）より。歿。

　子某は大番。――。

○四番組（頭、安西元真）九名

松平正茂（300石）（分知）別家。大番（300石）より。御膳奉行へ。

　子乗臣は書院番。――。

石川正重（300俵）――。大番（一）より。小普請。

　子正春は大番。――。

間宮信綱（400石）――。大番（400石）より。新番組頭へ。
子盛重は大番。北条家臣。
榊原正勝（250俵）別家。大番（200俵）より。小普請へ。
子政蔭は大番。――。
根岸定周（200俵）別家。大番（200俵）より。綱吉附へ。
子定行は桐間番から大番。北条・上杉家臣。
前田定俊（200俵）――。小十人（200俵）より。歿。
子定能は大番・新番。――。
梶　正直（200俵）別家。小十人（200俵）より。綱吉附へ。
子正縁は大番。――。
太田正盛（200俵）別家。小十人（200俵）より。綱吉附へ。
子重則は大番。――。
榊原直政（200俵）別家。小十人（200俵）より。歿。
子直栄は大番。今川家臣。

以上の三三名が、今のところ寛永二十年八月八日新番士創置とともに補任されたもの（三四名）の内、判明したものである。これら三三人から得た事実について種々検討を加えてみよう。

新番士の別家数は、一六で約半数を占めている。これら別家を創出した本家は、新番士の前職が大番ならば大番であり、それが小十人ならば小十人である。そして中には本家が大番で別家が小十人となる例もある。

表6-1

創置時における新番士（33名）の前職	
大　番	23名
小十人	10名

しかしこの逆の例はない。

別家が半数近くを占めているということは、当時譜代大名や旗本の分家政策[5]が、積極的に行なわれたという事情に即応するもので、新番に関係したところでも、それが例外でなかったことを示している。煎本増夫氏の調査によれば、大番衆の別家は、慶長期に一〇〇家にもおよんだという（「初期江戸幕府の大番衆について」〔『日本歴史』一五五号、一三頁〕）。これは幕府の軍事組織における番方重視政策のあらわれとみてよいであろう。こうした背景において創出された別家が、新番にも多く進出してきており、この別家の増加が、番方の拡大・整備と表裏一体をなしていることはいうまでもないことである。

新番士の前職について統計をとったのが表6-1である。三三名の内、二三名のものが、大番出身で、その割合は約七〇％にものぼっている[6]。そして他の一〇名は小十人出身で、割合は三〇％であった。

さて新番士はこのように大番かあるいは小十人から転職してきたものばかりで構成され[7]、新規に召出されてきたものがいるという事実は、まったく見あたらないのである。そして彼らの出身をみてみると、代々徳川氏に仕えていたものが多く、また他から御家人に加わったとしてもすでに二代、三代目にあたるもので、決して新参と断定することができないであろう。彼らを新参とよびえるなら、多くの幕臣が該当することになり、その事自体新番の特色とはならなくなるわけである。ここでこれらの事実と『落穂集』の記事の内容とを比較してみよう。

第一の大奥女中らの縁者が新番士に召出されたということであるが、寛永二十年八月八日に任ぜられた番士の譜に、そうした点を明記するものはまったくないということである。

第二の新番士が新しく召出されたという点であるが、やはり寛永二十年八月八日に任ぜられた番士の出身についてみると、さきの一覧によって明らかとなったように、彼らは大番・小十人から選び出されていることが判明するのであり、決して新番設立にともない、新しく召出されて御家人に加えられたとはいえない。

第三の新番士の宛行二五〇俵が設立当初に決められたということであるが、当時このような事実は存在しなかったようにみうけられるのである。すなわち『実紀』慶安三年十二月二十七日条に、

> 無足にて三年勤番せし小姓組。書院番に三百俵づつ。新番。大番に二百俵づつ。小十人に百俵づつ。勘定に百五十俵づつ給ふ。（第三篇、六八〇頁）

とあるが、これによれば、新番と大番は同じ二〇〇俵が与えられており、両者の間においては宛行における差別はなかったと考えられる。その差が出てくるのは万治二年十二月二十六日であり、この時はじめて新番士の宛行が二五〇俵となった(8)ようである。実に新番が創置されてから十二年後であった。そしてそれらがさらに一般化するのは、万治三年正月十二日で、『実紀』に、

> 新番士百俵十人扶持のともがら。こと〳〵く二百五十俵づゝになさる。（第四篇、三四一頁）

とあるごとく、もう少し時期が下がるようである。このように万治年間に新番士の宛行が二五〇俵という、そういう格が決定されるにいたったように考えるのが正しいようである。とすれば、この新番士創置当時の寛永二十年において、そうした宛行二五〇俵が決定されたということは事実でないとせねばならないであろう。

以上の三つの疑問から『落穂集』はもはや、新番創置当時の事情を正しく伝えているものとはすることはできないといえるであろう。そのことはとりもなおさず、今までの通説がまったく誤りであり、否定されね

ばならないと思う。この結果三上参次氏、栗田元次氏ら以下、通説において指摘されている新番の説明、すなわち新しく召出されたもの（新参）で、大奥女中らの縁者によって組織されたという説には賛成できない。

註

（1）『古事類苑』においては四名のみが記されているにすぎない。他の者は「中略」とされ、さらに「此外大勢略レ之」とある。それで国立国会図書館所蔵の写本をみる機会をえたが、そこには一六名が記されていたにすぎない。従って他の者の氏名は明らかでない。なおこの写本は現在保存の状態が悪いということで閲覧が中止されているが、同館の朝倉治彦氏の御好意により、当日条のみコピーによって閲覧できた。ここに記して感謝の意を表します。

（2）『職掌録』によれば組毎に二〇名であるという。何時からであるか明らかにできないが、これが新番廃止にいたるまでの定員だと考えられる。

（3）『御番士代々記』によればこの一名は榊原政次である。しかし『寛政譜』（第十六、三七六頁）には関連記事がなく、確認できないので不明としておいた。

（4）すべて『寛政譜』によった。ただし、一番組の深津正之のみは、他の職から新番へ移ったとは記していなく、新番以前の役職履歴は不明である。そこで『御番士代々記』の記事に従って大番からの転職にしておいた。すなわち当時はまだ小普請からいきなり新番に入番するという例がなかったようにみうけられるからである。

（5）佐々木潤之介「幕藩関係における譜代大名の地位―諏訪藩を素材に―」（『日本史研究』五八号、二三頁）。元和・寛永期における譜代大名は、特殊軍事的拠点の警固と旗本分出母胎としての存在意義を明確化してくるという。

（6）ちなみに註（3）でのべたように『寛政譜』で新番就任が確認できなかったので不明にした榊原政次は、『御番士代々記』の「新御番名前目録」によれば大番より入番していることが知られる。

（7）前述したように『仕官格義弁』においては大番組よりの組替としていて、小十人よりの入番については触れていないが、大勢からみて妥当な線までいっているといえる。なお『御番士代々記』の「凡例」では近習番・大番・小十人の内より命ぜられたとしているが、同書はさらに続けて、『松園雑記』によれば大番より三〇人、小十人より一〇人のすべて四〇人が命ぜられ、「近習番より転せし事をのせす、いつれか是なりや」としていて、ここでえた事実にかなり近い姿が考えられてもいる。ここでのべられている近習番とは、前述した新番の別称とは異なるようであるが、いかなるものかいまのところ不明である。

(8)『吏徴』別録下巻（『続々群書類従』第七、法制部、九〇頁）。『柳営年表秘録上厳有院』（『古事類苑』官位部、六十八〔官位部、三巻、一一一五頁〕）。『御番士代々記』にも「定禄ハ初て廩米弐百俵なりしを、万治二年十二月に弐百五十俵に定めらる」とある。具体的には一番組の石野広之・稲垣豊重、二番組の加藤吉延・跡部利勝、三番組の筧重章、四番組の榊原正勝らはこの日に二五〇俵になっている。

四　大奥女中縁者の新番への召出

さて私は新番創置当初の番士に大奥女中の関係者はいなかった[1]と断定したが、しかし後にはそうした事実を見出すことは可能である。その点について少し記してみよう。

私の調査したところでは、その最も古い例が川崎知高・長賀の兄弟である。彼ら兄弟は大奥老女で徳川家綱乳人の川崎を母にもっていた。その母の請により御家人となって、家を興した。慶安三年九月三日に小十人組に召出され、万治元年七月十九日に新番となっている（『寛政譜』巻一三三八〔第二十、一七九頁〕）。しかし詳細にこの経緯を考えてみると、彼らは決して召出されてすぐに新番になったわけではなく、小十人を振り出しに新番へと転職していったのである。だからこの時も正確にいえば、大奥女中の縁者が召出されて、すぐに新番に入ったとはいえない。

しかしながらこの時の処置が後の参考とされたようには考えられそうである。すなわちこれが大奥女中の縁者は新番に入るという先例になったらしい。『実紀』正徳二年七月十二日条に、

此日後閤女房の子供。新に召出されて新番となるもの五人。（第七篇、二三五頁）

という記事があるが、これが大奥女中の縁者の召出されて、ただちに新番に入る濫觴であろう。この五人について『寛政譜』によって調査した結果、つぎの者であることが判明した。

平野氏長　母大奥老女清田の請により召出されて新番に入る。廩米二五〇俵。（巻一五〇二〔第二十二、三三〇頁〕）

井上長喬　母大奥老女河井の請ふむねあるにより召出されて新番に入る。廩米二五〇俵。（巻一二五六〔第十九、一三六頁〕）

久松定代　定代が母、天英院殿につかへ佐川とめさる。其後佐川が請申により、正徳二年七月十二日めされて新番となる。廩米二百五十俵をたまふ（巻五六〔第一、三〇八頁〕）

中村利和　大奥侍女高野の養子となり、その請うところにより召出され新番となる。廩米二五〇俵。（巻一三二七〔第二十、一二六頁〕）

田中重興　大奥女中滝川の養子（実弟）となり、その請により召出されて新番となる。廩米二五〇俵。（巻一二一五〔第十八、三四五頁〕）

この五名の内、前の三名は大奥女中の実子であり、後の二名は大奥女中の養子で、いわゆる母計の養子[2]といわれるものであろう。この後、正徳四年十二月十八日に大奥老女富岡の養子川崎正名が召出されて新番に

入っている例がある（『実紀』第七篇、四〇九頁）。しかしこの時は与えられた廩米が二〇〇俵であり、一年後に五〇俵加えられて二五〇俵となった。そしてこれ以外に今のところ大奥女中の縁者が新番に召出されたという事実に出くわさない。

ちなみに『落穂集』の執筆は時期的にみて、このすぐあとにあたり、この正徳年間の大奥女中の縁者が新番に召出されたことを思いあわせれば、これらの事実が新番創置の時にまで遡及して考えられた結果、大奥女中の縁者の新番召出という記事となったようにも考えられる。こう推測されるのであるが、いかがなものであろうか。

註

（1）ちなみに両番入した例はある。椿井政安は寛永四年十一月六日小姓組に入番しているが、彼の姉は崇源院（秀忠室）の御側に仕えたもので、当時は尼となって高徳と名のり、大御所秀忠の後閤にあった。この関係で同年十月二十八日に召出されたらしい（『実紀』第二篇、四一六頁）。

（2）福尾猛市郎『日本家族制度史』一九一頁。

五　新番の職務

つぎに新番の職掌について少し考えてみよう。というのは新番設置の理由が明らかになるかもしれないからである。栗田元次氏は、両番と同様の職務であるとして、ただ区別したのは新番士が大奥の婦人の縁者等の新参の旗本から選ばれたからであるとされる（『綜合日本史大系』9、江戸時代上、二一七頁）。池田敬正氏は、将軍の出行に際して前駆することを職務としてあげられ、将軍の警護役として、両番と大番に増設されたものとしている（『日本歴史大辞典』10、「新番」の項、三二三頁）。北島正元氏も新番の職務として将軍の出行に前駆することをあげ、さらに弓馬の日割・検分などを受け持ったとされている（『日本歴史大辞典』10、「新番頭」の項、三二三頁）。そして両番の補充的役割を果たしたと考えられている（『江戸幕府の権力構造』三九八頁）。

以上いわれているように将軍の出行に前駆したわけであるが、これは特別に新番のみに限ったわけでなく、両番にしても、また小十人組においても担当させられた職務であり、その意味においては、既設の番方に増設されたものであるところから、補充的な意味をもたせられたものであるといえよう。そこでもう少しこの将軍の出行に前駆する内容やその他の職務の特徴についてできるだけ詳細にみてみよう。

『職掌録』によれば、

○御城内吹上等へ御成の時御供に候す○三山御参詣之時ハ御先へ相越勤番す○頭泊番詰番御先番等あり中之口部屋に候す御成之時ハ御輿之前に侍す（『改定史籍集覧』第二十七冊、四一八頁）

という職務が記載されており、『吏徴』においては、

於二土圭間一御番相詰其上方之御成之節は御先江参御殿御番等可二相勤一之旨被二仰付一（同附録、上巻〔『続々群書類従』第七、法制部、七五頁〕）

とあり、これらは結局、寛永二十年八月八日、新番の創置された日の条、『実紀』に、

この番士は今より後ならせたまふことある時は。御先にまかり勤番すべしと定められる。（第三篇、三二六頁）

とある職務の具体的な例を示すものと思われる。また前駆すること以外においては、創置されてから五年後であるが、『実紀』慶安元年五月十四日条に、

新番頭中根次郎左衛門正寄。遠山十右衛門景重。北条新蔵正長に仰下されしは。一人づゝ番を定め。御膳をはじめ。すべて供御の品を心いれて監察し。御甲冑。鑓。長刀。弓。銃を巡察し。その有司に指揮すべし。新番四隊の番士当直の日は。御宮幷に二丸。本丸の火のある処を時々見めぐり。火を戒しむべしとなり。（第三篇、五四九頁）

とあるように、御膳や供御の品の監察、甲冑・鑓・長刀・弓・銃の巡察、さらに城内のお宮や二丸・本丸の警火についての勤務があったようである[1]。

ところで『番衆狂歌』というものがあって、史料の性格はよくわからないが、とにかくその狂歌たる性格から、よく各番方の特徴をつかんで、要領よく説明しているように思われる。その説明の内容は『職掌録』や『明良帯録』などと比較してみても、決してまとはずれな、いいかげんなものとは思えないし、信頼できるものと思う。その新番に関するものをあげてみると、

新御番御社参御仏殿御成御先堅め大切の番（『改定史籍集覧』第十七冊、八〇五頁）

とある。これが『番衆狂歌』において、他の番方とは異なる新番の職務における特徴であるとされているわけである。新番の特徴として今まで特別に取り上げられて指摘されたことはないけれども、この社参関係の職務が重要な意味をもっているように思えるのである。『御番士代々記』にはこの辺の事情について興味ある指摘をしている。すなわち、

今も御霊屋御参の時、御側ちかく警護し奉るハ当時の余風なるへし

とあり、この当時の余風とは、その前に記されている、

大猷院殿薨せられし時、新御番の面々こと〳〵く薙髪し、日光山に寓居して方喪を服し侍り、是等他の

宿直の輩に比すれハ、御昵近のこと格別なり

をさすようである。このことは新番の職務の特徴とされる社参・霊屋御参の供奉は、将軍との位置が他の職に比べて非常に近かった（昵近）ことからきていることを示しているのである。それではほたして将軍との位置が近かった根拠とされる薙髪は事実であったのであろうか。『実紀』慶安四年四月二十日条に家光が四八歳で薨じたことを記した後に、

昵近の輩薙髪の志ありとも。老臣より指揮なきほどは。これまでのごとく営中勤番怠るべからず、各その局事をおさめ守るべし。（第三篇、六九三頁）

とあって、指示があるまでは薙髪を禁じられているのである。しかしその二日後の二十二日には、遺命どおり家光の遺骸が日光山に収められることになったのであるが、その際に酒井忠勝をはじめ、朽木種綱や家光の側近といわれたような人々が日光山に供奉し、落髪して御法会の終るまで仕えるように命じ、その他いろいろな人が供奉を命じられているが、新番については、

たゞし新番頭は番士とも薙髪し、徒頭は頭のみ薙髪すべし。（『実紀』第四篇、三頁）

とあって、とりわけ新番においては番士まで、薙髪を命ぜられているところに注目しなければならないであろう。これからみて『御番士代々記』の記事は信用できるものと思う。また『御番士代々記』には、

今平常の宿直ハ営中の奥近き所に候し、吹上の御遊、西城渡御の時ハ、乗輿ちかく供奉す、もとこれ奥向に属せし余風あれはにや、遠国等の御用を承ることなし、御放鷹の時ゞに御供弓に陪し、大的の御覧に射手となるの類ハ、又表方に属する格なり、すへての勤仕、内外の間にあるかことし

とあって、「もとこれ奥向に属せし余風あれはにや」ということで、職務内容が奥向であったことを特徴と

してのべている。そしてそれが伝統的に継続されてはいるが、しかし表方に属する内容もあることを、放鷹の際の供弓に陪することや大的の御覧に射手となることで示しているわけである。ところで『実紀』承応三年八月六日条に、

新番毎隊の差物。吹貫の色目もさだめらる。一番赤。二番浅黄。三番田町交。四番黄。五番白。六番黒なり。（第四篇、一一九頁）

とあり、各組の差物や吹貫の色目が決められているが、これは新番が他の番方なみに軍事的色彩をもちはじめてきたといえないであろうか。『御番士代々紀』によれば、

承応年中初て吹貫の番差物を定めらる。其比より表方諸番士の格とはなれり、其前は全く奥向へ属せしと見ゆ

とあるように、この時から新番は奥向中心の職務内容から変化をとげ、他の番方へと一歩近づいたと考えられる。これはおそらく将軍の代替による新番の役割の変化とすべきであろう。家光と新番の関係はそのまま同じように家綱と新番の関係というように継続されなかったわけである。『実紀』慶安四年十二月朔日条に、

新番の輩。先例のごとく土圭間に勤番すべしと仰出さる。（第四篇、三四頁）

とあるが、これは一応新番の詰所が前代（家光）と同様の土圭間にされたことを示しているのであるが、こうした指示が出されたのはとりもなおさず、将軍と新番との関係に変化をきたしていることを示すもので、土圭間に勤番する意義が形骸化し、その結果新番の詰所を変えようとする動きがあったことを暗示しているものと受け取れないであろうか。とにかく将軍と新番との関係は変化をとげた[2]。それは家綱が薨去した際、家光の時のように落髪を命ぜられた昵近の輩の中に、新番が加えられなかったことにも象徴的にあらわれて

いるといえよう。

註

（1）この時新番頭四人の内、残りの一人安西元真が除外されているが、今のところこの理由は不明である。なおここまでのべてきた職務内容は『有司勤士録』（『古事類苑』官位部、六十八〔官位部、三巻、一一〇七―八頁〕）や『明良帯録』においても触れられている。

（2）『実紀』第五篇、三五六・三五九頁。

むすびにかえて

さてこれまで新番の諸側面について成立期に視点をおいて検討してきたが、それでは一体いかなる状勢ないしは理由によって、この新番が創置されたのであろうか。最後に本稿をおえるにあたってこの点について若干触れておかなければならない。しかし残念ながら『落穂集』に拠ることができなくなった現在、この経緯について信頼できるもので具体的に明記している史料はみあたらないようである。そこでまず当時の政治や社会状勢の中でこの成立の理由を考えてみるとしよう。

新番が設置された寛永二十年前後は、また既存の番方が増設され、一応の確立をみせてくれる時期でもあった。[1] このような動向は佐々木潤之介氏がいわれるように、寛永十年代に構造的危機が徐々に激しくなり、それが十九年の全国的飢饉によってより顕在化してくると、幕府はこの危機を克服するため、譜代大名や旗本を交代で自領に赴かせ、その経営に専念させねばならないという状況のもとに生みだされたものであり、番方の増強は幕府がもはや上記の事情などによって中堅の譜代大名や旗本層に軍事面において多くの期待をかけることができないと考え、その主力を番方に移しつつあるものとしてとらえることができよう（北島正

元編『政治史』Ⅱ〔体系日本史叢書2〕第三章第二節、幕藩体制の完成)。

山口啓二氏は寛永二十年の新番四組の取立と慶安三年の二組の増設は、慶安三年の西丸書院番・小姓組番の設立とともに、旗本と譜代大名が交代で領地に赴くことによって生じる在江戸兵力の減少を補充するため行なわれたものであると指摘されている(『体系日本歴史』4「幕藩体制」五九頁)。山口氏は新番設立の理由を具体的にのべられているが、これはおそらく当時の状勢から推測されたものと思われる。

いずれにしても、これらは番方の増強が軍事面における番方重視という状況の中で行なわれていることを指摘されているわけで、ようするに番方の増強の一環として新番が創置・増設されたものとして考えられている。

一方北島正元氏は、新番を含む番方の新設と増設は「一つには譜代大名や旗本・御家人の分知・分家による新規取立数の増加に対応した措置であった」(『江戸幕府の権力構造』四一七頁)とのべられている。また『明良洪範』(国書刊行会本、四〇二―三頁)においては、徳川家綱誕生の翌年三月というから寛永十九年三月に幕府当局が旗本困窮の打開策について悩んだ様がのべられており、その結果「惣御旗本の嫡子共御番人」が行なわれたとし、「新御番も此節より出来たると也」と結んでいる。

こうした軍事面の期待をになう番方の増強にしても、新規取立者に対する措置にしても、また旗本困窮の打開策としての番士の増強にしても、番方の増加ないしは増大が計られた背景として考えることは可能であり、その原因としても指摘することは多分可能であろう。しかしながらもう少し詳細に検討してみるならば、これのみで新番の設立を考えて設立理由とするわけにはいかないであろう。というのは軍事面の期待をになう番方の増強にしても、新規取立者に対する措置にしても、また旗本困窮の打開策としての番士の増加にしても、これはなにも特別に新番の設置を必要とするものでもなく、いってみれば既存の番方の組数ないしは組員の増加をもってすれば片づく問題であるからである。それにもかかわらず、なぜ新しい番、新番が創置されたのであろうか。やはりいぜんとしてこの疑問が残るのである。

さてそこで前述した新番が将軍家光の死により薙髪するにいたったという将軍との特殊な関係と、創置された際、番士は大番と小十人組から転出してきたことなどの事実から、創置された意味を推測していかざるをえない。

寛永期は幕府の諸制度・組織が整えられてくる時期で、これにともなって個々の旗本が種々の役職に就任して行くうちに、家格の軽重と職格の上下、ならびに両者の兼ね合いが徐々に決定づけられてくる状況にあった。番方においてももちろんこの事情は例外ではなく、両番の大番に対する優位性もこの時期に明確になってきたものと思われる。『実紀』に、

常に仰られしは。両番の士はわが左右の手のごとし。御身ちかく扈従し奉り。御みづからの指麾うけしゆへ。その番頭の任かろし。大番の士は御先駆に列り。専ら頭の指麾受しかば大番頭の職おもし。（第三篇、七三八頁）

とあるように、家光は両番士を自分の「左右の手のごとし」といって特別に重要視し、自分の身のまわりにおいたのである。これに対して大番は将軍と離れたところで勤務しなければならなかった。こうした職務上の相違が両番の大番に対する優位性となって明確にあらわれたものであろう。(2) 煎本増夫氏は「大番が特定の直臣層の間に家職化されつつある様子を指摘することができる。即ち大番的な家格の形成がこの段階（寛永期―筆者註）で進行しつつあることを推定しうるのである」（「初期江戸幕府の大番衆について」『日本歴史』一五五号、

四〇頁）といわれている。
すなわちこの時期に両番と大番は職格の上下が決定づけられると同時に、これに就任する家格もまた自から決定づけられ、同じ旗本でありながら、番入の際、両番に就任する家格（両番筋）と大番に就任する家格（大番筋）が決まってきたのである。(3)

両番は前述のごとく将軍の身のまわりにおかれ、日常の職務上で将軍と接する機会が与えられたが、これに反して大番は職務上将軍と離れたところにおかれ、将軍と接する機会はなかった。これは幕府の職制の整備や職務の細分化また旗本の増員などにともなって生じた事象で、やむをえない事柄であるといえばいえるであろう。

しかし本来将軍が政治運営や幕臣の統制上、旗本全体と親密さを保持することは必要なことである。家光としては両番と差別して、この大番の家格のものから将軍との緊密さを失わせ、疎遠な存在と化させることをよしとしなかったものと思われる。実に新番士に選出され、両番以上に将軍の身近における職務を果させられた者(4)はこの大番の家格の者たちであった。そして家光薨去の際、この因縁によって特別に薙髪を命ぜられているのである。このことから考えれば、将軍と大番の家格の者との緊密さを保持する役割をになわされたのが新設の新番であったと思われ、これが逆に新番の設置理由であったとも推測できよう。新番に選出されたものが、大番の家格を脱することがなかった理由もこのへんにあるのではなかろうか。(5)慶安三年十二月二十七日の無足のものに対する定禄の規定によれば、新番は大番と同様二〇〇俵であり、両番は三〇〇俵である（『実紀』第三篇、六八〇頁）。選出された際も加増はなく、この時点においても大番とは差がなかったのである。このことにも前述の大番の家格のものを将軍の身近くにおいてこの層との緊密さを保つという考え方が示されている例とするのはうがちすぎであろうか。

もしこのように考えることが許されるとしたならば、家光は旗本統制の一つの手段として特別の意図をもって新番の創置を行なったものといえる。この特別の意図とは官僚機構の整備にともなって生じつつある将軍と旗本の内、特に軍事力の中堅である大番（筋）クラスの層との疎遠化していく関係を阻止し、接触を保持することによって、将軍の旗本統制に一役かわせることである。これは家光の幕政運営における将軍の主導権確立をめざす積極的な姿勢の一つのあらわれとしてみることができるであろう。

それゆえ家光の急死によって幼い家綱（一一歳）が将軍職に就任し、将軍補佐や前代の遺老が幕政運営の中心となって、将軍が虚位を擁する存在におかれると、こうした主導権を握ることができない将軍のもとでは新番は前代同様の職務を勤めても、その内容は形骸化したものと考えられる。その結果、前項でのべたように他の番方とあまり変らないものとなったのであろう。ここに創置当初の特別の意味が失われるにいたったと解される。

やがて定禄が大番より五〇俵多く与えられ、この意味では大番より上位におかれ、優遇されるが、これも職務内容が形骸化したことによって失われた新番の特色を、こうした形で補充しようとしたものではなかろうか。その処置の決定にあたっては改めて大番より選出され、将軍の側近く仕えるということが意識されていることはいうまでもない。これゆえ大番より五〇俵多く与えられたのであろう。

史料の制約から推測にすぎたきらいがあるが、一応以上のように指摘しておきたい。今後関係事項の考察とあいまって、さらに完全を期したいと思う。

註

（1）とりあえずこの過程については、北島正元『江戸幕府の権力構造』三九六―八頁を参照。

（2）この他にも番士の出身の相違によることも考えられる。この方が先行した理由としてあげられることは想像に難くない。たとえば『寛政譜』などをみてみると、この時期に譜代大名の子弟などで召出されたものは、両番に入ることが多いようである。こうした旗本の階層については別の機会に論じたい。

（3）ここでは小十人については特に取り上げないことにするが、大番士の子弟で別家となったものは、比較的小十人組に入番することが多いようであり、その意味においては大番より一段低い家格（小十人筋）であっても、広くは大番筋の中に含まれるとみてよいであろう。詳しくは後考にまちたい。

（4）前項で触れたように『御番士代々記』においては、家光の薨去にともない薙髪したことと、日光山に寓居して方喪に服したことから、「昵近のこと格別なり」と指摘されている。

（5）三節の新番の補任者一覧を参照。特定の役職（例、新番組頭など）へ昇進したもの以外、たとえば新番で終ったものの子は、再び大番に入番していて、新番に入番しただけでは依然として大番筋にかかわりがないことがわかる。

第七章　『御家人分限帳』所載の小十人組衆について

はじめに

本稿の目的は江戸幕府番方の一つ、小十人組について、『御家人分限帳』（内閣文庫蔵）所載のその構成員（一七七名）からえられた実態についてのべることにある。

ところで従来の番方に触れた研究は、あまりにも静態的な面を重視したもので、その流動的な実態については触れられることが少なかった。たとえばふつう、各番方の職名をあげたあと、その創置された時期、および組数の歴史的変遷、番頭・組頭・番衆（番士）の定員と享保期に制定されたそれぞれの役高、さらに定番の有無をはじめとする主な勤務内容について触れられるというのが、おおかたの説明であった。これでは一応の説明にしかならず、あまりにも事務的にのべられているとしか思えない。そうした指摘だけでは、旗本と職制との兼ね合いが浮かび出てこないのではなかろうか。すなわち、そうした静態的な制度史の扱い方では、血のかよったものとならず、具体的なものとして我々は理解することができない。ひいては幕政の展開との関連についても追求することができないであろう。しかのみならず、その制度史的考察もまだまだ事実が確定されていないことが多いと思われる。このような説明に終始しているのは、利用に供されている史料が、主として『吏徴』『職掌録』『明良帯録』によっており、またこれで事足れりとする姿勢があるからではなかろうか。これからもこのような通り一ぺんの制度史的考察をくり返していく限りにおいては、番方という職制のもっている幕府内における特有の意味などを明らかにしていくことはできないし、また個々の事実を確定し、誤謬を明らかにしていくこともできないであろう。これからはより多くの具体的な事例から総合していくという方法をとることが望まれる。先述したような後世の職制の記述を目的として編纂された史料からのみの研究では、従来と同じ言及の仕方しかできないのである。それではどうすればよいのであろうか。職制の整備した姿を写し出している後世の職制編纂史料の偏見から抜け出ることが必要である。そしてなるべく考察しようとする時代のことをそのまま伝えてくれる形で残存していると思われる史料によることである。そうした当時のことを示してくれる個々の具体的な例から、その時期その時期の実態をさぐり出し、新しい事実を組み立てていかねばならない。

そこで私は、以上のような観点をとることによって、従来明らかにされてきた事実を再確認し、誤謬があれば正し、正しく考察された制度、組織の中で、旗本がどのような行動様式をもっていたかを明らかにしていきたいと思っている。(1) そして番方の一つである新番組についていくつかまとめてきた。(2) 本稿ではさらに番方の基礎的事実を量的に拡大するために小十人組の番衆についてのべようとするものである。(3)

小十人組の番衆については『御番士代々記』(内閣文庫蔵)に組毎にその氏名が就任順に列挙されているので、これによって全氏名が判明するかのようであるが、これにはかなりの遺漏があるようで(4)これだけでは正確を期しがたい。特に幕府成立時期に近づけば近づくほど記述の粗さが目立っているように思われる。従ってこれによって統計的な処理をして、一つの傾向を知ろうとすることは早計であるとしなければならず(5)、今は避けておくのが賢明であろう。

そこで今のところ全員の氏名を明らかにする材料をもちあわせていないので、全体（全時期）については他日にゆずることにして、本稿では内閣文庫蔵の『御家人分限帳』所載の小十人組番衆を取り上げ、ある特定の時期に小十人組であった者について、新番について行なった[6]と同様に多様な情報を整理し、それを本稿の終りに掲載することにし、そこから得られた事実についていくつか書き留めて、前述したような幕府職制史研究への一助にしたい。

註

（1）従来の番方研究の限界については、拙稿「江戸幕府番方の範囲をめぐって」（日本大学史学科五十周年記念会『歴史学論文集』所収）ですでに触れたところである。本書第二章に転載。

（2）①「江戸幕府新番成立考」（『日本歴史』第三〇二号）②「江戸幕府『新番組頭』の補任について」（日本大学商学部『商学集志』人文科学篇、第十三巻第一号）③「正徳元年末の新番衆について」（『史叢』第三十号）、他に「江戸幕府『新番頭』補任者一覧」（『商学集志』人文科学篇、第十四巻第一号）がある。①と③については本書に転載。

（3）読者の便のため『古事類苑』編纂者による小十人組についての概要をつぎに引用しておく。

小十人組ハ、殿中檜ノ間ニ勤番シ、将軍ノ出行ニ前駆ス、元和九年、始テ四組ヲ置キ、其後漸ク増シテ十余組トナリ、文久三年ニハ二十組アリシガ、慶応二年ニ十五組ヲ減ジテ、僅ニ五組トナレリ、小十人頭ハ、一組ニ一人ヲ置キ、寛文以後ハ役料ヲ給セシガ、天和ノ頃之ヲ廃シ、享保八年以後ハ、千石高ノ職トシテ、別ニ役料ヲ給セズ、組頭ハ、初ハ一組一人ナリシガ、承応元年ヨリ、一組ニ二人ヲ置キ、小十人頭ノ支配ニ属シ、三百石高ニシテ、役料ヲ給セズ、組衆ハ、一組ニ二十人ヲ置キ、百俵十人扶持ニシテ、役料ナシ、西丸ノ小十人ハ、慶安三年ニ始テ之ヲ置ク、其職員ノ資格待遇等、凡テ本丸ニ同ジ、但シ組衆ハ、一組ニ組頭ヲ合セテ二十五人ヲ定員トス（官位部、第三巻、一一一五頁）。

（4）後述するが、正徳元年に小十人組に在職していたものの内、九名漏れているのが確認できる。
（5）加藤義範氏は「両番考」（『目白学園女子短大研究紀要』第一一号）なる論稿において、『代々記』を用いて両番の士の昇進について分析をこころみているが、こうした『代々記』のもつ史料的制約について配慮されていない。またこの史料の引用にあたって慎重さに欠けるところがある。それは「凡例」の引用部分「夫両番というは、□への隊伍の士者第一にては、はじめ御書院番を置かれ、其后御小姓組を副□□是城両御番といふ」（傍点は筆者（横山）、同論文、一一六頁、七・八行目）というところで、虫喰いのようにして□が三つあるが、原典にあたれば一丼目は明らかに「す」で、「すべて」となり、二丼目と三丼目には実は三字が入って「おかれ」で「副（そえ）おかれ」となる。またその後に出てくる「城」はこのままでは意味が通じない。これも明らかに「越（を）」であって、「是を両御番といふ」のが正しい。はじめ誤植かもしれないと思っていたが、氏の続稿（「駿府在番考」、同研究紀要、第一三号）でも前者の丼目の部分と同様にそのまま引用されているので（農）これは氏の読み違いといわざるをえない。ついでにいえば前の方の「隊伍の士者第一にては」も「隊伍の士の第一にして」であり、「置かれ」は原典では「か」が抜けている。
（6）註（2）の③参照。

一　『御家人分限帳』所載の小十人組の時期

内閣文庫所蔵の『御家人分限帳』（以下『分限帳』と略称す）一七冊の内、八冊目において新番につづいて一三丁から三四丁にわたって小十人組が一番組から十番組まで掲載されている。いまその最初の丁のみを示すとつぎのようになる。

小十人組

一番　石丸五左衛門組

一、弐百俵　組頭　伝四郎子　久松七郎兵衛酉四十七
　外百俵御役料

一、弐百俵　組頭　九兵衛子　松崎小左衛門酉三十六
　外百俵御役料

一、弐百俵　三十郎子　天野数馬亥二十六

一、弐百俵　辰三月廿六日御納戸入　監治子　毛呂弥右衛門酉二十八

一、弐百俵　九右衛門養子　勘左衛門子　阿部次郎八郎丑二十八

一、百五拾俵　半七郎養子　石田助左衛門子　堀江半七郎亥三十六

一、百五拾俵　兵右衛門子　伊奈友之助酉三十三

このようにはじめのところには「一番　石丸五左衛門組」とあって、この組の（小十人）頭が石丸五左衛門であることが示され、ついで組頭二名があげられ、さらに平番士のものが禄高の多い順にならべられている。従って記述の仕方からみて、ある時点で在職している者を確定し、整理したうえで記述したことが知られる。このような『分限帳』の記載を生かして、そこからの情報と、さらに主として『寛政重修諸家譜』（以下『寛政譜』と略称す）からの情報をあわせて、各組の氏名と禄高その他を記したものが本稿の末尾に掲載した「一覧」である。

『分限帳』によれば各組の人員は次のようになる。

一番組　一九人
二番組　一八人
三番組　一六人
四番組　一九人
五番組　一九人
六番組　一八人
七番組　一八人
八番組　一八人
九番組　一四人
十番組　一九人

ふつう小十人組は一組二〇人[1]といわれているので、十組ある時は全体で二〇〇人になるが、この場合一七七人ということになり、全体で二三人ほど欠員が存在するということになろうか。これが常の状態なのか。特別な事情のもとにあっての不足なのかは今後の検討に待ちたい。

ところで『分限帳』所載の小十人組衆は、何時の時点での構成員を記載しているものなのであろうか[2]。『国書総目録』（第三巻、三九〇頁）によれば、『分限帳』は正徳二年に成立したものであり、備考欄には宝永二年とあって、この意味するところはおそらく、この史料がこの時点（宝永二年）での内容を示しているものとしているように受け取れる。またこの『分限帳』を本格的に取り上げて、旗本の階層などについて分析をこころみられた鈴木壽氏は、この史料についてつぎのようにのべられている[3]。

本書の内容が宝永年間（二年か）のものであることは、同書第二・三・九・十一などの諸冊の初頭に「宝永二乙酉改之」とあること、および若干の個別抽出調査などによって立証される。なお、本書第一巻の奥書の文書「正徳二壬辰下書写是、享保拾乙巳歳書立之、但四月廿七日筆起、七月廿九日終之」により、本書が正徳二年下書写、享保一〇年清書されたものであることが知られる。

このように鈴木壽氏は『分限帳』の記載内容は「宝永年間（二年か）のもの」であるとされており、それは「若干の個別抽出調査などによって立証され」たものであるといわれている。しかしながら小十人組についてもこれがあてはまるものであろうか。ここで後掲の「一覧」を参照していただきたいのであるが、最も新しくこの小十人組に入番してきた者を調べてみると、宝永六年四月六日で、五五人もいる（表7-1参照）。ついで宝永四年七月九日が一八人、同じ年の二月二九日が一人いる。これらの就任年月日は『寛政譜』の個々の経歴から知りえたものであるが、これが後の編纂物であるがゆえに年月などの誤記があると思われるむきがあるかもしれない。しかし『徳川実紀』（以下『実紀』と略称す）の宝永六年四月六日[4]条に

表7-1　宝永六年四月六日小十人組入番者一覧表

一番組	(15)	四番組	(18)	八番組	(14)
同	(16)	同	(19)	同	(15)
同	(17)	五番組	(14)	同	(16)
同	(18)	同	(15)	同	(17)
二番組	(10)	同	(17)	九番組	(10)
同	(13)	同	(18)	同	(11)
同	(14)	同	(19)	同	(12)
同	(15)	六番組	(13)	同	(13)
同	(16)	同	(15)	十番組	(11)
同	(17)	同	(16)	同	(12)
三番組	(11)	同	(17)	同	(13)
同	(12)	同	(18)	同	(14)
同	(13)	七番組	(14)	同	(15)
同	(14)	同	(15)	同	(16)
四番組	(1)	同	(16)	同	(17)
同	(2)	同	(17)	同	(18)
同	(15)	同	(18)	同	(19)
同	(16)	八番組	(11)		
同	(17)	同	(13)		

（組につづく数字（例(15)）は後掲の「一覧」のもので『分限帳』の記載順を示す）

あらたにめし出さるゝもの七百二十七。…（中略）…。小十人組に五十九人。（後略）

とあって、日付については疑いがないところである。もっとも五九人（『実紀』）と五五人といった人数の上での相違があるが、同じ事実を示しているものとみて差し支えはないであろう。こうみてくると、宝永二年の内容を示すという『分限帳』の記事の中に、少なくとも小十人組については、その後（宝永三年以降）就任した七四名の者が記載されていることになり、就任時期からみた場合宝永六年四月六日以降の内容が示されているということになろう。

ところで先述したように遺漏はあるものの各組毎に番士の氏名を就任順に記した『代々記』をみてみると、宝永七年に小十人組を辞した者が一〇名出てくる。いまそれを次に示してみる。

(1) 山田次郎右衛門某（重正）
『代々記』小十人組二番　宝永七年八月七日改易

(2) 沢平三郎正実
『代々記』小十人組三番　宝永七年三月二二日死

(3) 長谷川源次郎安忠
『代々記』四番　宝永七年如父願代官加判見習

(4) 落合孫太郎正堅
『代々記』五番　宝永七年一二月一六日死

(5) 斎藤源五兵衛直則
『代々記』六番　宝永七年一一月二十七日辞

(6)　梶助右衛門正忠
　　『代々記』六番　宝永七年三月一一日二条鋏炮奉行[5]
(7)　生野六郎右衛門友忠
　　『代々記』七番　宝永七年一二月一五日辞
(8)　本間半五郎季治
　　『代々記』西丸一番　宝永七年一二月二五日小姓組
(9)　石渡長次郎元奥
　　『代々記』西丸二番　宝永七年五月一一日小十人組頭
(10)　沢権十郎実正
　　『代々記』西丸二番　宝永七年一〇月二三日小十人組頭

彼らはいずれも『分限帳』の小十人組（平番士）のところには登場してこない。とすれば、内容時期はさらに一年ずれることになる。さらにその後辞任した者がいないか捜してみると、宝永八年（＝正徳元年）に辞任したり他へ転出していった記事に出くわす。正徳元年一〇月一六日に荒井藤之助勝国（『代々記』六番）と神谷弥三郎福教（『代々記』西丸二番）が新番に昇進していったが、彼らも『分限帳』の小十人組からは抜けており、新番のところで出てくる。新番へ昇進していった二人以外では、同年のそれ以前二月二五日三浦兵十郎元勝（『代々記』二番）と七月五日野尻平兵衛正護（『代々記』六番）がそれぞれ辞任している。これらを総合すると、正徳元年末の内容を示しているということになりそうである。

しかし事はそれほど簡単ではなく、今度は辞任した方の年月をみてみると、正徳元年二月一五日に死亡した者（二番組(2)）とか、同月一九日辞任した者（五番組(4)）が出てきて、矛盾を示してくる。三番目に早い辞任は同年一一月一五日（七番組(11)）で、これ以降の者は矛盾しない月日ということになるが、前二者の存在がなんともすっきりしないのである。このへんは『分限帳』編纂者の整理のまずさからきているものとすべきであろう。そう考えてみると、小十人組衆に限っていえばこの『分限帳』の内容は正徳元年一〇月末から一一月初めにかけての時期の内容を示しているものとすることができる。ただ『分限帳』の編纂者はできるだけ新しい情報を盛りこもうと努力したようで、おそらく下書の段階でも重要と思われるところは訂正を加えたものであろう。すなわち、七番組の小十人頭のところなどは、小川康庸が正徳二年四月朔日に就任した(6)にもかかわらず登場しているのがそれを示している。

さらにここで付け加えておきたいことは、『代々記』の当該年代に登場してきて、『分限帳』の小十人組のところに登場してこない者が四人いるということである。それは新見市郎左衛門某（『代々記』六番）、宅間善五郎憲輝（『代々記』七番）、近山九左衛門正次（『代々記』七番）、小宮山吉兵衛某（『代々記』西丸一番）であるが、この内近山は『寛政譜』によるとここで問題としている時期を含めて途中辞任しているので(7)、これが正しければ、三名の者が残るわけであるが、すなわちこの三名が、『分限帳』所載の小十人組から遺漏しているということになる。ちなみに、逆に『分限帳』所載の者で『代々記』から遺漏している者はつぎの九名である。

一番組(4)、四番組(8)、五番組(9)、同(16)、六番組(17)、八番組(14)、同(16)、九番組(6)、十番組(18)

そんなわけで、正確さを追求すれば正徳元年末の小十人組衆とすれば、これら遺漏している者を加えなければならなくなる。またこれ以外に出てくる可能性(8)もないとはいえず、今回は『分限帳』所載の小十人組衆に限って考察の対象とすることにしたので、表題も「『御家人分限帳』所載の小十人組衆について」とした次第である。

なお年令のことについても触れておきたい。『分限帳』には氏名の左下に年令が記されている。たとえば前にあげたように一番組の組頭である久松七郎兵衛は「酉四十七」とあり、同じく組頭の「松崎小左衛門」は「酉三十六」とある。つぎの平番士天野数馬は「亥二十六」とある。新番についての前掲論文でも触れたように、はじめ私はこの年令の上に記されている「えと」は誕生年を示しているのではないかと思ってみたが、やたらと「酉歳」が多く、しかも「酉」歳の者に同年配か一二歳違いの年令の者がみあたらないので不思議に思った。『寛政譜』で計算して出した年令と比べてみて気がついたのであるが、これは年令の調査時点での「えと」ではなかったかということである。すなわち小十人組衆一七七名中、『寛政譜』や『断家譜』で年令の判明しない者三四人を除くと一四三名になるが、その内七二名の五〇%強にあたる者が『分限帳』と『寛政譜』との年令において一致をみたので、そう断定してよいであろう。

小十人組の各番士に記載されている「えと」を組毎にわけて表示したものが表7-2である。詳細にみていくと圧倒的に多いのが「酉」の九二名で、これは宝永二年時での調査年令を示している。

表7-2　組別調査年次表

年＼組	1	2	3	4	5	6	7	8	9	10	合計
宝永2酉	12	8	9	10	11	9	9	9	7	8	92
3戌	0	0	1	0	0	0	0	0	0	0	1
4亥	2	2	1	1	2	3	3	2	1	2	19
5子	0	1	0	0	0	0	0	0	0	0	1
6丑	5	7	4	6	6	6	5	6	4	9	58
7刁	0	0	1	0	0	0	0	0	0	0	1
8夘	0	0	0	2	0	0	1	0	2	0	5
合　計	19	18	16	19	19	18	18	17	14	19	177

『分限帳』の内容が宝永二年といわれてきたゆえんであろう。「酉」についで「丑」が五八名と多いのは、宝永六年に先述した大量の入番があった反映であろう。この表をみて気がつくことは、毎年調査がなされていることを示すように数字が一つはあるということであり、このことによって毎年のように新しい内容を盛りこむべく改定が行なわれていたことを知るのである。

註

（1）「吏徴」上巻に「一番廿人」とある（『続々群書類従』第七、法制部、二八頁）。なお新見吉治氏は『旗本』の中で「小十人　毎組十八人」（同書、五四頁）とされているが、これはおそらく「職掌録」の小十人頭のところの説明にある「平番二十人ハ組頭を加へたる数也」（『改定史籍集覧』第二十七冊、四二三頁）から導き出したものではないかと思われる。いつの時点での説明なのかわからないが、少なくとも本稿の対象としている時期では、一九人の平番士がいる組が四組も存在するので、この考え方はあてはまらないといえる。しかし逆に二〇人いないではないかという反論もあるかもしれないが、新番の時と同様に欠員が存在するのが普通であると思われる。

（2）本書第五章「正徳元年末の新番衆について」で、本稿と同じような方法で新番について論じている。以下で言及している『分限帳』の宝永二年内容説については重複するところがあるが、論の展開上避けてとおることができないのであえてそのままにしてある。『分限帳』全体の内容時期については別の機会に論じることにしたい。

（3）鈴木壽『近世知行制の研究』二〇二頁。

（4）『新訂増補國史大系』第四十四巻、徳川実紀、第七篇、二二二頁。

（5）『寛政譜』では正徳元年三月一一日に二条鉄炮奉行になったことになっていて、『代々記』と比べるとちょうど一年のずれをみせている（第九―三二三頁）。

（6）『寛政譜』の就任年月日（第十四―二一五頁）と『実紀』のそれ（『新訂増補國史大系』第四十四巻、徳川実紀、

第七篇、二二一頁）とが一致しており、一部において『分限帳』の内容は、正徳二年四月朔日にまで及んでいることが知られよう。この場合七番組の小十人頭は一人であるので、前任者の氏名と入れかえるだけで訂正が可能である事からの処置であろう。平番士のように多人数のところでは、禄高順にならべられている序列にくるいが生じるのでむずかしくなると思われる。

（7）近山九左衛門正次の小十人在任期間は『寛政譜』によると、元禄六年一二月一一日から元禄一〇年一一月六日まで、再任期間は正徳三年六月一八日から正徳四年五月二三日までとなっている（第三―三五三頁）。

（8）先述の三人と、現在他に判明している者を後掲の「一覧」につづけて「参考」としてあげておいた。

二　当該小十人衆の就任をめぐって

ここでは小十人組に入番してきた者一七七名（この内二名については情報が不明なので統計から省く時がある）について、その入番にかかわる実態についてみることにしたい。

まず前歴としてどのような履歴を経てきているであろうか。これを表にしたのが表7-3である。一番多いのが、前歴とはいえないが部屋住からの七六名（一七五名中、四三・四％）で、二番目が小普請からの七五名（四二・九％）である。ついで天守番からの八名（四・六％）、御手鷹師・二丸広敷添番・西丸広敷添番・二丸火の番のそれぞれ二名（各一・一％）である。あとは一名ずつとなっている。

ここで特に注目すべきことは部屋住からの入番が多いということである。部屋住ということは父がまだ現役であり、その多くは在職しているものと考えられるので、部屋住のものが役職にありつけるということは、当該旗本家にとって経済的に救済されることを意味するであろう。父の家禄に加えて、部屋住の者が小十人

表7-3　小十人組入番者前歴表

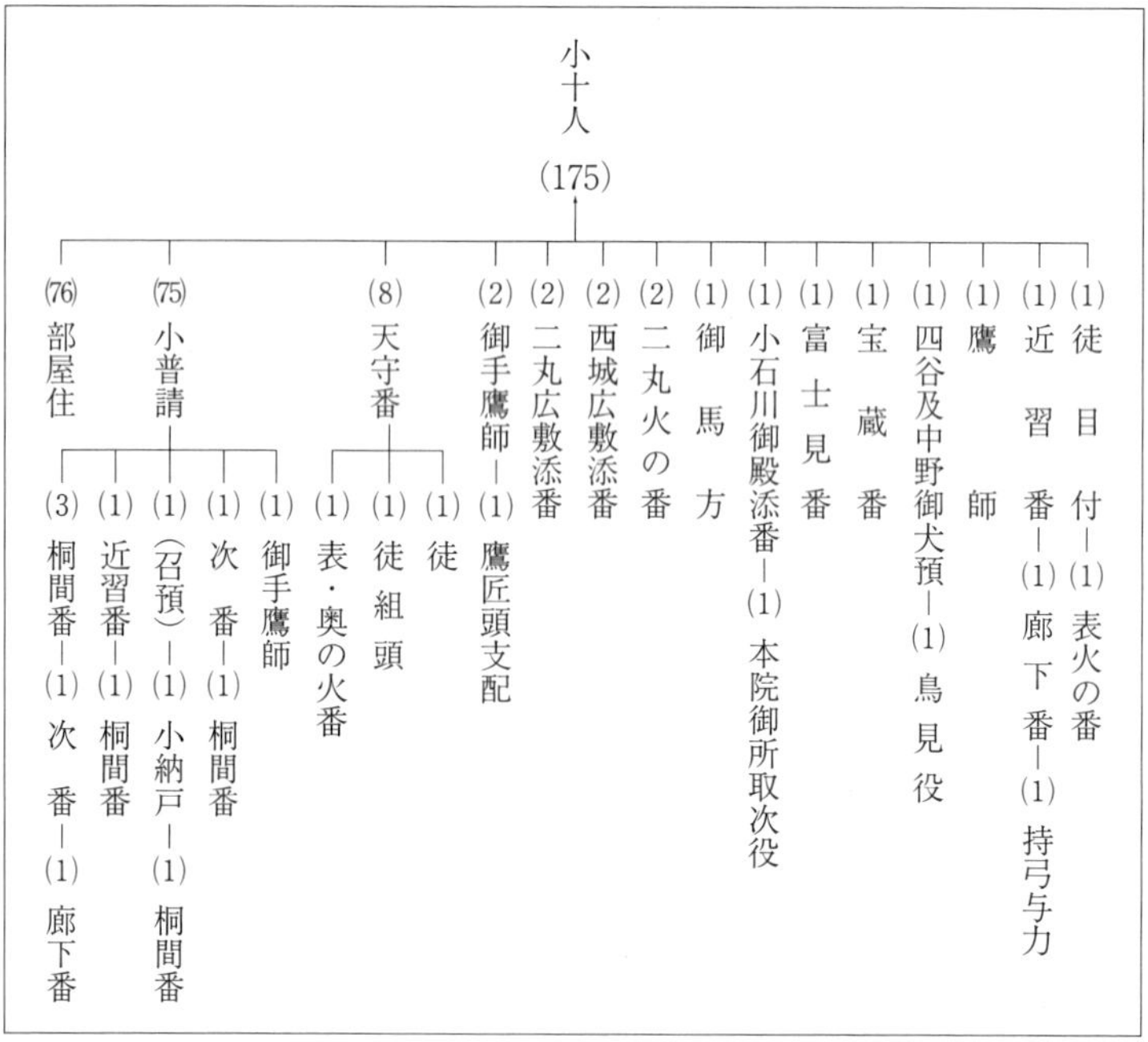

（前歴の職名の上にある数字（例(8)）は人数を示す）

組に入番すれば、小緑といっても一〇〇俵一〇人扶持[1]が与えられることになり、父の家禄もこれとそれほど違わないのであるとすれば、ほとんど二倍に近い経済的優遇を受けることになるであろう。『明良洪範』において、徳川家綱誕生の翌年三月というから寛永一九年三月ということになるが、この時幕府当局が旗本困窮の打開策について悩んだ様子がのべられており、その結果「惣御旗本の嫡子共御番入」が行なわれたとし、五番方の一番最後にできた「新御番も此節より出来たると也[2]」と結んでいる。このような旗本の困窮はそのまま有効な手がうたれることなく嫡子共の番入によってひとまずの安定を得ることにしたと考えられる。この考え方が残っていて小十人組への部屋住からの大量の入番といった現象をもたらしているのではないかと推測されるのである。ところで、正徳元年の時点で調べてみると、『分限帳』所載の者だけで、一七五人の内七〇人は三五組の父子の関係（表7-4参照）にあるとみとめることができる。ともに小十人組に就任しているわけである。その際一組として同じ番組に所属している者がなく、異なるのはおもしろい。幕府の部屋住の者を入番させるというやり方の意図がどこにあれ、部屋住の者がこうして入番して禄米を支給されることは、そのための出費が多少あったとしても、経済的救済の効果をもったことであろう。

　部屋住についで多いのが小普請からの入番である。小十人組衆の父も小十人とかかわりをもっていたのが八五名と半数近くにおよんでいることからすれば、ほぼ父と同様の職にまず就任したということになり、いわゆる小十人筋という家格の形成がみられる(3)わけで、妥当な姿を示しているものとすることができる。

　ついで多いのが天守番であるが、これは職制関係史料によれば御目見以下の役職(4)であって、御目見以上の役職に位置づけられている小十人への転職は、単な

表7-4　正徳元年時における小十人組父子の関係

父—子			父—子		
組		組	組		組
1	(9)—6	(16)	6	(10)—1	(16)
	(11)—2	(16)	7	(5)—8	(13)
	(14)—6	(15)		(8)—10	(15)
	(19)—6	(18)		(9)—8	(16)
3	(2)—4	(19)		(11)—10	(16)
	(4)—9	(13)	8	(4)—7	(15)
	(9)—4	(15)		(6)—7	(17)
	(10)—2	(10)		(7)—3	(11)
	(15)—10	(15)		(8)—7	(16)
4	(7)—5	(18)	9	(3)—1	(18)
	(9)—3	(14)		(4)—10	(11)
	(11)—3	(13)		(5)—3	(12)
5	(3)—10	(9)		(7)—10	(18)
	(4)—6	(13)		(9)—1	(15)
	(6)—7	(14)	10	(2)—2	(17)
	(8)—6	(17)		(5)—5	(17)
	(13)—4	(18)		(8)—9	(12)
6	(9)—2	(13)			

（番号は後掲「一覧」の番士の各組の順番を示す）

表7-5　小十人組入番直前の禄高表

（全体　175名）

家督をついでいた者			部屋住の者の家禄		
400石	1		700石	1	
350俵	1		350俵	1	
200石100俵	1	2	270石	1	
300俵	1		250石	1	2
270石	1		250俵	1	
260石	1		210石現米30石	1	
250俵	1		220俵	1	
245石	1		215石	2	
230石	1		200石	2	17
220石	1		200俵	15	
210石	1	2	150石	3	13
210俵	1		150俵5人扶持	1	
200石	2	18	150俵2人扶持	1	
200俵	16		150俵	8	
180俵	1		120俵3人扶持	2	
160俵5人扶持	1		50石50俵9人扶持	1	
150石	4	25	100俵10人扶持	22	
110石40俵	1		100俵7人扶持	1	
100石50俵	3		100俵3人扶持	2	
50石100俵	1		100俵	2	
150俵	16		50石40俵5人扶持	1	
50石50俵	1		現米80石	1	
100俵10人扶持	12		80俵2人扶持	1	
100俵5人扶持	1		60石3人扶持	1	
100俵3人扶持	3		60石	1	
100俵	1		50石5人扶持	1	
現米80石	1				
現米60石3人扶持	1				
現米50石10人扶持	1				
現米50石5人扶持	2				
10人扶持	2				
計	82		計	75	

（史料に「余」と出てくる端数は省略した）　　　　（不明　18名）

る昇進を意味するだけでなく、御目見以上以下で旗本と御家人を分つ考え方に従えば、御家人から旗本への家格の上昇を意味することになる。また近習番や御馬方等を除いた他の役職からの入番もかかる意味をもつことになる。しかし旗本・御家人の区別は非常にむずかしい。この呼称は習慣によって行なわれてきたもので、公称ではなく、幕府当局者にも判然としないところであった(5)。従ってこの時代御目見以下の役職から小十人へ昇進しても、当事者達にこのような意識がはたらいたかどうかはわからない(6)。ただ結果として小十人組へ入番したことが、その家にとって家格のつり上げにつながったことは否めない。

つぎに小十人組に入番してきた者のその直前の禄高についてみてみよう。表7-5はそれを示したものである。すでに家督をついでいた者八二名についてみてみると、二〇〇俵(あるいは石)が一八人、一五〇俵(石)が二五人、一〇〇俵一〇人扶持が一二人といったところが目につく。三〇〇俵(石)以上となるとたった四人(五%)で例外的な数字でしかない。二五〇俵(石)以上でも七人で一割にも満たない。部屋住からの場合でも、二〇〇俵(石)が一七人、一五〇俵(石)が一三人(但し、二人は扶持がつく)、一〇〇俵一〇人扶持が二二人といった数字が目につき、家督をついでいた者とほとんど同じ傾向を示している。五番方の内、両番は三〇〇俵、新番は二五〇俵、大番は二〇〇俵という定禄がかなり早くから行なわれてきたが(7)、小十人組に入番してきた者をあくまでも禄高だけからみた場合であるが、両番にふさわしい者一五七人中わずか六人しかおらず、大番にふさわしいのは五〇人で、あとの一〇一人は小十人にふさわしいかそれ以下であったということになるであろう。

ついで『寛政譜』もしくは『分限帳』によって知りえた年令(8)によって、就任時等の番士のそれについてみてみよう。

表7-6　小十人組就任時年令分布表

10代		20代		30代		40代		50代	
年令	人数	年令	人数	年令	人数	年令	人数	年令	人数
		20	8	30	6	40	1	50	2
11	1	21	8	31	2	41	2	51	0
12	1	22	5	32	8	42	1	52	1
13	1	23	9	33	3	43	0	53	0
14	0	24	7	34	6	44	4	54	0
15	0	25	11	35	6	45	3	55	0
16	1	26	12	36	4	46	2	56	0
17	11	27	4	37	4	47	3	57	1
18	6	28	6	38	6	48	1	58	0
19	7	29	6	39	3	49	1	59	1
28人		76人		48人		18人		5人	

表7-7　正徳元年時の小十人組衆年令分布表

10代		20代		30代		40代		50代		60代	
年令	人数	年令	人数	年令	人数	年令	人数	年令	人数	年令	人数
10	0	20	4	30	2	40	9	50	2	60	0
11	0	21	4	31	7	41	4	51	4	61	0
12	0	22	1	32	4	42	5	52	5	62	0
13	1	23	4	33	3	43	4	53	6	63	0
14	1	24	2	34	6	44	4	54	3	64	1
15	1	25	7	35	3	45	2	55	4	65	0
16	0	26	2	36	9	46	5	56	2	66	1
17	0	27	4	37	4	47	3	57	2	67	1
18	1	28	6	38	5	48	4	58	3	68	0
19	8	29	3	39	11	49	0	59	0	69	0
12人		37人		54人		40人		31人		3人	

表7-6は小十人組衆の就任時の年令を示したものである。

就任した時の年令は、十代が二八人、二十代が七六人、三十代が四八人、四十代が一八人、五十代が五人となっている。最高は一番組(9)森長左衛門の五九歳[9]、最低が九番組(13)青山平左衛門の一一歳で、これらを平均すると二九・〇歳(一七五人の平均）となる。同時期に新番衆であったものが三五・一歳[10]であったから六・一歳ほど若い。おおよその見当でいえば、部屋住からの入番者が多いこともあって、十代から二十代で入番する（一〇四人）のが一般で、三十代もまたかなりいたということになるであろう。

ちなみに各組ごとの平均年令を記しておくと、一番組二八・一歳、二番組二九・一歳、三番組三〇・九歳、四番組三〇・四歳、五番組二八・五歳、六番組二六・八歳、七番組二九・七歳、八番組二八・五歳、九番組三一・一歳、十番組二七・五歳となっている。最高と最低の組の間で四歳ほどの開きがあるが、ほとんど平均化されているようである。

つぎに『分限帳』の小十人組記載の時期である正徳元年時における組衆の年令をみておこう（表7-7参照）。十代が一二人、二十代が三七人、三十代が五四人、四十代が四〇人、五十代が三一人、六十代が三人となっており、最高が入番時にも年令が最高であった一番組(9)森長左衛門の六七歳、最低が九番組(13)青山平左衛門の一三歳で、三八歳以上が九〇人で過半数を占める。平均年令は三七・四（三七・八）[11]歳（一七七人の平均）となる。ちなみにこの時点での新番衆は四五・六歳[12]であった。これも組毎に記せば、一番組三七・三（三七・四）歳、二番組三七・三（三七・二）歳、三番組四〇・一（三九・七）歳、四番組三七・八（三八・五）歳、五番組三七・一（三八・二）歳、六番組三四・五（三四・六）歳、七番組三八・九（三七・四）歳、八番組三七・七（三六・九）歳、九番組三九・六（四一・二）歳、十番組三五・〇（三四・九）歳である。同時点の新番衆と比べて八・二歳低い三七・四歳であるが、その任務が「将軍ノ出行ニ前駆ス」（『古事類苑』官位部、第三巻、一一一五頁）るにある職としては多分に高令の者が多いのではないかという印象がもたれる。

表7-8は正徳元年における小十人組衆の経験年数を組別に示したものである。これをみると、各組に平

均して長期在職者がおり、たとえば、一五年以上の経験年数をもつ者をみてみると、一番組五人、二番組二人、三番組四人、四番組三人、五番組四人、六番組二人、七番組四人、八番組二人、九番組二人、十番組三人といった具合である。各組の経験年数をもつ者が片寄らないよう配慮がなされていることがうかがえよう。

註

（1） 後掲の「一覧」をみればわかるように、部屋住の者へは一〇〇俵一〇人扶持が与えられている。それ以下の場合が五人（一番組⒆、二番組⒅、三番組⒂・⒃、九番組

表7-8 正徳元年時における小十人組衆の組別経験年数表

組／経験年数	一組	二組	三組	四組	五組	六組	七組	八組	九組	十組
2	4	6	4	7	5	5	5	6	4	9
3	0	0	0	0	0	0	0	0	0	0
4	2	2	1	1	1	3	3	2	2	2
5	0	0	0	0	0	0	0	0	0	0
6	2	2	2	1	1	0	0	1	2	3
7	0	1	0	2	0	0	1	0	0	0
8	3	0	3	2	4	6	1	2	2	1
9	0	0	0	0	0	0	0	0	0	0
10	2	1	0	0	1	1	2	2	0	1
11	0	0	0	0	0	0	0	0	0	0
12	0	0	0	0	0	0	0	0	0	0
13	0	0	0	1	0	0	0	0	0	0
14	1	3	2	2	1	1	1	2	2	0
15	0	0	0	0	0	0	1	0	0	0
16	0	0	0	0	0	0	0	0	0	1
17	1	0	2	0	1	1	1	0	0	0
18	3	3	2	2	1	0	2	1	1	0
20	0	0	0	1	0	0	0	0	0	0
27	0	0	0	0	0	0	1	0	0	0
28	1	0	0	0	1	1	0	0	0	0
29	0	0	0	0	1	0	0	1	1	1
33	0	0	0	0	0	0	0	0	0	1

⒁　いるが、彼らはいずれも小普請からの入番である。

(2)　『明良洪範』（国書刊行会本）四〇二―三頁。

(3)　本書第二章「江戸幕府番方の範囲をめぐって」参照。

(4)　「旧経録」礼（『古事類苑』官位部、第三巻、七〇頁）、「吏徴」別録下巻（『続々群書類従』第七、法制部、一〇一頁）。

(5)　明治になってからであるが、『徳川禁令考』の編纂者はこの点についてつぎのようにのべている。

幕士将軍ニ謁見スル以上ヲ旗本ト称シ、以下ヲ御家人ト称シタルコトハ当時見聞セシ所ナレトモ、古記ヲ按スルニ、文化十四年八月大目付ヘ阿部飛騨守ヨリノ問合ノ附札ニ、御旗本ハ万石以下御番衆迄ノ通称、御家人トハ御目見以上以下ニ而差別之儀ニハ無之、トアリ、此ニ拠レハ幕士ヲ御旗本御家人ト分称セシハ習慣ニ由レル者ニテ、公称ニハ非ラサリシナリ、然レトモ当時ノ公文、御旗本御家人ト連称シタル者亦之レ有リ（傍点は筆者）（前集第四、二二二頁）。

(6)　『代々記』の編者岡野融明はその「凡例」にて、三千石以下の旗本について論じる中で、「享保以来御制度一変し、諸士の家格大に備りて」とか、寄合と小普請の別について触れているところでは、「享保四年御制度立てられ」などとのべている。このように格式上の明確な違いは享保期にいたって確立したのではないかと思われる。職制史関係史料はこれ以降の内容を説明するものが多いようである。

(7)　番方の内で一番遅く成立した新番の定禄が決定されたのは、万治年間のことである（本書第六章「江戸幕府新番成立考」参照）。

(8)　「一覧」にある『寛政譜』からのものによることにし、これが不明の場合、『分限帳』から採用した。両者から知りえた年令に個人によっては著しい差がみられる場合もあるが、後述するように（たとえば註の⑾参照）全体的にみた場合ほとんど変らない。

(9)　『分限帳』によれば七歳若くなり、最高ではなくなる。

(10)　本書第五章「正徳元年末の新番衆について」参照。

（11）『寛政譜』とその不明なところを『分限帳』で補った場合と、『分限帳』のみによる場合とどのぐらい相違するか比較するために（　）で後者の場合を示した。以上組毎の平均年令も同じ。それほどの違いがないことが了解されるであろう。

（12）註⑽に同じ。

三　当該小十人組衆の辞任をめぐって

ここでは小十人組衆のその後の履歴にまつわる事柄についてのべてみよう。

小十人組衆の昇途先を示したものがつぎの表7-9である。在任中歿してしまった者が三五人、昇進することなく辞任した者が六三人、処罰された者一人である。そこで九九人（一七三人中、五七・二％）の者がこの小十人組を最後の履歴として終っていることになる。

つぎに他の職へ転じた者七四名（四二・八％）についてその後の昇途先をみてみると、小十人組頭が三二人（一八・五％、転進者中の四二・七％）で圧倒的に多い。この職は小十人在任の経験を最も生かせる職務であろう。新番（おそらく大番も同じ事情のもとにあると思われる）も同様であったが、他の役職から転じてきて、実務面で組の任務内容に疎い小十人頭を助けて補佐するのにふさわしい働きが期待されたものであろう。特に小十人組頭の場合、後掲「一覧」からうかがえるように、各番組に二人いる組頭はいずれも同じ組に小十人として在任していたのはその点が強く意識されたものである。しかしどういう不都合があったのかわからないが、享保一一年以降一人は他の番組の者から補任されることになる[1]。

表7-9　小十人組昇途表〔（　）の数字は人数を示す〕

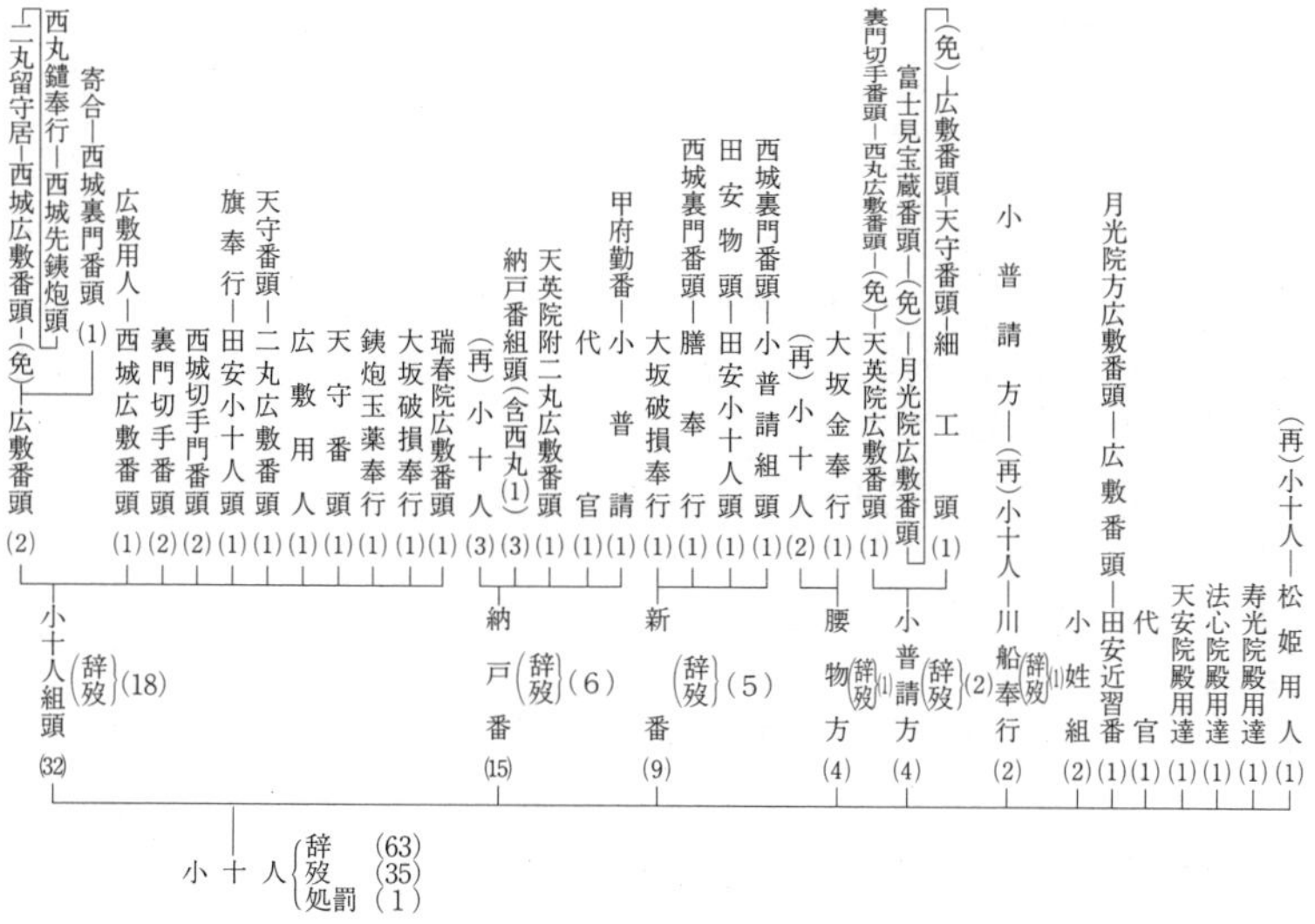

ついで多いのが納戸番の一五人（八・七％、転進者中の二〇％）、新番の九人（五・二％、転進者の一二％）、腰物方、小普請方のそれぞれ四人とつづいている。

これらを『明良帯録』にある小十人の昇途先（表7-10）[2]と比べてみたらどうなるであろうか。両表を比較してみると、小十人組頭（『明良帯録』の表では「小十人組与頭」）についてはなるほど昇途者が多いだけに両者に共通するところであるが、『明良帯録』の方には新番・小普請方・川鉛奉行などはみられない。逆に『明良帯録』に出てくる御三殿小十人頭・御同殿（「御三殿」の意か）御徒頭・御書物奉行・御幕奉行などはここで取り上げた小十人組のつぎの昇途先としては履歴しないところであった。また小十人組頭からつぎの昇途先にしても両者には幾分相違がみられる。ただ新番衆の時[3]ほどの著しい相違はみられないようにも思えるが、少なくとも『明良帯録』の昇途表は、この正徳期のものと比べたら実際と相違するところが多分にあるとはいえるであろう。と

表7-10 『明良帯録』による小十人組衆の昇途表

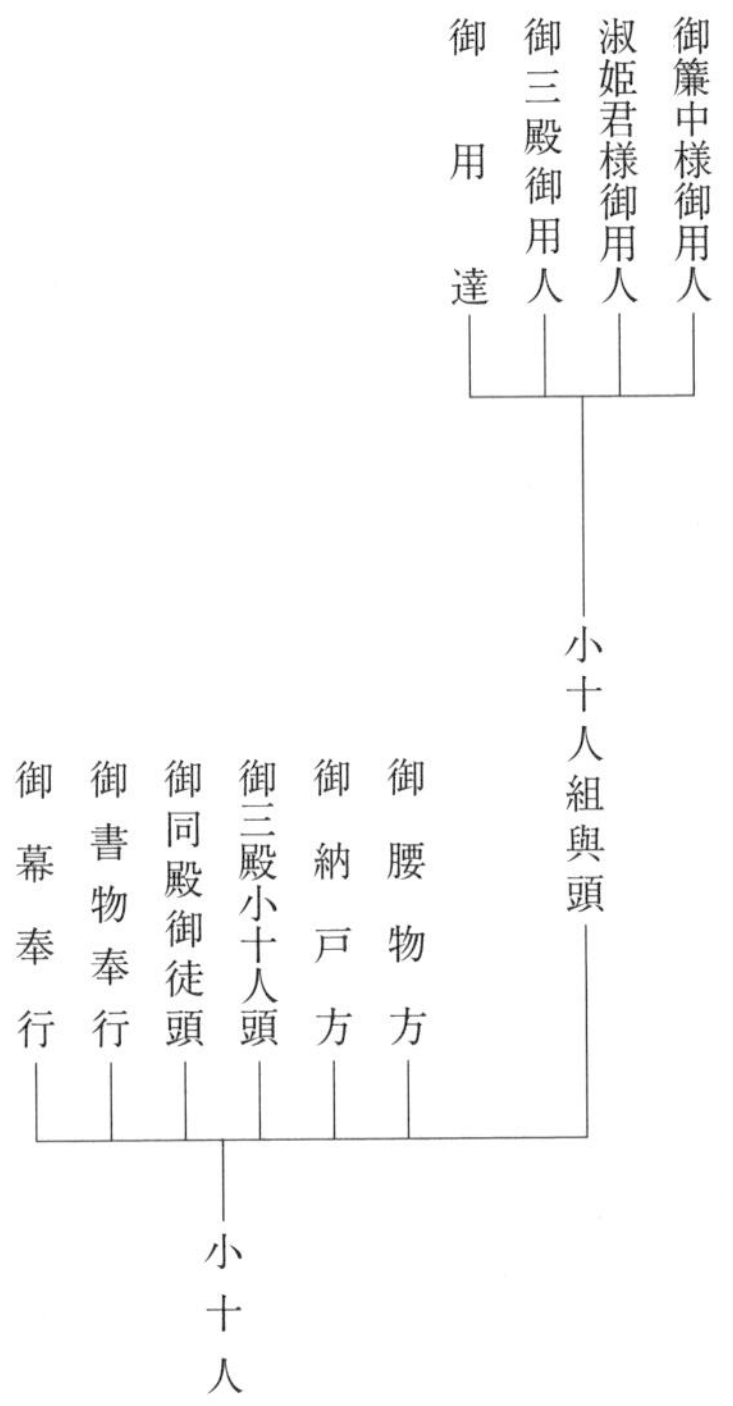

ところで『明良帯録』の昇途表には、小十人組頭の昇途先の一つに淑姫君様用人がある。この役職は寛政一〇年から文化一四年まで存在していたものなので[4]、この頃の事情を反映したものと考えることができよう。しかし『柳営補任』の淑姫君用人に任ぜられた者の内に小十人組頭から転じてきた者はいない[5]。こうしてみてくると、この昇途表は事実を反映しているものかどうかかなり疑問が出てくる。今後他の役職からの昇途を検討することによって明らかにすることができよう。

つぎに年令についてみてみよう。退職時の年令については一六五人について知ることができる。表7-11は退職時の年令分布をあらわしたものである。二十代で退任した者六人、三十代が二九人、四十代が四六人、五十代が四五人、六十代が二六人、七十代が一二人、八十代が一人となっていて、その平均年令は五〇・三歳ということになる。在任中歿した者（三六人）の平均年令は五一・四歳となり辞任した者（三九人）は五五・八歳である。他へ転出（昇途）していった者（六九人）の年令は四五・二歳である。歿した者の年令が低いのは明らかに生存していれば在職期間がまだ継続していたことを示すものであり、転進していった者は、ここ

表7-11　退職時の年令分布表

20代		30代		40代		50代		60代		70・80代	
年令	人数	年令	人数	年令	人数	年令	人数	年令	人数	年令	人数
20	0	30	2	40	5	50	9	60	3	70	5
21	0	31	2	41	3	51	5	61	4	71	2
22	0	32	2	42	5	52	5	62	3	72	2
23	0	33	1	43	3	53	3	63	1	73	1
24	2	34	1	44	4	54	3	64	3	74	0
25	1	35	6	45	3	55	5	65	5	75	1
26	1	36	2	46	2	56	3	66	0	76	0
27	0	37	3	47	6	57	1	67	3	77	1
28	1	38	6	48	11	58	6	68	3	—	—
29	1	39	4	49	4	59	5	69	1	82	1
6人		29人		46人		45人		26人		(70代) 12人 (80代) 1人	

表7-12　小十人組在職年数分布表

在職年数	人数（計）	人数	在職年数	人数（計）	人数	在職年数	人数（計）	人数	在職年数	人数（計）	人数	在職年数	人数（計）	人数
1		0	11		3	21		4	31		5	41		1
2		0	12		5	22		8	32		2	42		0
3		2	13		3	23		4	33		4	43		2
4		2	14		6	24		6	34		1	44	5	0
5	29	3	15	58	10	25	48	2	35	24	2	45		1
6		2	16		4	26		5	36		2	46		0
7		10	17		5	27		3	37		1	47		1
8		4	18		9	28		5	38		3			
9		4	19		5	29		4	39		2			
10		2	20		8	30		7	40		2	62	1	1

で履歴を終ってしまう者に比べて早めに他へ転じていったことを示している。ついで在職年数にも触れておこう。一六五人の平均で二〇・八年となる。退職平均年令五〇・三歳から就任時平均年令二九・〇歳を引くと二一・三年となるが、この数字は再任者の他職在任期間にあたる年数も入るので多くなるのである。そしてこの在職平均年数二〇・八歳であるが、在職年数ごとに人数をあげたのが次の表7-12である。これによれば一〇年代から二〇年代が圧倒的に多い。しかし数字に拡散傾向がみられ、これまでの数字と同様あまり平均年を強調するのは実態とかけ離れたものにしてしまうおそれが多分にある。したがってモデル年令を設定して何歳で入番し、何歳で辞任とか他へ転進していくとかいった数字を出すことはいかがなものかと思われる。いってみればこのような特色をもつところに封建官僚制の特色があらわれているものとすることができよう。

最後に小十人組に入番したことが次代の子にどのような影響（家格上の変化への可能性）を与えているかどうかみてみよう。

子供の履歴をみると父と同じ小十人組に入番しているのが一一六人いる。子供がいないのが八人、子供に履歴がみられない場合一七人であるから、小十人組入番はかなりの高率を示しているわけで、ここでも小十人筋の存在を確認することができる。ついで大番に入番した者が二一人、小十人組に一度入番してから大番に転じた者が二人いて、合わせて二三人の者が小十人筋から大番筋へと家格のつり上げの機会をもつことになる。さらに上層の家格の者が就任する両番ともなると少なく、書院番に入番した者が五人（一番組(5)・(17)、四番組(1)、九番組(1)、十番組(17)）で、小十人組から大番を経由して小姓組に入った者一人（十番組(7)）、大番から小姓組に転じた者一人（七番組(18)）を加えてもわずか七人にすぎない。これら子が父以上の格式の番方に入番した場合をみてみると、ほとんど父が小十人組頭や新番・納戸番・小姓組などに昇進していたことがわかる。従って父が小十人のままで終ってしまう場合などは子供が小十人筋から抜け出ることはできず、父が小十人組から昇進して前述の職に転じておくことが、子の時代に家格を引き上げる要件であったといえよう。概していえば父・本人・子と三代にわたってみたわけであるが、一八世紀前後においてわずかな例を除いて大筋において小十人を勤める家に大きな移動はなかったということであり、いわゆる旗本の底辺を形成している家筋は定着していたといえるのである。

註

(1) 「吏徴」別録下巻(『続々群書類従』第七、法制部、九二頁)。大番組の組頭については本書第四章参照。
(2) 「明良帯録」続篇(『改定史籍集覧』第十一冊、五二頁)。
(3) 本書第五章「正徳元年末の新番衆について」参照。
(4) 『柳営補任』四巻、一二四頁。
(5) 同右。

むすびにかえて

これまで『分限帳』所載の小十人組衆についてあれこれのべてきた。まずこの小十人組衆について、いつの時点での構成員をあらわしているものかについて検討を加えた。その結果、従来の有力な通説によれば「宝永二年の小十人組衆」とすべきところであるが、所載の小十人組衆の履歴を調べることによって、第五章の新番衆と同様にここでも正徳元年末の時点での構成員が掲載されているものと考えることができた。ついで主として彼らの履歴を就任と退任の二面から小十人組衆の実態についてみてきた。それらは本文を参照していただくことにしてここでは再びくり返さないことにする。ただ一言いっておきたいことは、『明良帯録』所収の昇途表が第五章でのべた新番衆の時ほど著しい相違はみられないが、それでもなおこの時期の小十人組衆の実態とかなりかけ離れたものではないかということである。この点については今後、両番や大番衆についても同じ作業を進めることによって、さらに一層明らかにすることができるであろう。また本稿で知りえた実態がいかなる意義を有するものであるかについても、他の番方の同様の作業を待たねばならない。そして時期についても正徳期に限定せず、全ての時期かもしくはいくつかの時点でこのような作業を行なうことができることがのぞまれる。そうすれば旗本の実態についての理解をより深めることができ、彼らの幕府職制の上における位置・役割といったものが具体的に明らかになるものと思う。今回は正徳元年の小十人組衆を調べることによって一つの見通しをえることにとどめ、全貌については今後の作業の進展に待ちたい。

『御家人分限帳』所載の小十人組衆一覧

附、参考（『分限帳』に見えず他の史料にみられるもの）

〈凡例〉

（1）順番は『分限帳』の記載順によっている。

（2）各人の通称は『分限帳』記載のものである。

（3）禄高は『分限帳』記載のもので、従って正徳元年末現在のものであると考えてよい。

（4）「酉28」とある年齢は、『分限帳』記載のもので、その下に「（35歳）」とあるのは『分限帳』記載の年齢によって正徳元年時の年齢を算出したものである。また「（31歳・28歳）」とある場合は、下段が『寛政譜』による正徳元年時の年齢で、前者のように一つしか示されていない時は、『分限帳』と『寛政譜』が符合していることを意味している。

（5）年齢の下に(代)とあるのは『代々記』にも出てくる者で、それがないのは出てこない者である。

（6）㈠は在任期間、そこに②とあれば再任時の在任期間を示す。
㈡は小十人組へ入番する以前の履歴、その下にある数字（たとえば（二〇〇石））は入番直前の禄高を示し、その番士が部屋住からの時は父の禄高（家禄）をあげた。ついで②とある時は再任時の履歴を、㈢は昇進（途）先で、②とあれば再任した後の昇進（途）先を示す。㈣は小十人組入番時の年齢で、㈤は在任期間を示し、父、は父の主要履歴を、子、は子の主要履歴を示している。

（7）最後の（一四―二一〇）は（5）の情報の中心となった『寛政譜』の巻と号を意味し、（一四―二一〇）とあるのは、同書の一四巻二一〇頁ということで、当該人物の同書における掲載巻数と頁を示す。なお情報については他の史料（『代々記』）で補ったところもある。また一部で『寛政譜』にみあたらない人物については『断家譜』を採用し、その際にはそれを明記しておいた。

（8）『寛政譜』『断家譜』それに『代々記』などによっても、どうしても見出すことのできなかった二名（五番組⑼・⒃）については不明とせざるをえなかった。残念ながら後考に待ちたい。

一番組

（頭）石丸五左衛門[1]（定清、宝永二・七・二一―享保一三・一〇・二八（六―四〇六））組
組頭、久松七郎兵衛（定国、元禄一〇・三・六―享保九・二・一五（一七―三二三））二〇〇俵外一〇〇俵役料

酉47（53歳）、元一番組番士[2]
組頭、松崎小左衛門（某、元禄一六・一〇・二—享保一六・五・二五〔一四—四二二〕二〇〇俵外一〇〇俵役料
酉36（42歳・不明）、元一番組番士

⑴天野数馬（正方）二〇〇俵　亥26（30歳・29歳）(代)
㈠宝永四・七・九—正徳二・四・三　㈡小普請より（二〇〇俵）㈢辞　㈣25歳　㈤5年　父、小普請　子、小十人〔一四—二一〇〕

⑵毛呂彌右衛門（長恭）二〇〇俵　酉28（34歳）(代)
㈠元禄一〇・七・二三—正徳二・三・二六　㈡小普請より（二〇〇俵）㈢納戸番（二丸・西丸）—西丸納戸組頭　㈣20歳　㈤15年　父、御家人[3]　子、納戸番〔二一—八五〕

⑶阿部次郎八郎（信求）二〇〇俵　丑28（30歳・31歳）(代)
㈠宝永二・一〇・一三—正徳五・一一・一六　㈡小普請より（二〇〇俵）㈢納戸番　㈣25歳　㈤10年　父、御家人　子、小十人〔一〇—三八一〕

⑷堀江半七郎（成芳）一五〇俵　亥36（40歳）
㈠宝永四・七・九—正徳五・八・五　㈡小普請より（一五〇俵）㈢代官　㈣36歳　㈤8年　父、勘定　子、勘定（吟味役）〔二二—三二〇〕

⑸伊奈友之助（忠真）一五〇俵　酉33（39歳）(代)
㈠宝永二・一〇・一三—享保一五・八・二九　㈡小普請（再召出）より（一五〇俵）㈢小十人組頭—天英院広敷番頭・西丸広敷番頭—二丸留守居—西先鉄炮頭—西鎗奉行　㈣33歳　㈤25年　父、代官　子、書院番〔一五—五〇〕

⑹酒井弥十郎（信次）一五〇俵　酉34（40歳）㊹
㈠元禄一四・六・一一—享保六・九・六　㈡小普請より（一五〇俵）㈢歿　㈣30歳　㈤20年　父、御家人　子、小十人〔二—七三〕

⑺東條伝蔵(4)（季延）一五〇俵　酉28（34歳）㊹
㈠元禄七・閏五・九—享保一七・五・二三　㈡廊下番—次番—桐間番、小普請より（一五〇俵）㈢辞　㈣17歳　㈤38年　父、表火の番　子、小十人〔二〇—一〇二〕

⑻山中喜六郎（師登）一五〇俵　酉33（39歳）㊹
㈠元禄一六・五・二六—享保一〇・八・一三　㈡小普請より（一五〇俵）㈢歿　㈣30歳　㈤22年　父、御家人　子、小十人〔一六—一〇〕

⑼森長左衛門（政敷）一五〇俵　酉54（60歳・67歳）㊹
㈠元禄一六・五・二六—享保元・四月　㈡御家人—徒組頭—天守番　㈢辞　㈣59歳　㈤13年　父、召出・富士見番　子、小十人〔一五—六〕

⑽木村三右衛門（正朝）一〇〇俵一〇人扶持　酉31（37歳・不明）㊹
㈠元禄六・一二・九—享保四・一一・二二　②享保六・一二・二九—享保一〇・七・一一　㈡部屋住より（一〇〇俵一〇人扶持）②川船奉行より　㈢川船奉行　②小普請方　㈣不明（19歳）㈤26年　②4年　父、小十人子、歴ナシ〔七—二八六〕

⑾若藤小平太（高郷）一〇〇俵一〇人扶持　酉40（46歳）㊹
㈠元禄一四・六・一一—享保一七・正・二七　㈡小普請より（一〇人扶持）㈢歿　㈣36歳　㈤31年　父、小納戸　子、小十人〔二〇—八三〕

⑿太田源四郎（勝見）一〇〇俵一〇人扶持　酉36（42歳）㈹
㈠元禄六・五・一九―元文三・四・七　㈡小普請より（一〇〇俵一〇人扶持）㈢小十人組頭―二丸広敷番頭―天守番頭　㈣24歳　㈤45年　父、小十人　子、小十人〔一四―六〇〕
⒀布施半太郎（忠友）一〇〇俵一〇人扶持　酉30（36歳・不明）㈹
㈠元禄六・一二・九―享保九・閏四・七　㈡部屋住より（一〇〇俵一〇人扶持）㈢辞　㈣不明（18歳）㈤31年　父、小十人　子、小十人〔一八―二〇〇〕
⒁志村又右衛門（貞興）一〇〇俵一〇人扶持　酉50（56歳・54歳）㈹
㈠天和三・九・二五―享保三・八・朔　㈡部屋住より（一〇〇俵一〇人扶持）㈢歿　㈣26歳　㈤35年　父、小十人　子、小十人〔一九―七六〕
⒂沢四郎左衛門（貴隆）一〇〇俵一〇人扶持　丑17（19歳）㈹
㈠宝永六・四・六―元文五・閏七・九　㈡部屋住より（二一五石）㈢辞　㈣17歳　㈤31年　父、小十人　子、小十人〔二〇―七二〕
⒃沢彦次郎（寿貞）一〇〇俵一〇人扶持　丑17（19歳・20歳）㈹
㈠宝永六・四・六―延享四・一二・二七　㈡部屋住より（一〇〇俵一〇人扶持）㈢辞　㈣18歳　㈤38年　父、小十人　子、小十人―新番〔一七―六一〕
⒄森宮内（盛州）一〇〇俵一〇人扶持　丑26（28歳・27歳）㈹
㈠宝永六・四・六―正徳三・五・二八　㈡部屋住より（七〇〇石）㈢小姓組　㈣25歳　㈤4年　父、徒・八重姫用人　子、書院番〔二〇―二〕
⒅吉田文九郎（推見）一〇〇俵一〇人扶持　丑32（34歳・33歳）㈹

㈠宝永六・四・六—享保一六・八・一一　㈡部屋住より（二一五石）　㈢歿　㈣31歳　㈤22年　父、小十人（組頭）　子、小十人〔七—二四七〕

⒆入江佐助（倫昌）米八〇石　酉42（48歳・42歳）(代)

㈠元禄一六・五・二六—正徳二・三・二六　㈡小普請より（現米八〇石）　㈢納戸番　㈣34歳　㈤9年　父、御手鷹師　子、小十人（組頭）〔一四—二三二〕

二番組

（頭）曽雌権右衛門（定勇、元禄一六・二・一〇—享保一二・六・二八〔四—二三二〕）組

組頭、間宮源四郎（盛政、元禄一六・八・九—享保一五・八・二九〔七—二五八〕）二〇〇俵外一〇〇俵役料

酉42（48歳）元二番組番士

組頭、加茂宮吉平（直春、宝永三・一二・二八—享保一二・四・二四〔一六—二九一〕）二〇〇俵外一〇〇俵役料　亥42（46歳・43歳）元二番組番士

⑴松下孫八郎（繁正）二〇〇俵　酉35（41歳・31歳）(代)

㈠宝永元・六・一一—正徳五・九月　②享保九・一〇・九—不明　㈡桐間番—小普請より（二〇〇俵）②小普請より　㈢辞②辞　㈣24歳　㈤11年②不明　父、御家人・小普請　子、小十人〔七—一三八〕

⑵小林平次郎（正休）一五〇石　酉37（43歳・42歳）(代)

㈠元禄一〇・七・二三—正徳元・二・一五　㈡小普請より（五〇石一〇〇俵）　㈢歿　㈣28歳　㈤14年　父、大番　子、小十人〔一六—一二六〕

⑶長坂次郎兵衛（澄命）一五〇俵二人扶持　子37（40歳・42歳）(代)

㈠元禄六・一二・九―享保二・七・三　㈡部屋住より（一五〇俵二人扶持）㈢辞　㈣24歳　㈤24年　父、御手鷹師―小十人　子、歴ナシ〔四―一七六〕

(4)小池喜右衛門（貞徳）一五〇俵　亥31（35歳・不明）㉹

㈠宝永四・七・九―享保一二・九・一三　㈡小普請より（不明）㈢歿　㈣不明（31歳）㈤20年　父、御家人・二丸張番　子、小十人〔二〇―二七二〕

(5)酒井弥三郎（元嘉）一五〇俵　酉34（40歳）㉹

㈠元禄一〇・七・二三―享保一一・二・一六　㈡小普請より（一五〇俵）㈢小十人組頭―天守番頭　㈣26歳　㈤29年　父、天守番　子、大番〔二一―七二〕

(6)赤[5]坂四郎右衛門（正堅）一五〇俵　酉32（38歳・36歳）㉹

㈠宝永二・一〇・一三―元文二・四・二九　㈡小普請より（一五〇俵）㈢辞　㈣30歳　㈤32年　父、勘定　子、小十人〔二〇―七七〕

(7)吉野伊左衛門（信旨）一五〇俵　酉32（38歳）㉹

㈠宝永二・一〇・一三―享保一〇・三・一八　㈡御家人・西丸広敷添番（不明）㈢小十人組頭　㈣32歳　㈤20年　父、桜田館　子、小十人―大番―新番〔一八―三三九〕

(8)小宮山清右衛門（某）一〇〇俵一〇人扶持　酉42（48歳）㉹

㈠元禄一〇・七・二三―不明　㈡小普請より（一〇〇俵一〇人扶持）㈢辞　㈣34歳　㈤不明　父、小十人　子、小十人〔四―二三三〕

(9)谷庄三郎（正次）一〇〇俵一〇人扶持　酉36（42歳）㉹

㈠元禄六・一二・九―不明　②享保四・一〇・一八―不明　㈡部屋住より（二〇〇石）②小普請より　㈢辞②辞

㈣24歳　㈤不明　父、小十人・代官　子、歴ナシ〔二〇─一三〕

⑽秋山十三郎（信政）一〇〇俵一〇人扶持　丑35（41歳）(代)
㈠宝永六・四・六─享保一八・八・二　㈡部屋住より（一〇〇俵一〇人扶持）　㈢歿　㈣35歳　㈤24年　父、小十人　子、小十人〔四─九四〕

⑾小宮山六郎右衛門（昌純）一〇〇俵一〇人扶持　丑38（40歳・44歳）(代)
㈠元禄六・一二・九─正徳二・五・一一　㈡部屋住より（一〇〇俵一〇人扶持）　㈢辞　㈣26歳　㈤19年　父、小十人　子、小十人〔四─二三二〕

⑿森惣右衛門（種雅）一〇〇俵一〇人扶持　酉27（33歳・32歳）(代)
㈠元禄一四・六・一一─享保一〇・七・一一　㈡小普請より（一〇〇俵一〇人扶持）　㈢田安近習番─広敷番頭─月光院方広敷番頭　㈣22歳　㈤14年　父、小十人　子、歴ナシ〔一四─一二九〕

⒀依田甚五左衛門（守次）一〇〇俵一〇人扶持　丑27（29歳・不明）(代)
㈠宝永六・四・六─正徳五・八・一一　㈡部屋住より（一五〇石）　㈢処罰　㈣不明（27歳）　㈤6年　父、小十人　子、小十人（組頭）〔六─一二五〕

⒁嶋杢十郎（秀延）一〇〇俵一〇人扶持　丑35（37歳・44歳）(代)
㈠宝永六・四・六─享保二〇・四・六　㈡部屋住より（一五〇俵五人扶持）　㈢歿　㈣42歳　㈤26年　父、徒目付・細工頭　子、小十人〔二二一─一一三〕

⒂野尻太左衛門（正矩）一〇〇俵一〇人扶持　丑30（32歳・36歳）(代)
㈠宝永六・四・六─元文四・七・一六　㈡部屋住より（一〇〇俵一〇人扶持）　㈢辞　㈣34歳　㈤30年　父、御手鷹師─小十人　子、小十人〔一〇─六七〕

⒃若藤源太郎（高豊）一〇〇俵一〇人扶持　丑17（19歳）㊹
㈠宝永六・四・六―元文四・八・一八　㈡部屋住より（一〇〇俵一〇人扶持）㈢歿　㈣17歳　㈤30年　父、小十人　子、小十人〔二〇―八三〕
⒄野間求馬（正寿）一〇〇俵一〇人扶持　丑26（28歳・不明）㊹
㈠宝永六・四・六―正徳四・三・二三　㈡部屋住より（二七〇石余）㈢歿　㈣不明（26歳）㈤5年　父、鷹師―小十人　子、ナシ　弟家つぐ〔一五―三四五〕
⒅野辺伝左衛門（序当）現米五〇石五人扶持　亥41（45歳・不明）㊹
㈠宝永四・七・九―正徳四・九・九　㈡小普請より（現米五〇石五人扶持）㈢歿　㈣不明（41歳）㈤7年　父、鷹師　子、小十人〔一〇―二七〕

三番組

（頭）小笠原七右衛門（長晃、正徳元・正・一一―享保五・正・二八〔四―六〕）組頭、戸田忠兵衛（正矩、宝永七・六・一一―享保二・六・二八〔一四―三六三〕）二〇〇俵外一〇〇俵役料　刁46（47歳・45歳）元三番組番士
組頭、乾次郎衛門（元義、元禄一四・一〇・一三―正徳五・八・一九〔一七―五四〕）現米八〇石外一〇〇俵役料　酉50（56歳・57歳）元三番組番士
⑴鈴木宇右衛門（重房）四〇〇石　亥33（37歳・39歳）㊹
㈠宝永四・七・九―正徳四・二・一一　㈡小普請より（四〇〇石）㈢新番　㈣35歳　㈤7年　父、小十人　子腰物方・佐渡奉行〔一八―四〇〕

(2)八木三郎四郎（安勝）二〇〇俵　戌41（46歳・不明）㊹
㈠元禄六・一二・九―正徳二・三・二六　㈡部屋住より（二〇〇俵）　㈢納戸番―小普請―甲府勤番　㈣不明（28歳）　㈤19年　父、小十人　子、小十人〔一一―一四三〕

(3)前田孫兵衛（定勝）二〇〇俵　酉35（41歳・39歳）㊹
元禄七・閏五・九―享保元・一一・二〇　②享保三・一〇・朔―享保一八・一二・二九　㈡御家人・小普請（二〇〇俵）②腰物方　㈢腰物方②辞　㈣22歳　㈤22年②15年　父、神田館　子、小十人―新番〔一八―四八〕

(4)青山治左衛門（成明）二〇〇俵　酉46（52歳）㊹[6]
㈠宝永二・二〇・一三―正徳三・三・二〇　㈡御家人・小普請より（二〇〇俵）　㈢辞　㈣46歳　㈤8年　父、綱重附　子、小十人〔一二―一一〇〕

(5)木村善右衛門（宗次）一一〇石四〇俵　酉28（34歳・36歳）㊹
㈠元禄一六・五・二六―享保一〇・九・一〇　㈡小普請より（一一〇石）　㈢歿　㈣28歳　㈤22年　父、御手鷹師　子、歴ナシ〔一四―四一〕

(6)真野善太郎（定水）一〇〇俵一〇人扶持　酉33（39歳）㊹
㈠元禄六・一二・七―元文元・二・朔　㈡部屋住より（現米六〇石余）　㈢歿　㈣21歳　㈤43年　父、小十人　子、小十人〔一五―三六〇〕

(7)岡部式部（友勝）一〇〇俵一〇人扶持　酉33（39歳）㊹
㈠元禄一〇・七・二三―正徳五・九・五　㈡小普請（カ）より（不明）　㈢小十人組頭　㈣25歳　㈤18年　父、徒目付　子、小十人〔二一―二八二〕

(8)伊藤三郎左衛門（門喜）一〇〇俵一〇人扶持　酉42（48歳・47歳）㊹

㈠元禄七・閏五・九―享保一四・四・二四　㈡御家人・小普請より（一〇〇俵）　㈢辞　㈣30歳　㈤35年　父、神田館　子、小十人〔三―三五九〕

(9)間宮清太夫（元條）一〇〇俵一〇人扶持　刁35（36歳・不明）㉹

㈠元禄一六・五・二六―正徳五・四・五　㈡小普請より（一〇〇俵三人扶持）　㈢辞　㈣不明（28歳）　㈤12年　父、御手鷹匠　子、小十人〔七―二五五〕

(10)秋山源右衛門（道政）一〇〇俵一〇人扶持　酉50（56歳）㉹

㈠宝永二・一〇・一三―享保一〇・六・二八　㈡小普請より（一〇〇俵一〇人扶持）　㈢辞　㈣50歳　㈤20年　父、大番　子、小十人〔四―九四〕

(11)伊東喜内（祐矩）一〇〇俵一〇人扶持　丑17（19歳）㉹

㈠宝永六・四・六―元文五・五・一二　㈡部屋住より（五〇石余五〇俵九人扶持）　㈢小十人組頭　㈣17歳　㈤31年　父、小十人　子、(7)大番〔一三―三三二〕

(12)能勢新六郎（某）一〇〇俵一〇人扶持　丑22（24歳・不明）㉹

㈠宝永六・四・六―不明　㈡部屋住より（一五〇石）　㈢歿　㈣不明（22歳）　㈤不明　父、小十人　子、(8)小十人〔五―一一九〕

(13)千村小八郎（義彤）一〇〇俵一〇人扶持　丑38（40歳）㉹

㈠宝永六・四・六―享保元・三月　㈡部屋住より（一〇〇俵一〇人扶持）　㈢辞　㈣38歳　㈤7年　父、御家人・桐間番　子、小十人〔二―四〇三〕

(14)遠藤伊右衛門（忠通）一〇〇俵一〇人扶持　丑32（34歳）㉹

㈠宝永六・四・六―享保一〇・一一・一一　㈡部屋住より（二〇〇俵）　㈢小十人組頭―田安小十人頭―旗奉行

㈣32歳　㈤16年　父、小十人―川船奉行　子、小十人〔二〇―二四一〕

⒂吉田喜右衛門（政永）現米六〇石三人扶持　西47（53歳・55歳）(代)

㈠元禄一六・五・二六―享保一一・四・五　㈡小普請より（現米六〇石三人扶持）　㈢辞　㈣47歳　㈤23年　父、御手鷹師　子、小十人〔七―二四一〕

⒃比留[9]清右衛門（正曜）現米五〇石五人扶持　西31（37歳・40歳）(代)

㈠元禄一〇・七・二三―享保二・九・朔　㈡小普請より（現米六〇石五人扶持）　㈢小十人組頭　㈣26歳　㈤20年　父、小十人　子、大番―蔵奉行〔一七―一六七〕

四番組

（頭）長田新右衛門（重堅、元禄一三・四・二七―享保三・一一・朔〔九―二二一〕）組

組頭、神谷小作（直勝、元禄一四・四・二三―享保六・九・七〔一六―二三六〕）二五〇石外一〇〇俵役料　西40（46歳・不明）元四番組番士

組頭、宮重久右衛門（信正、元禄六・一二・一五―享保六・二・二八〔一六―三〇〇〕）二〇〇俵外一〇〇俵役料　酉47（53歳）元四番組番士

⑴富沢小兵衛（利成）二五〇俵　卯23（23歳）(代)

㈠宝永六・四・六―享保三・五・一二　㈡部屋住より（二五〇俵）　㈢新番―小普請組頭―西丸裏門番頭　㈣21歳　㈤9年　父、徒目付・細工頭　子、書院番〔二一―一九九〕

⑵鈴木源左衛門（信猶）二[10]五〇俵　卯40（40歳）(代)

㈠宝永六・四・六―正徳五・一一・一六　㈡部屋住より（二二〇俵）　㈢納戸番―納戸番組頭　㈣38歳　㈤6年

父、小十人━二条鉄炮奉行　子、納戸番（組頭）〔一八━四〕

(3)小林助左衛門（政孝）二〇〇俵　酉39（45歳・不明）㊹
㈠宝永元・六・一一━正徳二・三・二六　②享保三・一一・朔━享保一三・一二月　㈡御家人・桐間番━近習番━小普請より（二〇〇俵）②納戸番より　㈢納戸番　②辞　㈣不明（38歳）㈤8年　②10年　父、綱吉附　子、小十人〔一六━一六〇〕

(4)大原清左衛門（長則）一〇〇石五〇俵　酉34（40歳・44歳）㊹
㈠元禄一六・五・二六━享保二・一二月　㈡小普請より（一〇〇石五〇俵）㈢辞　㈣36歳　㈤14年　父、広敷添番　子、小十人〔七━一三九〕

(5)内藤伝三郎（正甫）一五〇俵　亥25（29歳・31歳）㊹
㈠宝永四・七・九━延享四・二・晦　㈡小普請より（一五〇俵）㈢辞　㈣27歳　㈤40年　父、小十人　子、小十人〔一三━二四七〕

(6)大竹勘右衛門（信親）一五〇俵　酉50（56歳）㊹
㈠元禄一六・五・二六━享保一一・四・五　㈡天守番より（不明）㈢辞　㈣48歳　㈤23年　父、天守番　子、小十人〔九━一八六〕

(7)山崎金左衛門（弘矩）一五〇俵　酉35（41歳・不明）㊹
㈠宝永二・一〇・一三━享保二〇・九・六　㈡仙洞附与力━免━（川越住）━二丸火の番（不明）㈢歿　㈣不明（35歳）㈤30年　父、仙洞附与力　子、小十人〔一九━三七四〕

(8)大久保孫太夫（忠住）一〇〇俵一〇人扶持　丑37（39歳・不明）
㈠元禄一〇・七・二三━宝永五・二・一九　②宝永六・二・二一━享保八・五・一五　㈡小普請より（一〇〇俵

一〇人扶持）②桐間番より　㈢桐間番　②小十人組頭—瑞春院方広敷番頭　㈣不明（25歳）㈤11年　②14年　父、小十人　子、歴ナシ〔一二—三三〕

⑼遠藤五兵衛（安通）一〇〇俵一〇人扶持　酉51（57歳・52歳）㈹
㈠元禄四・一二・一四—享保二・二・三　㈡部屋住より（二〇〇俵）㈢川船奉行　㈣32歳　㈤26年　父、徒（組頭）子、小十人（組頭）〔二〇—二四二〕

⑽久保市兵衛（重治）一〇〇俵一〇人扶持　酉34（40歳・38歳）㈹
㈠元禄六・一二・九—元文元・一二・一六　㈡部屋住より（二五〇石）㈢歿　㈣20歳　㈤43年　父、国廻役—小十人　子、歴ナシ〔断家譜二—一二八〕

⑾千村八郎左衛門（義道）一〇〇俵一〇人扶持　酉58（64歳）㈹
㈠宝永元・六・一一—享保二・一二月　㈡御家人・桐間番—小納戸—召預—小普請より（一〇人扶持）㈢辞　㈣57歳　㈤13年　父、御家人・小普請　子、小十人〔二—四〇二〕

⑿山本平右衛門（尚房）一〇〇俵一〇人扶持　酉32（38歳）㈹
㈠元禄六・一二・一二—享保六・三・二八　㈡部屋住より（五〇石四〇俵五人扶持）㈢小十人組頭　㈣20歳　㈤28年　父、鷹匠—生類方　子、小十人〔三—一一二〕

⒀佐原久蔵（満正）一〇〇俵一〇人扶持　酉25（31歳・不明）㈹
㈠元禄一〇・七・二三—享保一五・一〇・二　㈡部屋住より（一〇〇俵七人扶持）㈢法心院用達—辞—遠流　㈣不明（17歳）㈤33年　父、御手鷹匠　子、歴ナシ〔九—一〇四〕

⒁佐々半左衛門（長亮）一〇〇俵一〇人扶持　酉36（42歳・40歳）㈹
㈠元禄一〇・七・二三—享保九・五・七　㈡小普請より（一〇〇俵一〇人扶持）㈢小十人組頭—鉄炮玉薬奉行

㈣26歳　㈤27年　父、小十人　子、大番―代官〔七―三一七〕
⒂間宮惣七郎（好典）一〇〇俵一〇人扶持　丑22（24歳・21歳）㊹
㈠宝永六・四・六―享保一二・一二・一八　㈡部屋住より（一〇〇俵一〇人扶持）㈢辞　㈣19歳　㈤18年　父、小十人　子、小十人〔七―二五五〕
⒃松居三左衛門（昌貞）一〇〇俵一〇人扶持　丑34（36歳）㊹
㈠宝永六・四・六―延享四・五・二〇　㈡部屋住より（一五〇俵）㈢歿　㈣34歳　㈤38年　父、御家人・小十人　子、小十人〔二〇―九七〕
⒄新見源五左衛門（某）一〇〇俵一〇人扶持　丑44（46歳・不明）㊹
㈠宝永六・四・六―享保一二・六・一八　㈡部屋住より（二〇〇俵）㈢辞　㈣不明（44歳）㈤18年　父、小十人　子、小十人〔三―三三〇〕
⒅吉川十蔵（正職）一〇〇俵一〇人扶持　丑19（21歳・15歳）㊹
㈠宝永六・四・六―享保一六・一一・一一　㈡部屋住より（一〇〇俵一〇人扶持）㈢西丸腰物方（本）㈣13歳　㈤22年　父、小十人（組頭）子、大番〔二〇―三七〇〕
⒆八木新三郎（国勝）一〇〇俵一〇人扶持　丑17（19歳・18歳）㊹
㈠宝永六・四・六―享保一四・四・二〇　㈡部屋住より（二〇〇俵）㈢辞　㈣16歳　㈤20年　父、小十人　子、歴ナシ〔一一―一四三〕

五番組

（頭）能勢三十郎（頼成、正徳元・五・一五―享保一〇・五・一八〔五―一一一〕）組

組頭、内藤半蔵（重次、元禄一〇・九・二六―正徳五・二・一一〔二三―二六三〕）二五〇石外一〇〇俵役料
酉48（54歳・55歳）元五番組番士
組頭、蔦木甚左衛門（盛房、宝永五・九・一〇―享保二・三・二三〔一六―二五四〕）二〇〇俵外一〇〇俵役料
　酉35（41歳・35歳）元五番組番士

⑴宮村貞八郎（勝知）二一七俵　亥36（40歳・33歳）(代)
㈠宝永四・七・九―正徳二・六・四　②享保三・一〇・朔―享保一〇・四・二五　㈡御家人・小普請より（二一〇俵余）②腰物方より　㈢腰物方　②歿　㈣29歳　㈤5年　②7年　父、桜田館　子、小十人〔二〇―二六五〕

⑵山本次右衛門（政辰）二〇〇俵　酉22（28歳・31歳）(代)
㈠宝永二・一〇・一三―享保三・二・朔　㈡小普請より（二〇〇俵）　㈢辞　㈣25歳　㈤13年　父、小十人　子、小十人―新番〔三―一〇〇〕

⑶林忠五郎（重澄）二〇〇俵　酉52（58歳）(代)
㈠元禄七・閏五・七―不明　㈡御家人・小普請より（二〇〇俵）　㈢辞　㈣41歳　㈤不明　父、大番　子、小十人〔四―一三四〕

⑷瀬戸庄左衛門（行正）二〇〇俵　酉40（46歳・47歳）(代)
㈠元禄一〇・七・二三―正徳元・二・一九　㈡小普請より（二〇〇俵）　㈢辞　㈣33歳　㈤14年　父、徒目付・細工頭　子、小十人（組頭）〔一八―三八八〕

⑸木村善兵衛（元尚）一五〇石　酉42（48歳）(代)
㈠元禄一四・六・一一―享保九・七月　㈡小普請より（一五〇石）　㈢辞　㈣38歳　㈤23年　父、馬預　子、小十人〔七―二九一〕

⑹駒井佐助（信成）一五〇俵　酉53（59歳・58歳）㊹
㈠天和二・一二・二五—享保八・三・朔　㈡御馬方より（一五〇俵）　㈢辞　㈣29歳　㈤41年　父、馬預　子、小十人（組頭）〔三—二二八〕

⑺高田忠左衛門（良賢）一五〇俵　酉25（31歳）㊹
㈠元禄一六・五・二六—享保四・一〇・二〇　②享保一二・三・二七—享保一三・五・一八　㈡小普請より（一五〇俵）②松姫君用人より　㈢松姫君用人　②歿　㈣23歳　㈤16年　②1年　父、勘定　子、小十人〔三一—一七七〕

⑻千種忠兵衛（勝精）一五〇俵　酉47（53歳・52歳）㊹
㈠元禄一六・五・二六—享保三・三・二六　㈡天守番より（不明）　㈢小普請方　㈣44歳　㈤15年　父、広敷添番　子、小十人〔二〇—三四〕

⑼窪田三右衛門一五〇俵　亥29（33歳・不明）
不明

⑽辻覚左衛門（守輝）一〇〇俵一〇人扶持　酉34（40歳・36歳）㊹
㈠元禄六・一二・一一—正徳五・二・二三　㈡部屋住より（一〇〇俵）　㈢小十人組頭　㈣18歳　㈤22年　父、御家人・勘定奉行支配—代官　子、小十人〔二二—二九六〕

⑾小林新平（定英）一〇〇俵一〇人扶持　酉45（51歳・不明）㊹
㈠天和三・九・二五—正徳二・三・五　㈡部屋住より（一〇〇俵一〇人扶持）　㈢歿　㈣不明（46歳）　㈤29年　父、小十人　子、小十人〔一六—一六五〕

⑿久留孫太夫（正晴）一〇〇俵一〇人扶持　酉51（57歳・44歳）㊹

㈠元禄一六・五・二六―享保三・三・二五　㈡小普請より（一〇〇俵一〇人扶持）　㈢歿　㈣36歳　㈤15年　父、小十人　子、小十人〔九―三六五〕

⒀吉川新八（正安）一〇〇俵一〇人扶持　酉45（51歳・52歳）㊹
㈠元禄一六・五・二六―享保二・四・一八　㈡本院御所取次役―小石川御殿添番より（不明）　㈢小十人組頭　㈣44歳　㈤14年　父、賄組頭―本院御所賄頭　子、小十人〔二〇―三七〇〕

⒁鳥居平右衛門（包盈）一〇〇俵一〇人扶持　丑31（33歳・23歳）㊹
㈠宝永六・四・六―正徳二・一〇・二三　㈡部屋住より（一〇〇俵三人扶持）　㈢歿　㈣21歳　㈤3年　父、御家人・小普請方　子、小普請　弟家つぐ〔二一―九〇〕

⒂本庄浅右衛門（某）一〇〇俵一〇人扶持　丑23（25歳・不明）㊹
㈠宝永六・四・六―享保八・五・二六[11]　㈡部屋住より（一二〇俵三人扶持）　㈢歿　㈣不明（23歳）　㈤14年　父、御家人・浜御殿奉行・見足奉行　子、小十人〔二二―四〇八〕

⒃小林佐兵衛一〇〇俵一〇人扶持　丑18（20歳・不明）
不明

⒄杉原小平太（直光）一〇〇俵一〇人扶持　丑18（20歳・14歳）㊹
㈠宝永六・四・六―享保一六・三・九　㈡部屋住より（一五〇石）　㈢小十人組頭　㈣12歳　㈤22年　父、天守番―小十人　子[12]、大番〔八―二九二〕

⒅山崎数馬（重泰）一〇〇俵一〇人扶持　丑17（19歳）㊹
㈠宝永六・四・六―享保二・一〇・二八　②享保一九・五・一三―寛保元・五・一八　㈡部屋住より（一五〇俵）②小普請より　㈢辞②辞　㈣17歳　㈤8年②7年　父、小十人　孫、歴ナシ〔一九―三七四〕

⒆浅香市右衛門（弘宗）一〇〇俵一〇人扶持　丑28（30歳）㊹
㈠宝永六・四・六―元文元・九・一九　㈡部屋住より（二〇〇俵）㈢辞　㈣28歳　㈤27年　父、徒（組頭）・瑞春院方広敷番頭　子、小十人（組頭）〔二二―四六〕

六番組

（頭）久津見又助（充信、元禄一三・二・一五―正徳三・七・一八〔二一―三四二〕）組頭、杉源左衛門（重春、元禄一〇・五・一二―享保元・二・一八〔二〇―一〇〕）二〇〇俵外一〇〇俵役料　酉49（55歳）元六番組番士
組頭、小林新六郎（正恒、宝永元・六・二一―享保一〇・二・二八〔一六―一三〇〕）二〇〇俵外一〇〇俵役料　酉39（45歳・44歳）元六番組番士

⑴大沢孫右衛門（正矩）三五〇俵　酉21（27歳）㊹
㈠元禄一六・八・六―享保六・閏七・二六　㈡部屋住より（三五〇俵）㈢納戸番―天英院附二丸広敷番頭　㈣19歳　㈤18年　父、三丸添番　子、大番〔二一―五二〕

⑵赤井喜四郎（時房）二〇〇俵　酉29（35歳・34歳）㊹
㈠元禄一〇・七・二三―正徳二・三・二六　㈡小普請より（二〇〇俵）㈢納戸番　㈣20歳　㈤15年　父、小十人　子、小十人〔四―三二四〕

⑶荻原弥右衛門（友忠）二〇〇俵　酉40（46歳・48歳）㊹
㈠元禄七・閏五・九―正徳二・三・二六　②享保三・一〇・朔―享保一五・五月　㈡小普請より（二〇〇俵）②納戸番より　㈢納戸番②辞　㈣31歳　㈤18年②12年　父、御家人・小普請　子、小十人〔一〇―三一八〕

(4)余語伝右衛門（伯江）二〇〇俵　酉48（54歳・55歳）㊹
㈠元禄一六・五・二六—正徳五・四・晦　㈡小普請より（二〇〇俵）　㈢小十人組頭　㈣47歳　㈤12年　父、小十人　子、小十人〔一七—三二五〕

(5)有田権左衛門（政長）二〇〇俵　酉29（35歳・36歳）㊹
㈠元禄一六・五・二六—享保三・一二・九　㈡小普請より（二〇〇俵）　㈢辞　㈣28歳　㈤15年　父、小十人　子、小十人〔八—四九〕

(6)永田新蔵（政峯）一六四俵余五人扶持　亥26（30歳・29歳）㊹
㈠宝永四・七・九—享保一三・九・朔　㈡小普請より（一六〇俵五人扶持）　㈢歿　㈣25歳　㈤21年　父、徒目付・細工頭　子、小十人〔一九—四〇〇〕

(7)山田助右衛門（元貞）一〇〇石五〇俵　丑32（34歳・不明）㊹
㈠元禄一六・五・二六—享保四・一一・一八　㈡小普請より（一〇〇石五〇俵）　㈢天英院用達　㈣不明（26歳）　㈤16年　父、勘定　子、歴ナシ〔一〇—六五〕

(8)折井吉右衛門（正隆）一五〇石　酉35（41歳・38歳）㊹
㈠元禄一六・五・二六—享保八・三・二八　㈡富士見番より（一五〇石）　㈢辞　㈣30歳　㈤20年　父、富士見番　子、小十人〔三—二六九〕

(9)依田佐五右衛門（守秀）一五〇石　亥35（39歳・不明）㊹
㈠宝永四・七・九—正徳四・七・一九　㈡天守番より（一五〇石）　㈢辞　㈣不明（35歳）　㈤7年　父、天守番　子、小十人〔六—二二五〕

(10)沢甚兵衛（満雅）一〇〇俵一〇人扶持　酉47（53歳）㊹

㈠天和三・九・二五―正徳二・八・六　㈡部屋住より（一〇〇俵一〇人扶持）　㈢辞　㈣25歳　㈤29年　父、(13)小十人　子、小十人〔一七―六二〕

⑾松井市郎左衛門（義陸）一〇〇俵一〇人扶持　酉35（41歳）㊹

㈠宝永四・二・二九―享保四・五・一六　㈡二丸広敷添番（不明）　㈢歿　㈣37歳　㈤12年　父、(14)ナシ　子、小十人〔二〇―五〕

⑿宿谷左門（某）一〇〇俵一〇人扶持　亥28（32歳・不明）㊹

㈠元禄一四・六・一一―正徳五・一二・二一　㈡部屋住より（一〇〇俵）　㈢小姓組(15)　㈣不明（22歳）　㈤4年　父、養仙院方用人　子、(16)ナシ〔二二―四〇三〕

⒀瀬戸小四郎（久豊）一〇〇俵一〇人扶持　丑17（19歳）㊹

㈠宝永六・四・六―享保一六・一〇・二六　㈡部屋住より（二〇〇俵）　㈢小十人組頭　㈣17歳　㈤22年　父、小十人　子、大番〔一八―三八八〕

⒁成田源八郎（勝安）一〇〇俵一〇人扶持　酉24（30歳・28歳）㊹

㈠元禄一六・五・二六―正徳五・七・二九　㈡小普請より（不明）　㈢歿　㈣20歳　㈤12年　父、天守番　子、小十人〔二一―四三〕

⒂志村又三郎（貞高）一〇〇俵一〇人扶持　丑26（28歳・不明）㊹

㈠宝永六・四・六―享保九・三・一六　㈡部屋住より（一〇〇俵一〇人扶持）　㈢小十人組頭―西丸切手門番頭　㈣不明（26歳）　㈤15年　父、小十人　子、歴ナシ〔一九―七六〕

⒃森長四郎（政弥）一〇〇俵一〇人扶持　丑23（25歳）㊹

㈠宝永六・四・六―享保三・三・二六　㈡部屋住より（一五〇俵）　㈢小普請方―細工頭―天守番頭―広敷番頭

（西）—小普請—月光院広敷番頭—小普請—富士見宝蔵番頭　㈣23歳　㈤9年　父、小十人　子、大番（組頭）
〔一五—六〕

⒄千種勝助（某）一〇〇俵一〇人扶持　丑19（21歳・不明）
㈠宝永六・四・六—不明　㈡部屋住より（一五〇俵カ）　㈢不明　㈣不明（19歳）　㈤不明　父、小十人　子、
ナシ[17]〔二〇—三五〕

⒅入江又八郎（倫敦）一〇〇俵一〇人扶持　丑31（33歳・34歳）㈹
㈠宝永六・四・六—享保元・二・二九　㈡部屋住より（現米八〇石）　㈢小十人組頭—裏門切手番頭　㈣32歳
㈤7年　父、小十人　子、大番（組頭）〔一四—二二二〕

七番組

（頭）小川左兵衛（康庸、正徳二・四・朔—享保三・五・二〔一四—二二五〕）組
組頭、仙波弥左衛門（年種、元禄一一・四・一四—享保六・二・七〔九—一六一〕）二五〇俵外一〇〇俵役料
酉55（61歳）元七番組番士
組頭、梶川清右衛門（正照、宝永四・二・二三—享保八・四・二五〔二〇—一九〇〕）二〇〇石外一〇〇俵役料
酉43（49歳・48歳）元七番組番士

⑴富士市十郎（信良）二〇〇石一〇〇俵　酉37（43歳）㈹
㈠元禄七・閏五・九—享保元・閏二・二　㈡桐間番—次番—小普請より（二〇〇石一〇〇俵）　㈢新番　㈣26歳
㈤22年　父、天守番　子、小十人〔六—三六一〕

⑵細田清左衛門（康行）二六〇石　亥20（24歳・36歳）㈹

㈠宝永四・七・九―正徳四・二・一一　㈡小普請より（二六〇石余）　㈢新番―田安小十人頭―同物頭（兼目付）　㈣32歳　㈤7年　父、小十人　子、歴ナシ〔一五―九八〕

(3)筒井武右衛門（政朝）二五〇俵　酉30（36歳・57歳）㈹

㈠元禄七・五・九―元禄一一・八・九　②元禄一三・八・二五―正徳二・六・四　㈡小普請より（二五〇俵）②桐間番より　㈢桐間番　②腰物方―大坂金奉行　㈣40歳　㈤4年　②12年　父、御家人・桂昌院方広敷番頭　子、大番〔一七―九二〕

(4)鈴木新左衛門（定泰）二五〇石[18]　卯53（53歳）㈹

㈠元禄一四・六・一一―享保一四・四・一九　㈡小普請より（二二〇石）　㈢辞　㈣45歳　㈤28年　父、小十人　子、小十人（組頭）〔二二一―三〇五〕

(5)斎藤平左衛門（重次）二〇九石余　酉51（57歳）㈹

㈠元禄六・五・一九―正徳二・六・一八　㈡御手鷹師―小普請より（二〇〇石余）　㈢歿　㈣39歳　㈤19年　父、小十人　子、小十人〔一三―一五七〕

(6)原田半兵衛（種久）二〇〇俵　酉37（43歳・37歳）㈹

㈠元禄一四・六・一一―享保一九年　㈡小普請より（二〇〇俵）　㈢辞　㈣27歳　㈤33年　父、御家人・小普請　子、小十人〔九―四一三〕

(7)伴孫兵衛（政善）二〇〇俵　酉33（39歳）㈹

㈠宝永元・六・一一―正徳二・三・二六　㈡桐間番―小普請より（二〇〇俵）　㈢納戸番　㈣32歳　㈤8年　父、御家人・小普請　子、甲府勤番〔二二一―二八六〕

(8)大岩源太夫（盛宗）一五〇俵　亥48（52歳・54歳）㈹

㈠宝永四・七・九―享保一二・五・二　㈡表・奥の火番―天守番より（不明）　㈢辞　㈣50歳　㈤20年　父、鳥見役―広敷添番　子、小十人（組頭）〔二〇―三一九〕

⑼藤井新八郎（義永）一〇〇俵一〇人扶持　酉45（51歳）(代)

㈠元禄一〇・七・二三―享保六・三・二八　㈡小普請より（一〇〇俵一〇人扶持）　㈢小十人組頭　㈣37歳　㈤24年　父、高槻蔵奉行　子、小十人（組頭）〔一四―八〇〕

⑽山梨角右衛門（胤貞）一〇〇俵一〇人扶持　酉22（28歳）(代)

㈠元禄一六・五・二六―元文元・七・九　㈡小普請より（一〇〇俵一〇人扶持）　㈢歿　㈣20歳　㈤33年　父、小十人　子、小十人〔二〇―二五〇〕

⑾山中惣右衛門（義質）一〇〇俵一〇人扶持　酉43（49歳・48歳）(代)

㈠天和三・九・二五―正徳元・一一・二五　㈡部屋住より（八〇俵二人扶持）　㈢辞　㈣20歳　㈤28年　父、小十人　子、小十人〔一六―九〕

⑿浅原左兵衛[19]（安洪）一〇〇俵一〇人扶持　酉35（41歳）(代)

㈠元禄六・一二・九―享保一一・正・二八　㈡部屋住より（二〇〇俵）　㈢小十人組頭　㈣23歳　㈤33年　父、小十人―新番　子、大番〔四―一二八〕

⒀斎藤半五郎（利政）一〇〇俵一〇人扶持　亥33（37歳・不明）(代)

㈠宝永四・七・九―正徳二・九・七　㈡小普請より（一〇〇俵一〇人扶持）　㈢歿　㈣不明（33歳）　㈤5年　父、小十人　子、小十人〔一三―一五五〕

⒁駒井藤助（佳叙）一〇〇俵一〇人扶持　丑25（27歳）(代)

㈠宝永六・四・六―享保一一・三・一八　㈡部屋住より（一五〇俵）　㈢小十人組頭―大坂破損奉行　㈣25歳

㈤17年　父、小十人　子、小十人〔三―二二九〕

⒂真方五平次（正氏）一〇〇俵一〇人扶持　丑17（19歳）㋹

㈠宝永六・四・六―享保一八・二・二　㈡部屋住より（一五〇俵余）　㈢小十人組頭（西）―小普請―裏門切手番頭　㈣17歳　㈤24年　父、小十人　子、大番―新番〔二一―八九〕

⒃服部新五郎（長富）一〇〇俵一〇人扶持　丑26（28歳・不明）㋹

㈠宝永六・四・六―享保一二・三・一一　㈡部屋住より（一〇〇俵一〇扶持）　㈢辞　㈣不明（26歳）　㈤18年　父、小十人　子、小十人〔一八―八一〕

⒄酒井半右衛門（実清）一〇〇俵一〇人扶持　丑24（26歳）㋹

㈠宝永六・四・六―寛延元・八・二六　㈡部屋住より（一五〇俵）　㈢小十人組頭　㈣24歳　㈤39年　父、小十人　子[20]、小十人〔九―二二三〕

⒅石渡四郎三郎（天智）一〇〇俵一〇人扶持　丑18（20歳）㋹

㈠宝永六・四・六―元文四・四・二二　㈡部屋住より（一〇〇俵一〇人扶持）　㈢西丸小十人組頭―広敷番頭（西）（本）―西裏門番頭―寄合　㈣18歳　㈤30年　父、小十人（組頭）子、大番・小姓組〔一八―二七〇〕

八番組

（頭）三浦五郎左衛門（義峯、元禄一一・四・一四―正徳二・八・一一〔九―四七〕）組

組頭、石渡長次郎（元興、宝永七・五・一一―元文三・一一・七〔一八―二六九〕）二〇〇俵外一〇〇俵役料刁38（39歳）元八番組番士

組頭、沢権十郎（實正、宝永七・一〇・二三―元文元・二・一一〔七―四五〕）二〇〇俵外一〇〇俵役料　酉36

（42歳）元八番組番士

(1)山寺治兵衛[21]（信映）三〇〇俵　酉28（34歳・33歳）㈹
㈠元禄一四・六・一一—享保三・三・一六　㈡小普請より（三〇〇俵）㈢新番　㈣23歳　㈤17年　父、御家
人・小十人　子、大番—蔵奉行〔三—二四三〕

(2)比留與左衛門（正茂）一八〇俵　酉31（37歳・39歳）㈹
㈠元禄一四・六・一一—享保七・正・一一　㈡小普請より（一八〇俵）㈢小十人組頭（二丸・西丸）㈣29歳
㈤21年　父、御手鷹師　子、大番〔一七—一六五〕

(3)関伝蔵（富明）一〇〇石五〇俵　亥37（41歳・39歳）㈹
㈠宝永四・七・九—享保一六・三・二一　㈡天守番より（一〇〇石五〇俵）㈢寿光院用達　㈣35歳　㈤24年
父、天守番　子、小十人〔一四—一一五〕

(4)真方善左衛門[22]（正知）一五五俵　酉35（41歳・38歳）㈹
㈠元禄一〇・七・二三—享保一八・九・二八　㈡小普請より（一五〇俵余）㈢辞　㈣24歳　㈤36年　父、小十
人　子、小十人（組頭）〔二二—八九〕

(5)小田切平右衛門（光正）一五〇俵　酉37（43歳）㈹
㈠元禄一六・五・二六—享保一八・九・二七　㈡小普請より（一五〇俵）㈢辞　㈣35歳　㈤30年　父、勘定
子、小十人〔七—二二〕

(6)酒井庄右衛門（実榮）一五〇俵　酉56（62歳・52歳）㈹
㈠元禄六・五・一九—享保二・一〇・一八　㈡小普請より（一五〇俵）㈢辞　㈣34歳　㈤24年　父、勘定　子、
小十人〔九—二二三〕

(7)伊東半平（祐政）五五石余五〇俵九人扶持　酉52（58歳）㊹
㈠天和二・三・二一―享保六・七・二五　㈡鷹匠頭支配―御手鷹師より（五〇石余五〇俵九人扶持）㈢辞　㈣29歳　㈤39年　父、鷹師　子、小十人〔一三―三三二〕

(8)服部忠左衛門（長勝）一〇〇俵一〇人扶持　酉60（66歳）㊹
㈠元禄一〇・五・二一―享保元・四・一一　㈡御家人・二丸火の番より（不明）㈢辞　㈣52歳　㈤19年　父、徳川忠長附・処士　子、小十人〔一八―八二〕

(9)須田次郎大夫（盛勝）[23]一〇〇俵一〇人扶持　酉47（53歳・不明）㊹
㈠元禄一六・五・二六―正徳三・一〇・一〇　㈡徒―天守番より（不明）㈢歿　㈣不明（45歳）㈤10年　父、歴ナシ　子、小十人〔四―三五二〕

(10)丸毛権左衛門（利益）一〇〇俵一〇人扶持　酉23（29歳・35歳）㊹
㈠宝永二・一〇・一三―享保一一・一〇・一〇　㈡小普請より（一〇〇俵一〇人扶持）㈢辞　㈣29歳　㈤21年　父、歴ナシ　子、歴ナシ〔四―三五〕

(11)林新助（政寛）一〇〇俵一〇人扶持　丑17（19歳）㊹
㈠宝永六・四・六―享保元・閏二・二　㈡部屋住より（二一〇石余現米三〇石）㈢新番　㈣17歳　㈤7年　父、小十人　子、大番（組頭）〔二一―一二四〕

(12)笠原新蔵（定宜）一〇〇俵一〇人扶持　亥20（24歳・25歳）㊹
㈠宝永四・七・九―元文元・三・一二　㈡小普請より（一〇〇俵一〇人扶持）㈢西丸小十人組頭―西丸切手門番頭　㈣21歳　㈤29年　父、小十人　子、大番・西丸新番〔二二―三七六〕

(13)斎藤惣内（道成）一〇〇俵一〇人扶持　丑19（21歳）㊹

㈠宝永六・四・六―延享二・一二・一八　㈡部屋住より（二〇〇石余）　㈢歿　㈣19歳　㈤36年　父、小十人
子、小十人〔一三―一五八〕

⒁戸田忠次郎（隆長）一〇〇俵一〇人扶持　丑19（21歳・不明）
㈠宝永六・四・六―不明　㈡部屋住より（一〇〇俵一〇人扶持）　㈢辞　㈣不明（19歳）　㈤不明　父、小十人
（組頭）子、ナシ〔一四―三六三〕

⒂斎藤勘太郎（直久）一〇〇俵一〇人扶持　丑21（23歳）(代)
㈠宝永六・四・六―正徳五・一一・一六　②享保三・一〇・朔―享保四・二・晦　㈡部屋住より（二〇〇俵）
②納戸番より　㈢納戸番②辞　㈣21歳　㈤6年②1年　父、小十人　子、小十人〔二一―三三五〕

⒃藤井藤蔵（勝長）一〇〇俵一〇人扶持　丑23（25歳）
㈠宝永六・四・六―享保二〇・閏三・二四　㈡部屋住より（一〇〇俵一〇人扶持）　㈢小十人組頭　㈣23歳　㈤
26年　父、小十人　子、歴ナシ〔一四―八〇〕

⒄三浦数馬（元長）一〇〇俵一〇人扶持　丑29（31歳）(代)
㈠宝永六・四・六―享保一二・一〇月　㈡部屋住より（一〇〇俵一〇人扶持）　㈢辞　㈣29歳　㈤18年　父、御
家人・小十人　子、歴ナシ〔九―五四〕

九番組

（頭）飯田惣左衛門（直恒、正徳元・正・一一―享保四・七・四〔六―一五七〕）組
組頭、河内弥兵衛（常乗、元禄元・八・二三―正徳四・五・二九〔一〇―三四〕）二〇〇石一〇〇俵　酉62（68
歳・72歳）元九番組番士

組頭、吉里又十郎（信正、宝永元・一一・一六―享保一〇・一〇・一六〔二三一―二五〇〕）二〇〇俵外一〇〇俵
役料　酉34（40歳）元九番組番士

(1)大草弥五右衛門（忠由）二四五石　夘35（35歳・不明）㊹
㈠元禄一六・五・二六―正徳四・二・一一　㈡小普請より（二四五石）　㈢新番―膳奉行―西丸裏門番頭　㈣不明（27歳）　㈤11年　父、小十人　子、書院番〔一六―三四〇〕

(2)小栗伊兵衛（正倚）二三九石余　酉45（51歳・50歳）㊹
㈠宝永二・一〇・一三―正徳二・三・二六　㈡小普請より（二三〇石余）　㈢納戸番　㈣44歳　㈤7年　父、鷹匠　子、大番〔八―三六七〕

(3)吉田与助（正之）二一五石　酉48（54歳）㊹
㈠天和二・三・二一―正徳四・五・二五　㈡御手鷹師（二一〇石余）　㈢小十人組頭　㈣25歳　㈤32年　父、御手鷹師　子、小十人〔七―二四六〕

(4)佐山角左衛門（房行）二〇〇俵　亥49（53歳）㊹
㈠宝永四・七・九―不明　㈡宝蔵番より（不明）　㈢辞　㈣49歳　㈤不明　父、鳥見役・広敷添番　子、小十人・代官〔二一―二二七〕

(5)能勢兵左衛門（某）一五〇石　酉40（46歳・不明）㊹
㈠元禄一六・五・二六―不明　㈡小普請より（一五〇石）　㈢辞　㈣不明（38歳）　㈤不明　父、勘定（組頭）　子、小十人〔五―一一九〕

(6)飯田茂右衛門（長清）一五〇俵　夘51（51歳・不明）
㈠宝永四・七・九―正徳四・正・二九　㈡鳥見役―四谷及中野御犬預（不明）　㈢歿　㈣不明（47歳）　㈤7年

父、徒（組頭）―鳥見役　子、小十人（組頭）〔一九―二九〇〕
(7)伴野吉左衛門（貞豪）一〇〇俵一〇人扶持　酉44（50歳・51歳）㊹
㈠宝永二・一〇・一三―享保一三年　㈡御家人・西丸広敷添番より（不明）㈢辞　㈣45歳　㈤23年　父、綱重
附　子、小十人（組頭）〔四―五二〕
(8)林源兵衛（房親）一〇〇俵一〇人扶持　酉49（55歳・不明）㊹
㈠元禄六・一二・九―享保一八・一二・二八　㈡部屋住より（一〇〇俵一〇人扶持）㈢辞　㈣不明（37歳）㈤
40年　父、小十人　子、小十人〔二一―三四〇〕
(9)沢勘右衛門（貴政）一〇〇俵一〇人扶持　酉51（57歳・46歳）㊹
㈠元禄一〇・七・二三―正徳三・五・六　㈡小普請より（一〇〇俵一〇人扶持）㈢辞　㈣32歳　㈤16年　父、
小十人　子、小十人〔二〇―七二〕
(10)生野弥三郎（友房）一〇〇俵一〇人扶持　丑20（22歳）㊹
㈠宝永六・四・六―享保九・八・五　㈡部屋住より（五〇石五人扶持）㈢小普請方―天英院広敷番頭―小普請
―西丸広敷番頭―小普請―裏門切手番頭　㈣20歳　㈤15年　父、小十人　子、小十人〔二一―三九五〕
(11)郷渡源次郎（某）一〇〇俵一〇人扶持　丑26（28歳・不明）㊹
㈠宝永六・四・六―不明　㈡部屋住より（不明）㈢不明　㈣不明（26歳）㈤不明　父、御家人・西丸細工方
子、ナシ　弟家つぐ〔一九―三五〇〕
(12)宮田孫四郎（利由）一〇〇俵一〇人扶持　丑17（19歳・不明）㊹
㈠宝永六・四・六―元文二・九・九　㈡部屋住より（一〇〇俵一〇人扶持）㈢歿　㈣不明（17歳）㈤28年　父、
小十人　子、小十人〔一六―二九七〕

⒀青山平左衛門（成胤）一〇〇俵一〇人扶持　丑21（23歳・13歳）㊹
㈠宝永六・四・六―元文元・一二・二〇　㈡部屋住より（二〇〇俵）　㈢辞　㈣11歳　㈤27年　父、小十人　子、歴ナシ〔一二―一一〇〕
⒁三宅孫十郎（直重）現米五〇石一〇人扶持　酉26（32歳）㊹
㈠元禄一〇・七・二三―延享元・三・一一　㈡小普請より（現米五〇石一〇人扶持）　㈢辞　㈣17歳　㈤47年　父、小十人　子、小十人〔二〇―六八〕

十番組

（頭）大嶋織部（義浮、元禄一五・一二・二八―享保一〇・六・一八〔二―九五〕）組頭、梶源蔵（正勝、宝永五・一二・七―享保一〇・一二・一一〔九―三三二〕）二〇〇俵外一〇〇俵役料　亥27（31歳）元十番組番士
組頭、森左十郎（種正、元禄一五・五・二五―正徳五・四・一〇〔一四―一二八〕）二〇〇俵外一〇〇俵役料　酉39（45歳・70歳）元十番組番士
⑴坪井源右衛門（長泰）三五〇俵　酉19（25歳）㊹
㈠宝永二・一〇・一三―正徳四・二・一一　㈡小普請より（三五〇俵）　㈢新番―大坂破損奉行　㈣19歳　㈤9年　父、綱吉附　子、納戸番〔一九―一二三〕
⑵野間藤右衛門（正信）二七五石　酉48（54歳・55歳）㊹
㈠天和二・三・二一―享保元・閏二・六　㈡鷹師より（二七〇石余）　㈢歿　㈣26歳　㈤34年　父、戸田久助支配　子、小十人〔一五―三四五〕

⑶佐野武右衛門（安敬）二〇〇俵　酉31（37歳）㈹
㈠元禄八・六・二五―正徳二・三・二六　㈡持弓与力―廊下番―近習番より（二〇〇俵）　㈢納戸番―同組頭　㈣21歳　㈤17年　父、持弓与力　子、大番〔二一―二一二〕

⑷鳥居金太夫（守明）二〇〇俵　酉48（54歳・53歳）㈹
㈠延宝六・三・二九―元文五・四・一〇　㈡部屋住より（二〇〇俵）　㈢辞　㈣20歳　㈤62年　父、小十人　子、小十人〔九―三〇五〕

⑸杉原清太夫（直道）一五〇石　亥46（50歳・不明）㈹
㈠宝永四・七・九―享保一一・一一・六　㈡天守番より（一五〇石）　㈢辞　㈣不明（46歳）　㈤19年　父、富士見番　子、小十人（組頭）〔八―二九二〕

⑹酒井藤七郎（元儀）一五〇俵　酉34（40歳・不明）㈹
㈠宝永二・一〇・一三―元文元・一二・二八　㈡小普請より（一五〇俵）　㈢歿　㈣不明（34歳）　㈤31年　父、御家人・小十人　子、小十人（組頭）〔二―七二〕

⑺大久保半五郎（忠喬）一五〇俵　亥39（43歳）㈹
㈠宝永四・七・九―正徳五・八・一五　㈡小普請より（一五〇俵）　㈢小十人組頭―広敷用人　㈣39歳　㈤8年　父、大番　子、小十人・大番―小姓組〔一二―四九〕

⑻宮田孫三郎（義行）一〇〇俵一〇人扶持　酉41（47歳・不明）㈹
㈠元禄一六・五・二六―正徳四年[24]　㈡御手鷹匠・表火の番―徒目付より（不明）　㈢辞　㈣不明（39歳）　㈤11年　父、御手鷹師　子、小十人〔一六―二九七〕

⑼志村藤十郎（昌利）一〇〇俵一〇人扶持　酉24（30歳）㈹

㈠元禄一四・六・一一―享保三・三・二六　㈡小普請より（一〇〇俵三人扶持）　㈢小普請方　㈣18歳　㈤17年
父、綱吉附　子、小十人〔一九―七七〕

⑽川井源太左衛門（久泰）一〇〇俵一〇人扶持　酉37（43歳）㈹
㈠宝永二・一〇・一三―享保五・五・七　㈡御家人・西丸広敷添番（一〇〇俵三人扶持カ）　㈢辞　㈣37歳　㈤
15年　父、綱重附　子、小十人〔一八―二六四〕

⑾佐山久太夫（教由）一〇〇俵一〇人扶持　丑19（21歳・20歳）㈹
㈠宝永六・四・六―享保二〇・八・二七　㈡部屋住より（二〇〇俵）　㈢納戸番―代官　㈣18歳　㈤26年　父、
小十人　子、納戸番〔二一―二二八〕

⑿富田[25]十郎右衛門（頼久）一〇〇俵一〇人扶持　丑38（40歳）㈹
㈠宝永六・四・六―享保一五・四・一三　㈡部屋住より（二〇〇俵）　㈢新番　㈣38歳　㈤21年　父、御家人・
小十人　子、大番〔七―三一一〕

⒀大岩七左衛門（盛喜）一〇〇俵一〇人扶持　丑28（30歳・32歳）㈹
㈠宝永六・四・六―享保二〇・一一・二　㈡部屋住より（一五〇俵）　㈢小十人組頭　㈣30歳　㈤26年　父、小
十人　子、小十人〔二〇―三一九〕

⒁金子又次郎（某）一〇〇俵一〇人扶持　丑25（27歳）㈹
㈠宝永六・四・六―正徳五・一〇・三[26]　②享保四・一〇・一八―享保九・一一・一五　㈡部屋住より（一〇〇俵
三人扶持）②小普請より　㈢辞②新番　㈣25歳　㈤6年②5年　父、御家人・賄頭　子、歴ナシ（賜死）〔二〇
―二五七〕

⒂吉田藤蔵（政重）一〇〇俵一〇人扶持　丑24（26歳）㈹

㈠宝永六・四・六―元文三・七・二三　㈡部屋住より（六〇石三人扶持）　㈢小十人組頭　㈣24歳　㈤28年　父、小十人　子、小十人〔七―二四一〕

⒃山中文次郎（義福）一〇〇俵一〇人扶持　丑23（25歳）代⃝

㈠宝永六・四・六―享保九・一二・二三　㈡部屋住より（一〇〇俵一〇人扶持）　㈢辞　㈣23歳　㈤15年　父、小十人　子、小十人〔一六―九〕

⒄図師丈助（末親）一〇〇俵一〇人扶持　丑23（25歳）代⃝

㈠宝永六・四・六―享保一二・四・六　㈡部屋住より（一二〇俵三人扶持）　㈢小十人組頭―西丸広敷番頭（二丸）―広敷用人　㈣23歳　㈤18年　父、御家人・浜御殿奉行　子、書院番〔一八―四一六〕

⒅伴野平四郎（某）一〇〇俵一〇人扶持　丑22（24歳・不明）

㈠宝永六・四・六―正徳二年　㈡部屋住より（一〇〇俵一〇人扶持）　㈢歿　㈣不明（22歳）　㈤3年　父、小十人　子、ナシ　弟家つぐ〔四―五一〕

⒆林三次郎（就友）一〇〇俵一〇人扶持　丑21（23歳）代⃝

㈠宝永六・四・六―享保一二・正・二六　㈡部屋住より（二〇〇俵）　㈢納戸番　㈣21歳　㈤18年　父、小十人　子、大番―新番〔四―一三四〕

〔参考〕

⑴野尻平兵衛（正護）

㈠天和二・三・二一―正徳元・七・五　㈡御手鷹師より　㈢辞　㈣42歳　㈤29年　父、御手鷹師　子、小十人〔一〇―六七〕

⑵宅間善五郎（憲輝）
㈠元禄六・五・一九―享保一一・三・二六　㈡小普請より　㈢辞　㈣26歳　㈤33年　父、小十人　子、小十人
〔一二―二三〇〕

⑶小宮山吉兵衛（某）
㈠宝永六・四・六―享保一一・一〇・二八　㈡不明　㈢歿　㈣37歳　㈤17年　父、小十人　子、小十人〔四―二三三〕

⑷新見市郎左衛門（某）
㈠元禄六・一二・九―元禄一〇・閏二・一九②宝永元・六・一一―享保五・八・六　㈡部屋住より②桐間番―近習番―小納戸―小普請より　㈢桐間番②辞　㈣42歳　㈤4年②16年　父、小十人　子、小十人〔三―三三〇〕

⑸小林半之丞（某）
㈠元禄七・閏五・九―宝永八年　㈡不明　㈢辞　㈣不明　㈤不明　父、不明、子、ナシ〔断家譜二―二八六〕

⑹小林長三郎（定演）
㈠宝永六・四・六―正徳元・八・一七　㈡部屋住より　㈢歿　㈣不明　㈤2年　父、小十人　子、ナシ　弟家つぐ〔一六―一六五〕

⑺三浦兵十郎（元勝）
㈠元禄七・閏五・九―正徳元・二・二五　㈡小普請より　㈢辞　㈣45歳　㈤17年　父、神田館　子、小十人〔九―五四〕

⑻小林助五郎（某）
㈠宝永六・四・六―不明　㈡部屋住より　㈢不明　㈣不明　㈤不明　父、小十人　子、ナシ〔一六―一六〇〕

註

（1）小十人頭と小十人組頭についても、全員について『寛政譜』によってその在任期間を示した。
（2）組頭については、その前歴に小十人組番士があるので、その際どの組の番士であったのか、『代々記』によって調べ、それを当時（正徳元年）の組にあてはめて示した。
（3）御家人とこのようにただあるのは、幕臣に加えられたことを意味する。以下同じ。
（4）『寛政譜』では「伝蔵」という通称はみられない。
（5）『分限帳』では「赤井」とあるが、『寛政譜』『代々記』によって「赤坂」をとった。
（6）『寛政譜』では「次左衛門」とある。
（7）家をついだのはこの子ではなく孫で、履歴はない。
（8）新六郎は父に先立ちて歿したため、養子をむかえて祖父（新六郎父）の遺跡をつぐ。
（9）『寛政譜』では「清左衛門」とある。
（10）『寛政譜』では「二二〇俵」である。
（11）『寛政譜』では「享保八年」とあるのみ、『代々記』によって月日を補った。
（12）この子は父に先立ちて歿したため家をつぐことはなかった。
（13）甚兵衛は兄のあとをついだので、父とあるのはこの場合実兄である。
（14）桂昌院の侍女松井の養子となって召出されたのでこう表示した。
（15）他と比べて破格の昇進であるが、これは父が養仙院方用人に就任したことによるものであろう。
（16）父の罪によって左門も改易されたためこう表示した。
（17）勝助は父に先立ちて歿し、結局弟が家をつぐことになる。
（18）『寛政譜』では「二二〇石」とある。
（19）『寛政譜』ではこの通称はみあたらない。
（20）この子は父に先立ちて歿して別の子（履歴なし）が家をつぐ。

(21)『寛政譜』では「次兵衛」としている。
(22)『寛政譜』では「善右衛門」としている。
(23)ちなみに『代々記』では「須藤」としている。
(24)『寛政譜』では「のち」とあるのみ、『代々記』によって補った。
(25)『分限帳』では「富士」としているが、『寛政譜』『代々記』の「富田」を採用した。
(26)『寛政譜』では不明なので『代々記』によって補った。

付論　近世中期の大番頭・書院番頭・小姓組番頭

一

内閣文庫蔵『分限帳』(1)は一七冊からなるが、その三冊目に、「御留守居衆」「御留守居番」につづいて、「大御番頭」（本稿では、以下「大番頭」と略称す）、「御書院番頭」（以下「書院番頭」と略称す）、「御小姓組番頭」（以下、史料の引用以外では「小姓組番頭」と略称す）が登場する。そこでは大番頭一二人、書院番頭一〇人、小姓組番頭一〇人の名前が組順（禄高の順ではない）に記載されている。いまその最初のところのみを示すと次のようになる。

大御番頭

一、四千五百石　武蔵　下総　土佐守子　酒井下総守　酉四十五
外、千表御役料

一、七千三石余　近江　兵部子 酒井紀伊守 酉四十五

（中　略）

御書院番頭

一、三千石　駿河　肥前守養子　孫九郎子 岡野備中守 酉四十三

一、三千弐百五拾三石　上総 下総　相模 下野　主水正子 伊沢播磨守 酉四十七

（中　略）

御小性組番頭

一、弐千八百石　上野　勘左衛門子 川勝能登守 酉六十六
外、千表御役料

朽木民部少輔内分
一、三千石　丹波　　伊予守子
朽木土佐守
子四十四

（以下略）

このような『分限帳』の記載を生かして、そこからの情報と、さらに主として『寛政譜』からの情報をあわせて、以下、大番頭・書院番頭と小姓組番頭のいわゆる三番頭について考察してみたい。

さて、ここで『分限帳』所載の三番頭の各人が何時の時点での在職者なのかみておきたい。まず大番頭であるが、一二人の内、一番最後に就任したのが、一二番組の稲垣長門守（重房）で、正徳元年五月朔日である。逆に一番早く辞任したのは、十番組の水野飛騨守（重矩）で、正徳二年八月二五日に大番頭在職中に歿している。書院番頭では、最後の就任が、六番組の井上讃岐守（正晴）で正徳元年正月二九日、最初の辞任が七番組の板倉筑後守（重行）で正徳二年九月朔日である。さらに小姓組番頭では、最後の就任が四番組の鈴木能登守（直澄）で正徳元年正月二九日、最初の辞任が三番組の石川備中守（總乗）で正徳二年九月朔日である。こうしてみてくると、前稿までにのべてきたこの『分限帳』は正徳元年末から同二年の前半までの実態を示しており、『分限帳』からえられる事実とは、正徳元年末から二年にかけてのものと結論づけた[2]ことは訂正を必要としないであろう。

つぎに論の進行上、大番組、書院番組、小姓組の概要について記しておく[3]ことにしたい。

大番組は、頭―組頭―平番士という三つの職階からなる。幕府職制史関連の史料を総合していえば、五番方の内、最も早く創置され、はじめ三組が置かれ、天正一五・六年にさらに三組が置かれ、合計六組となった。その後何度か増設があって、寛永九年には一二組になる。直後に少し出入があるが、後々までこの時の一二組編制が定数とされた。正徳元年末の状況を示す『分限帳』においても一二組が存在するのである。大番組は徳川家康が将軍就任以前から存在し、三代将軍家光期には将軍直属常備軍団の中核をなすものとされ、古い由緒もあって旗本の最も多くの人数がかかわる番方として、誇りをもたせられた組織であったといえよう。

大番頭は老中支配、菊間詰、諸大夫格、役高五〇〇〇石（寛文五年の役料制制定の時は二〇〇〇俵、元禄五年の時は五〇〇〇石以下の者に限って一〇〇〇俵下賜）、組頭は各組に四人、頭支配、躑躅間詰、御目見以上、役高六〇〇石（寛文六年の役料制では二〇〇俵、元禄五年の時も二〇〇俵下賜か）、平番士は各組四六人（ふつう五〇人と表記されるが、五〇人は組頭四人を含む数であると考えるべきであろう）、頭支配、御目見以上、役高二〇〇俵である。これに各組に与力（御目見以下、役上下、御抱場）一〇騎、同心（御目見以下、御抱場）二〇人が付属させられた。従って合計すると、大番頭一二人、大番組頭四八人、大番士五五二人、与力一二〇騎、同心二四〇人となり、幕府最大の組織ということになる。

書院番組も頭―組頭―平番士の三つの職階からなる。慶長年中に四組置かれたことにはじまる。名称の由来は江戸城内白書院の前の紅葉の間に勤番したことによるという。後に六組から八組に増え、寛永一〇年には一〇組になったという。さらに後に組数に増減はあるが、本『分限帳』の時点では一〇組が存在した。

書院番頭は若年寄支配、菊間詰、諸大夫格、役高四〇〇〇石（寛文五年の役料制では一〇〇〇俵、元禄五年の時は三〇〇〇石以下の者に限って一〇〇〇俵下賜）、組頭は各組に一人、若年寄支配、菊間詰、御目見以上、役高一〇〇〇石（寛文五年の役料制では五〇〇俵、元禄五年の時には一〇〇〇石以下の者に限って三〇〇俵下賜）、平番士は各組四九人（ふつう五〇人と表記されるが、これも組頭一人を加えた数のようである）、頭支配、御目見以上、役高三〇〇俵である。各組に与力一〇騎、同心二〇人が付属させられる。合計すると、書院番頭一〇人、同組頭一〇人、番士四九〇人、与力一〇〇騎、同心二〇〇人となる。

小姓組も頭―組（与）頭―平番士の三つの職階からなる。慶長年中に初めて置かれ、元和三年には三組、寛永九年に六組、同一〇年に八組、同一八年に一〇組になったという。その後増減があるが、本『分限帳』の時点では一〇組存在した。

小姓組番頭は若年寄支配、菊間詰、諸大夫格、役高四〇〇〇石（寛文五年の役料制では一〇〇〇俵、元禄五年の時は三〇〇〇石以下の者に限って一〇〇〇俵下賜）、組頭は各組に一人、若年寄支配、菊間詰、御目見以上、役高一〇〇〇石（寛文五年の役料制では五〇〇俵、元禄五年の時には一〇〇〇石以下の者に限って三〇〇俵下賜）、平番士は各組五〇人（書院番と同じくこの中に組頭が一人含まれるものと思われるが詳細は不明）、頭支配、御目見以上、役高三〇〇俵である。与力と同心の付属は、大番組と書院番組と相違して、上方在番や駿府在番等がないという職務内容の違いによるためかない。

なお、書院番と小姓組は両番ともいわれ、三代将軍家光は、「両番の士はわが左右の手の如し[4]」といったといわれ、また「御身ちかく扈従し奉り[5]」といわれたように、将軍親衛隊の中でも特に重視されたという。それだけあって両者はほぼ同格とされ、番頭、組頭、番士はいずれも役高は同じになっている（役料の制定でも同じであった）。しかしそれでも番頭については、席次は書院番頭が小姓組番頭の上に置かれ、番士については逆に小姓組が書院番の上に置かれた。組頭については「史料」によっては並記されてまったく同格とされたという指摘もあるが、書院番の方が上であることを明確にしているものもあり、詳細はよくわからないといっておくべきであろう。

註

（1）同書は鈴木壽氏の校訂によって、近藤出版社から『日本史料選書』㉓として刊行されている〔一九八四年〕。なお同書の新刊紹介を行なっている拙稿「御家人分限帳」（『日本歴史』第四五七号〔一九八六年〕）参照。
（2）本書第一章「『御家人分限帳』の記載内容の時期について」参照。
（3）『史徴』『職掌録』『明良帯録』『柳営補任』等による。
（4）『徳川実紀』第三篇（『新訂増補國史大系』40）、七三八頁。
（5）同右。

二

ここでは、正徳元年末現在で大番頭に在職していた者一二人について、まずその就任にかかわる特色についてみてみることにしたい。

まず前歴としてどのような履歴を経てきているのであろうか。表1「大番頭前歴表」をご覧いただきたい。みてすぐわかることは、書院番頭経験者が一一人（この内、二人は御側を経て一度職をしりぞいて〔寄合〕からの就任である）もいるということである(1)。残りの一人は万石以上（譜代大名）が任ぜられている。小川恭一氏は大番頭は「半数は大名役(2)」とされているが、その根拠は明確ではなく、少なくともこの時期には考えられないところである。ただ、大名に連らなる家（本家の大名家から別家として旗本に取立てられた家）からの就任と考えると後述するようにかなりの割合になる。書院番頭経験者一一人の内、さらに前歴をみると、小姓組番頭を

表1　大番頭前歴表
（数字は人数を示す）

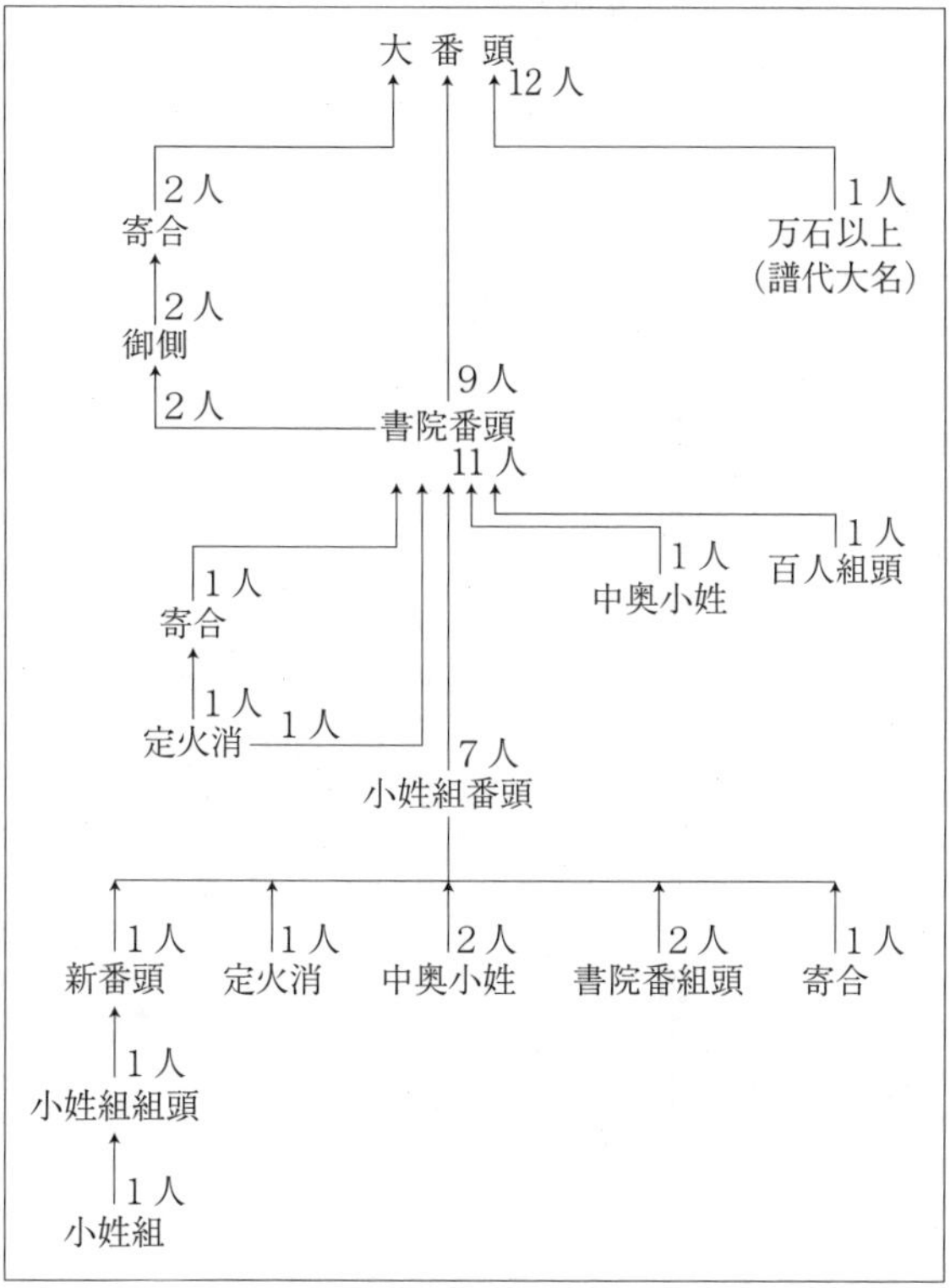

経てきた者が七人もいる。こうしてみると、小姓組番頭→書院番頭→大番頭という太い昇進ルートがあるようである。表2は正徳元年末現在で書院番頭である者の昇途先と前歴を示したものである。これをみると、一〇名の内、ここを最終履歴とする者が六名であるが、残りの四名はすべて大番頭へ昇進していっている。そして前歴はというと、七名の者が小姓組番頭である。さらに同じ時点で小姓組番頭である者の昇途先を表3でみてみよう。ここで歿したり辞任して、最終履歴となっているのが六人で、残りの四人は書院番頭へ進んでいっている。しかしさらに大番頭へ昇進していったのは二人で、他の二人は伏見奉行と御側へと進んでいっているが、大筋としては、小姓組番頭から書院番頭へ進み、さらに大番頭へと昇進していくといった太い昇進ルートはほぼ維持されていっているものとみなすことができようか。また藤井讓

表2　書院番頭の昇途先と前歴

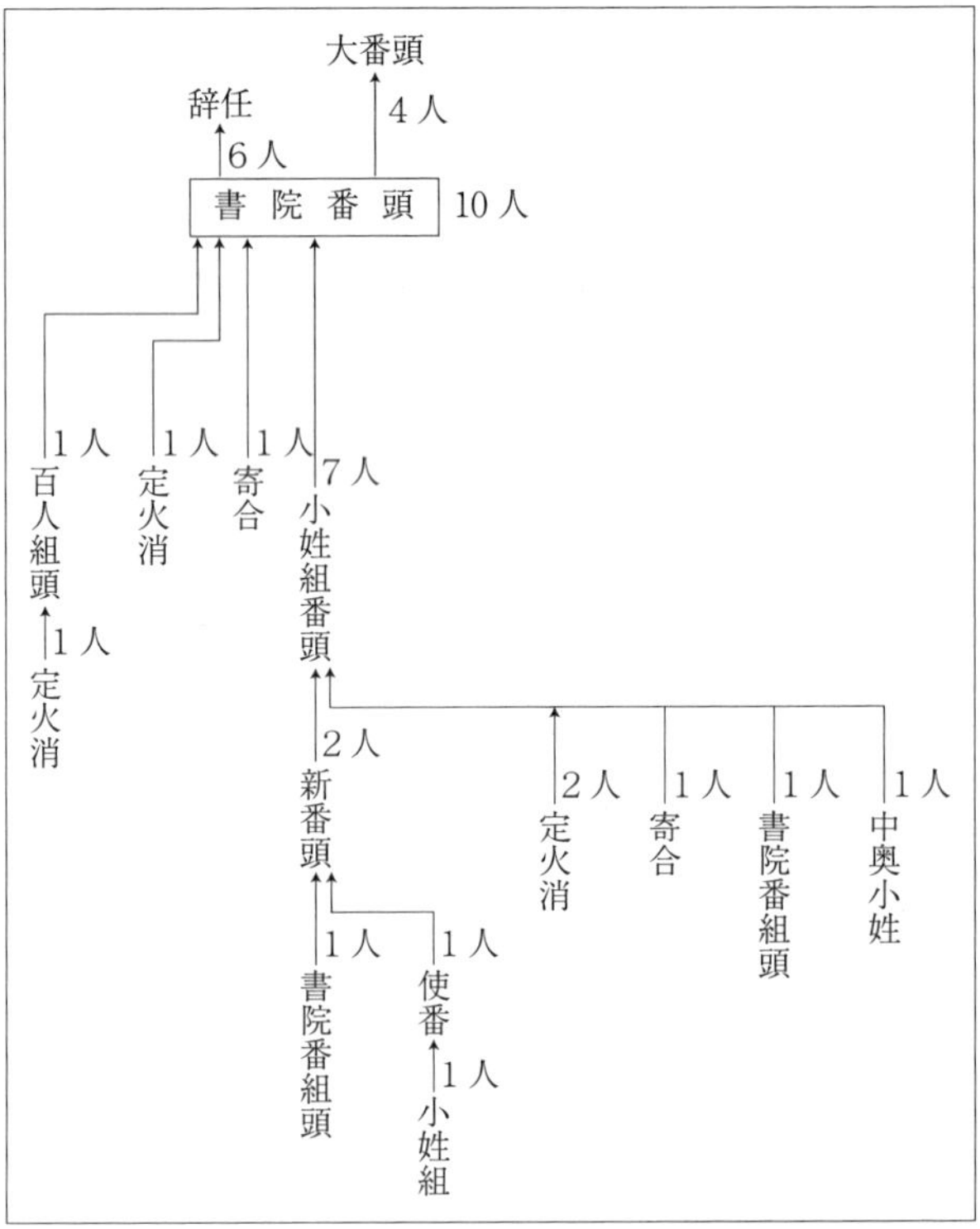

治氏が寛文四年に旗本であった者について調査した結果、大番頭経験者六一人の内、その前職は三三人が書院番頭で、四人が小姓組番頭であったと指摘しているが[3]、ほぼ同じ傾向がみられるというべきか、次世代になってさらに一層強まっているのではないかということができるかもしれない。

　この昇進ルートにおいて、小姓組番頭から書院番頭への昇進があって、逆の書院番頭から小姓組番頭へという昇進はまったくみられない。このことが両者の席次決定にあたっては重要な意味をもつことになっているのであろう。なお、大番頭に就任している者の父（先代）の履歴（表4参照）をみてみると、老中が三人、大番頭が三人（これらの数代前はいずれも万石以上）、書院番頭が三人（これらの数代前もいずれも万石以上）、中奥小姓一人（祖父は万石以上）、小姓組番頭一人（祖父は大番頭）、徒頭一人（祖父は留守居）といったそうそうたるものである。いわゆる旗本の中のエリート中のエリート、大身旗本というべき者達であるということである。

　つぎに表5をみていただきたい。大番頭の石高について考えてみたい。正徳元年より一八年前の元禄五年の五月のことであるが、二度目の役料制が制定[4]されている。一度目はよく知られているように寛文五・六年に制定されたもの[5]で、この時大番頭は二〇〇〇俵支給されているが、天和年間に一度は廃止[6]された。再度制定された時には五〇〇〇石以下の者に限って一〇〇〇俵支給されること

表3　小姓組番頭の昇途表

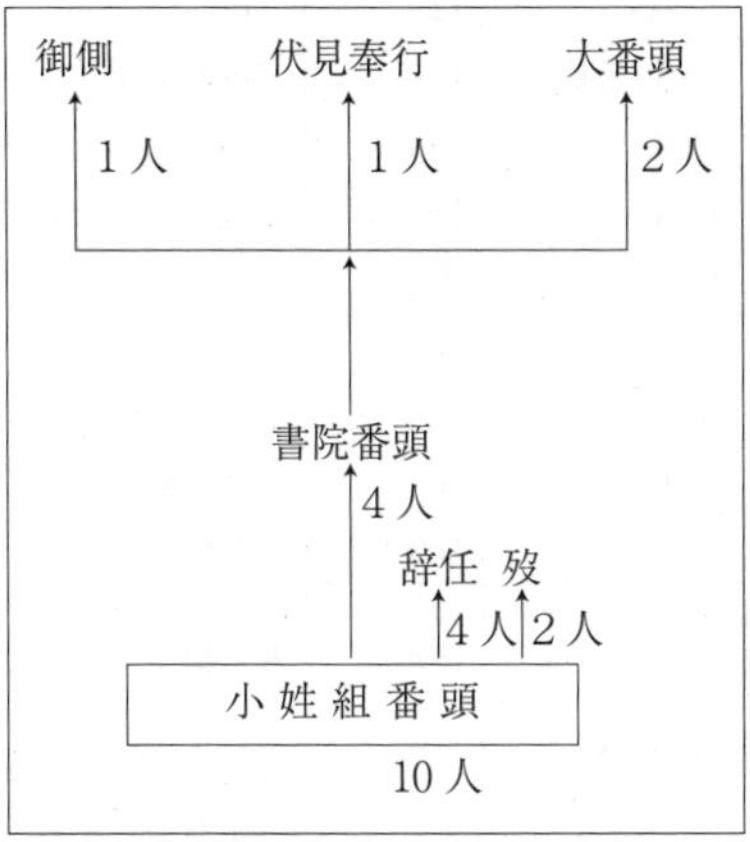

表4　大番頭の親（先代）の履歴

	父	二・三代以前の主要履歴	出典『寛政譜』巻・頁
一　番　酒井忠英	大番頭	万石以上	2－18
二　番　酒井忠助	徒頭	留守居	2－37
三　番　松平忠明	小姓組番頭	大番頭	1－148
四　番　本多忠能	書院番頭	万石以上	11－251
五　番　松平信周	中奥小姓	万石以上	1－48
六　番　土屋朝直	大番頭	万石以上	2－194
七　番　稲葉正倚	老中		10－197
八　番　阿部正明	老中		10－371
九　番　宇津教信	老中		11－391
十　番　水野重矩	書院番頭	紀州家附家老万石以上	6－96
十一番　永井直澄	書院番頭	小姓組番頭	10－291
十二番　稲垣重房	大番頭	万石以上	6－39

表5　大番頭の石高・年令・在職期間表

	石高	就任時年令 分限帳(寛政譜)	退職時年令 分限帳(寛政譜)	在職期間	正徳元年時年令 分限帳(寛政譜)
一　番	4500石※	50歳	65歳	15年	51歳①
二　番	7003石	48歳	54歳	6年	51歳③
三　番	5500石	55歳	65歳	10年	57歳②
四　番	9000石	39歳	51歳	12年	40歳①
五　番	5000石	43歳(46歳)	55歳(58歳)	12年	50歳(53歳)⑦
六　番	3000石※	52歳	72歳	20年	61歳⑨
七　番	7000石	51歳	68歳	17年	65歳⑭
八　番	6000石	41歳	61歳	20年	57歳⑯
九　番	4000石※	51歳	54歳	3年	51歳⓪
十　番	3200石※	63歳(不明)	65歳(不明)	2年(歿)	64歳(不明)①
十一番	3800石※	不明(65歳)	不明(68歳)	3年	不明(66歳)①
十二番	13043石	42歳	51歳	9年(歿)	42歳⓪
	合計71046石 ※は役料1000俵支給 平均5920.5石 十二番の大名を除くと5273石	不明分をもう一方で補ってみると 平均50.0歳 (50.3歳)	不明分をもう一方で補ってみると 平均60.8歳 (61.0歳)	平均 10.8年	不明分をもう一方で補ってみると 平均54.6歳 (54.8歳) ○印内の数字は経験年数

になる。ということでこの時の五〇〇〇石というのが大番頭の基準石高と考えられたようで、享保八年六月に制定された足高制[7]のもとで役高が五〇〇〇石となるわけである。この基準に足りない者が五人いるが、これらには当然役料一〇〇〇俵が支給されている。あとの七人は基準を上まわっており、七人の平均石高は七五〇六・六石となる。万石以上の一名を除いた旗本だけだと六人で六五八三・八石となる。基準以下の者もあわせると五九二〇・五石、万石以上を除くと五二七三石といった具合になる。

今度は年令について少しみてみよう。もとより『寛政譜』の年令は実際とはかけはなれており、かなり政治的なものであるといわれていることは承知の上でのことであり、傾向をみてみるにすぎないことをあらかじめおことわりしておきたい。就任時の年令であるが、平均が五〇・〇歳で、これ以下の五〇歳未満で就任している者が五人いるが、いずれも石高は基準を上まわっている。最も若くして就任しているのは三九歳であるが石高は九〇〇〇石である。二位が四一歳の六〇〇〇石、三位が四二歳の一万三〇四三石である。これはもちろん石高の高い者ほど早く昇進するということであろう。退職時の平均年令は六〇・八歳で、平均在職期間は一〇・八年になる。また正徳元年時の年令は平均五四・六歳である。前稿でのべたように組頭の平均年令が五二・三歳(8)であることと考えあわせると興味深い。もちろん組ごとに考えないと意味のないことになるのであるが、上官の頭と中間管理職的存在の組頭との間に、石高等による家格の違いだけでなく、貫禄負けしないよう年令の上でも二・三歳上まわっているものとみることもできる。退職時の年令が大番頭の六〇・八歳と組頭六〇・六歳というほぼ同じ平均年令であることもこれまた興味深い。表6の大番頭昇途先をみると、ここから他の役職へと進んでいったのは二人きりで、あとの一〇人はここを最終履歴としている。大番組頭も八一・三%の者が最終の役職として終えていることから、ほぼ同じ平均年令の退任となったものと思われる。

表6　大番頭昇途先

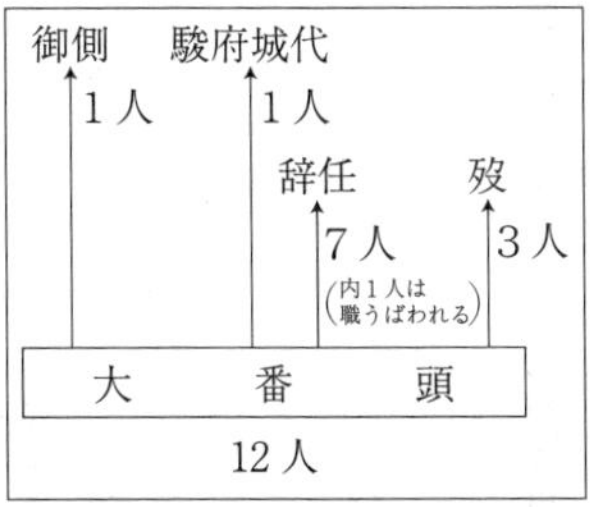

註

(1)『柳営補任』第一巻(大日本近世史料)の「大番頭」と「書院番頭」の両項を注意深く一瞥すればすぐ判明することで、幕初から幕末まで一貫して変わらない特色である。

(2) 小川恭一『江戸の旗本事典』九九頁。

(3) 藤井讓治『江戸時代の官僚制』一六一頁。

(4)『徳川実紀』第六篇(『新訂増補國史大系』43、一四一頁)。

(5)『徳川実紀』第四篇(『新訂増補國史大系』41、五二八、五七八—九頁)。

（6）『徳川実紀』第五篇（『新訂増補國史大系』42）。
（7）『徳川実紀』第八篇（『新訂増補國史大系』45、三〇七頁）。
（8）本書第四章の二参照。

三

正徳元年末現在で書院番頭と小姓組番頭とに在職していた者、各一〇人についてみていこう。まず書院番頭であるが、その前歴をみてみる。表2を再度みていただきたい。前述したように一〇人の内、七人が小姓組番頭からである。あとは百人組頭と定火消が一人ずつで、残りの一人は甲府の徳川綱豊が五代将軍の養子（後の家宣）となって西丸に入る時に、甲府（城代）から御家人に加えられて寄合となっている者であり、大変な抜擢人事であるといえよう。

つぎに表7を参照していただきたい。石高であるが、四番組の頭が二〇〇〇石で役料一〇〇〇俵を支給されていて、三〇〇〇石の者が四人いていずれも支給されていない。元禄五年の役料制の制定において、書院番頭は三〇〇〇石未満の者に一〇〇〇俵の役料を支給するときめられていたからである。ということは、後の享保八年六月足高制制定の時、役高四〇〇〇石となるのであるが、この時はまだ低く考えられていたのではないかと思われる。大番頭は元禄五年と享保八年の両時期において、五〇〇〇石相当の役職であるという考え方が一致していたことになるが、書院番頭については一〇〇〇石の差があり、享保時に引き上げられたということになろう。いってみれば一〇〇〇石分大番頭に近づいたということになろうか。平均すると四〇

表7　書院番頭の石高・年令・在職期間表

	石高	就任時年令 分限帳（寛政譜）	退職時年令 分限帳（寛政譜）	在職期間	正徳元年時年令 分限帳（寛政譜）
一番	3000石	43歳	51歳〔大〕	8年	49歳
二番	3250石	49歳	64歳	15年	53歳
三番	3000石	40歳	65歳	25年	54歳
四番	2000石※	50歳（49歳）	58歳（57歳）	8年	51歳（50歳）
五番	3000石	49歳	53歳	4年	50歳
六番	5000石	49歳（48歳）	50歳（49歳）	11年	49歳（48歳）
七番	8000石	30歳	45歳〔大〕	15年	44歳
八番	5000石	38歳（43歳）	50歳（55歳）〔大〕	12年	45歳
九番	3000石	61歳	69歳	8年	62歳
十番	5000石	39歳	49歳〔大〕	10年	41歳
	合計40250石 ※は役料1000俵支給 平均4025石	平均44.8歳 （45.1歳）	平均55.4歳 （55.7歳）	平均 11.6年	平均49.8歳 （50.1歳）

〔大〕は大番頭へ昇進した者。※氏名と出典は表8と同じ。

二五石で、後に制定される役高を上まわっているのは面白い。また八〇〇〇石が一人、五〇〇〇石が三人いるが、五〇〇〇石の一人を除いた三人が大番頭に昇進していったのは、やはり石高が高いことによるのであろう。大番頭に昇進していった四人の内、あと一人は先述した甲府（城代）から御家人に加えられた者であって、六代将軍家宣との関係からきているものとすることができるであろう。

書院番頭に就任している者の父（先代）の履歴（表8参照）をみてみると、万石以上の者が三人おり、二・三代以前までみていくとさらに万石以上の者が三人増える。実に六割の者が万石以上の家に連なる上級旗本であるということになろうか。その他は小姓組番頭が二人で、あとはそれほど特別の履歴の者とはいえない。大番頭と比べると幾分か低い家格なのかなといった印象である。特に石高をみた時にそうした印象が強まる。

つぎに年令をみてみよう。就任時の平均年令が四

表8　書院番頭の親（先代）の履歴

組	氏名	父	二・三代以前の主要履歴	出典『寛政譜』巻・頁
一番	岡野　成勝	両番・徒頭・綱重家老	北条家臣より召出	8－322
二番	伊沢　正久	小姓組番頭	書院番頭・留守居	3－299
三番	阿部　正房	万石以上		10－372
四番	酒井　忠隆	小姓組・旗奉行	町奉行・追放・召返	2－ 61
五番	松平　好乗	万石以上		1－ 65
六番	井上　正晴	百人組頭	万石以上	4－302
七番	板倉　重行	書院番頭・御側	万石以上	2－157
八番	大久保忠庸	小姓組番頭	徒頭・家綱傳	12－ 10
九番	稲葉　正辰	万石以上		10－199
十番	三浦　便次	家綱小姓	万石以上	9－ 43

四・八歳で、昇進先の大番頭が五〇・〇歳であることと比べてみると、五・二歳も若いというのは納得できるところである。またやがて大番頭に昇進していく者、先述した高禄の三人がいずれも就任時の年令が三〇代というのもなるほどと思わせる。あと一人は甲府からきた例の家宣がらみの者であるが、これとても四三歳で平均年令四四・八歳を下まわっているのである。平均在職期間は一一・六年で、大番頭の一〇・八年に比べて若干長いがそれとて一年未満である。正徳元年時の平均年令が四九・八歳で、大番頭の五四・六歳と比べると四・八歳若い。退職年令も書院番頭が五五・四歳なのに対し、大番頭は六〇・八歳で五・四歳若い。その部分がさらに将来大番頭に昇進して活躍する年令に相当するものなのであろう。

つぎに小姓組番頭についてみてみよう。表9は同番頭の前歴表である。定火消の三人が目立つだけであとは新番頭をはじめとしていずれも一人である。表2「書院番頭の昇途先と前歴」のところもみてほしい。そこでの小姓組番頭経験者七人の内、二人が定火消を前歴とし、あと新番頭が二人いる。そして書院番頭に昇進した者の中に定火消が一人いる。定火消が昇途表のあちこちで登場してくるということは、新番頭も同じであるが、大番頭、書院番頭、小姓組番頭ときわめて近い関係にある役職ということになる。このことは藤井譲治氏も注意されている[1]が、要するに五〇〇〇石クラスの大身旗本が就任する役職であることからきているものであろう。

なお、小姓組番頭に到達するはるか前ということになるが、出発点で小姓組と書院番のいわゆる両番がスタート地点でみられるのも興味深い（四人）。両番をスタートとすると、これから先への昇進はかなり稀有のことで、事実書院番頭へ昇っていくスタート地点ではたった一人しかみられない（表2参照）。

表9　小姓組番頭の前歴

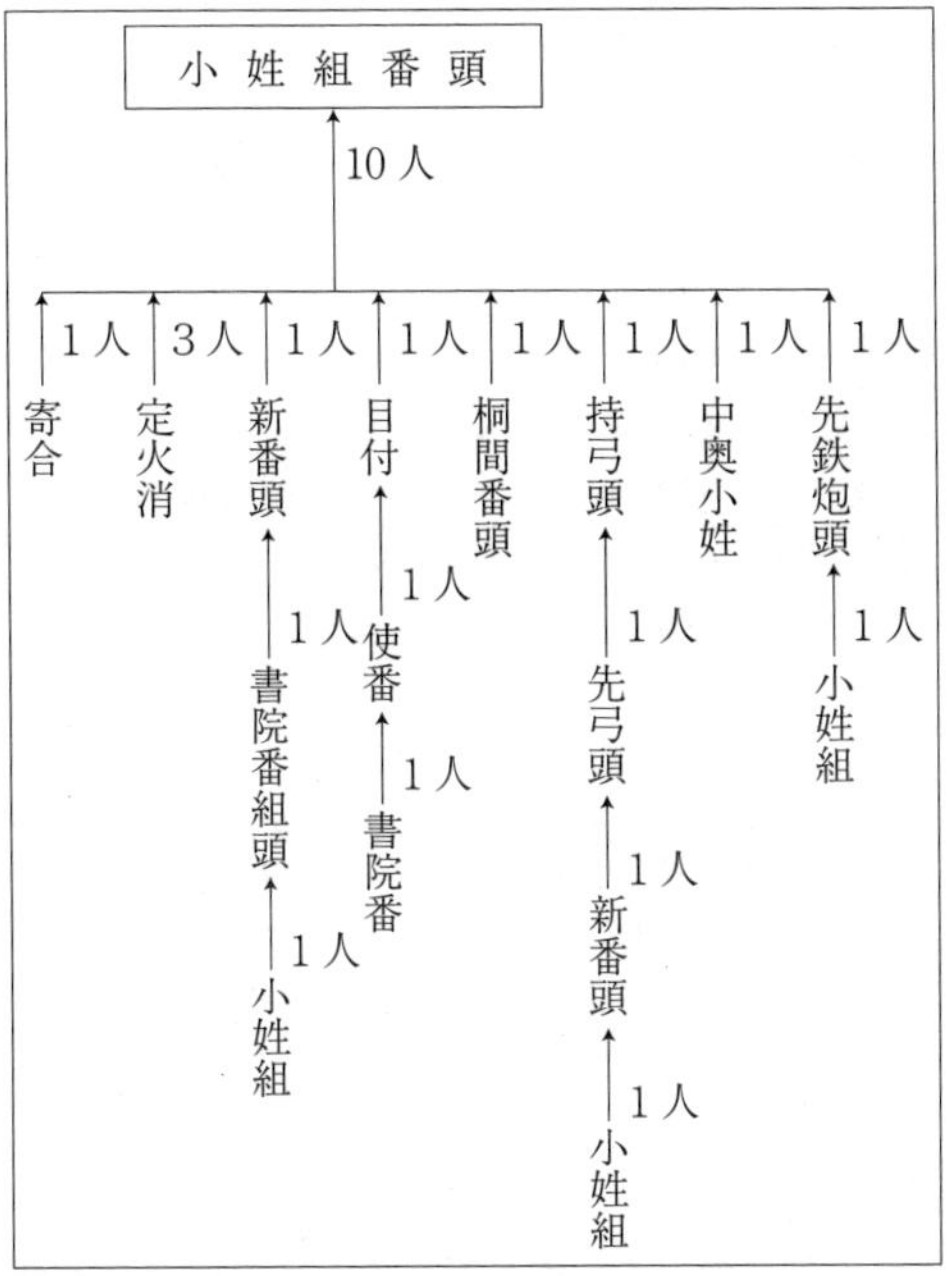

ここで表10を参照していただきたい。小姓組番頭の石高をみると、平均三六七二石で、書院番頭の四〇二五石と比べてみると三五〇石ほど低い。役料一〇〇〇俵の支給を受けているものが一対五の割合で多くなっている。それだけ石高の低い者が書院番頭に比して多いということであろう。席次は書院番頭が上であるが、ほぼ同格の扱いをうけているものとしては差がありすぎはしないかと思われる。ただよくみると、書院番頭へ昇進していった四人の内三人は、七〇〇〇石の者を筆頭に六〇二〇石と五〇

表10　小姓組番頭の石高・年令・在職期間表

	石高	就任時年令 分限帳(寛政譜)	退職時年令 分限帳(寛政譜)	在職期間	正徳元年時年令 分限帳(寛政譜)
一番	2800石※	65歳(67歳)	76歳(78歳)	11年	71歳(74歳)
二番	3000石	46歳	53歳	7年	47歳
三番	7000石	48歳	50歳〔書〕	2年	49歳
四番	2400石※	51歳(不明)	60歳(不明)	9年	51歳(不明)
五番	6020石	42歳	46歳〔書〕	4年	43歳
六番	5000石	46歳(44歳)	56歳(54歳)	10年	49歳(47歳)
七番	2000石※	52歳(63歳)	62歳(73歳)	10年	55歳(66歳)
八番	2000石※	51歳	58歳	7年	52歳
九番	1500石※	33歳	45歳〔書〕	12年	37歳
十番	5000石	36歳	40歳〔書〕	4年	38歳
	合計36720石 平均3672石 ※は役料1000俵支給	不明分をもう一方で補ってみると 平均47.0歳 (48.1歳)	不明分をもう一方で補ってみると 平均54.6歳 (55.7歳)	7.6年	不明分をもう一方で補ってみると 平均49.2歳 (50.4歳)

〔書〕は書院番頭へ昇進していったことを示す。※氏名と出典は表11と同じ。

○○石の上位三人で、昇進すべくして昇進していった者達であるとすることができよう。昇進していった他の一人は一五○○石で最も石高が低いというのも面白い。この者は三三歳という一番若くして就任した者で、在任期間が一番長く、しかも吉宗時代にさらに御側に昇進して、一○○○石の加増をえている。優れた人材であったものと思われる。就任時の平均年令が四七・○歳で、書院番頭の四四・八歳に比して高いのは、小姓組番頭になるにしては、石高が低くやっとここまでたどりついた者が多いのではないのかと思われる。在任期間も七・六年で書院番頭の一一・六年と比べるとかなり短い。従って退職時の年令が両者接近してきて五四・六歳対五五・四歳で、その差一歳未満になっている。また正徳元年時の年令は四九・二歳と四九・八歳でわずかに書院番頭が上まわっているのは面白い(『寛政譜』を中心にみるとわずかの差で逆転するので誤差の内と考えた方がよさそうである)。

表11　小姓組番頭の親（先代）の履歴

組	氏名	父	二・三代以前の主要履歴	出典『寛政譜』巻・頁
一番	川勝隆尚	大番士・幕奉行	足利家臣	18－161
二番	朽木種治	万石以上		7－151
三番	石川總乗	寄合	書院番頭・大番頭	3－ 12
四番	鈴木直澄	網重附	大番士	18－ 25
五番	戸田重澄	大番頭	書院番士・万石以上	14－329
六番	皆川広達	寄合	寄合	14－ 85
七番	大岡政春	小姓組（番士）		16－316
八番	松平隆欽	普請奉行		1－234
九番	戸田正峯	小姓組番頭	膳奉行・神田館用人	14－359
十番	土井利良	万石以上		5－259

小姓組番頭に就任している者の父（先代）の履歴（表11参照）もみておこう。さすがに万石以上の者が何人かいて、その別家という大身旗本であることが判明するのであるが、一見して大番頭・書院番頭と比べると低い家格ではないかと思われる。それは先述した石高の相違からも容易にうなずけるところである。書院番頭から大番頭への太い昇進ルートがあるだけに、たしかに石高が多いものが散見し、また大名に連なる家も存在する。しかし上へ昇進していくことがなく、ここで最終履歴をむかえる者も多いということを考えると、両番頭といって、両者を役高が同等であることなどをもって同格と考えるむきがあるが、また両者のバランスを微妙にとっている節もみられるが、両者の間にはきわめて高い壁があるようにも思われる。なるほど家格が高く石高も多い者は容易にこの壁を越えて昇進していってもいるが、父の代にそれほど目立つようなこともなく、それゆえ石高も考えられる基準にいたっていない場合などは、小姓組番頭が最終の到達役職であって、もう一つ上とはいかないまでも、同格ではあるが大番頭に通ずる書院番頭にはとどかないといったことがあるのではないかと思われる。それは小姓組番頭が多様な役職から昇進してくるのに、

書院番頭はその多くが小姓組番頭からであり、その他の役職からはかなり限られているということからも説明できるのではないかと思われる。

註

（1）藤井譲治、前掲書、一七七頁。

むすびにかえて

これまで『分限帳』所載の大番頭、書院番頭、小姓組番頭のそれぞれ三二人を素材にしてあれこれのべてきた。まずこの三つの番頭就任者のそれぞれ在任期間を検討することによって、その結果この構成員は今までのべてきた正徳元年末から同二年前期の状態をあらわしているものであり、これまでの結論を変える必要のないことが明らかとなった。そこで正徳元年を基準にすえて、その構成員の来し方と行方を視野に入れて、三つの番頭の実態についてみてきた。従来の職制史関係史料ではうかがいしれない実態というものが浮かびあがってきているのではないかと思う。たとえば小姓組番頭から書院番頭へ、そして大番頭へと進むかなり太い昇進ルートの存在と石高のかかわり、同じルートに乗っているようでも家禄の石高が高くないと途中で止まってしまうことが多い。しかし一方で、きわめて少数ではあるが極端に低い場合でも昇進していく場合があったり、年令がこれに微妙にかかわっているように思われたり等である。また両番をスタートとして昇進していく限界も小姓組番頭と書院番頭の間に存在しそうだし、両番頭が一見同格のようにみえて、小姓組番頭から書院番頭へ昇進（?）していき、この逆がまったくみられないということによって両者の懸隔はかなりあるような印象をもったことなどである。つぎに予定している大番衆をはじめ他の番方の同様の作業を進めることによって、より一層旗本の実態を深めることができるのではないかと思っている。こうすることによって彼らの幕府職制上における位置・役割といったものがさらに明確になるものと思う。旗本の生活の諸相もこれらを考えることによってはじめて理解できることになろう。

初出一覧

『御家人分限帳』の記載内容の時期について……「日本歴史」第四二五号（昭和58年10月）
江戸幕府番方の範囲をめぐって……「歴史学論文集」日本大学史学科五十周年記念号（昭和53年4月）
近世中期の大番衆……書き下ろし
正徳元年末の江戸幕府大番組頭について……「総合文化研究」第十四巻第三号（平成21年3月）
正徳元年末の新番衆について……「史叢」第三十号（昭和58年3月）
江戸幕府新番成立考……「日本歴史」第三〇二号（昭和48年7月）
『御家人分限帳』所載の小十人組衆について……「商学集志」人文科学編第十四巻第三号（昭和58年3月）
近世中期の大番頭・書院番頭・小姓組番頭……書き下ろし

著者紹介

横山則孝（よこやま　のりたか）

昭和17年　東京に生まれる。

昭和45年　日本大学大学院文学研究科博士課程単位取得退学。

昭和43年　日本大学助手就任。その後、専任講師、助教授を経て現在日本大学商学部教授、文理学部兼担教授。

主要論文　「家斉の将軍就任と一橋治済」（『史叢』11輯）
「松平定信政見所見」（『史叢』17号）
「『御番士代々記』の「凡例」記事の翻刻と解説」（日本大学精神文化研究所、研究紀要第37集）他

近世中期大番筋旗本覚書

2011年3月30日　第1版第1刷印刷

著　者 — 横　山　則　孝
発行者 — 大　野　俊　郎
印刷所 — 新　灯　印　刷 ㈱
製本所 — 渡　邊　製　本 ㈱
発行所 — 八千代出版株式会社
〒101-0061　東京都千代田区三崎町 2-2-13
TEL　03-3262-0420
FAX　03-3237-0723
振替　00190-4-168060

ISBN978-4-8429-1461-9